珠玉繁采

Zhuyu Fancai

——《专业之美》课程美育目录集萃

华北理工大学美育建设委员会　著

编写组成员　张艳博　许莹　王晓雷　路瑶

吉林大学出版社
·长春·

图书在版编目（CIP）数据

珠玉繁采：《专业之美》课程美育目录集萃 / 华北
理工大学美育建设委员会著. -- 长春：吉林大学出版社，
2022.9
ISBN 978-7-5768-0734-9

Ⅰ. ①珠… Ⅱ. ①华… Ⅲ. ①美育—课程建设—研究
—高等学校 Ⅳ. ①G40-014

中国版本图书馆CIP数据核字(2022)第186935号

书　　名：珠玉繁采——《专业之美》课程美育目录集萃
　　　　　ZHUYU FANCAI——《ZHUANYE ZHI MEI》KECHENG MEIYU MULU JICUI

作　　者：华北理工大学美育建设委员会
策划编辑：李承章
责任编辑：付晶淼
责任校对：魏丹丹
装帧设计：刘　丹
出版发行：吉林大学出版社
社　　址：长春市人民大街4059号
邮政编码：130021
发行电话：0431-89580028/29/21
网　　址：http://www.jlup.com.cn
电子邮箱：jldxcbs@sina.com
印　　刷：三河市文阁印刷有限公司
开　　本：787mm×1092mm　　1/16
印　　张：23
字　　数：540千字
版　　次：2022年9月　第1版
印　　次：2022年9月　第1次
书　　号：ISBN 978-7-5768-0734-9
定　　价：82.00元

序　言

　　美是纯洁道德、丰富精神的重要源泉。学校美育是培根铸魂的工作，提高学生的审美和人文素养，全面加强和改进美育是华北理工大学当前和今后一个时期的重要任务。为全面贯彻习近平总书记关于美育的重要论述和全国教育大会精神，认真落实《教育部关于切实加强新时代高等学校美育工作的意见》（教体艺〔2019〕2号）、中共中央办公厅、国务院办公厅印发《关于全面加强和改进新时代学校美育工作的意见》的文件精神，弘扬中华美育精神，以美育人、以美化人、以美培元，提高学生的审美和人文素养，华北理工大学全面加强专业美育建设，将美育教育全面融入专业人才培养体系，创新开设了《专业之美》通识必修课程，由各学院结合各专业特点，自行设置本学科专业的专业美育课程。

　　本书是在华北理工大学教学建设委员会五育建设专门委员会的整体谋划、设计、指导下完成的美育教育类教材，旨在将美育教育全面融入专业人才培养体系，弘扬社会主义核心价值观和中华优秀传统文化，引领学生树立正确的审美观念，陶冶高尚的道德情操，塑造美好心灵，通过对专业中蕴含的价值与美进行充分的解读与揭示，在专业知识中理解美、体验美、传递美、创造美，打造学生热爱和投身专业的精神骨骼，以美润德、以美激智、以美健体、以美益劳。

　　到目前为止，我校已经实现了专业美育课程对全校专业的全覆盖，旨在通过对专业中蕴含的价值与美进行充分的解读与揭示，弘扬社会主义核心价值观和中华优秀传统文化，提高华北理工大学学生的专业素养、人文精神、家国情怀和道德情操。该课程既是美育教育，也是思政教育，更是落实习近平总书记"六个下功夫"的重要举措，让学生在专业知识中理解美、体验美、传递美、创造美。

本教材收集了我校专业之美美育课程的教学知识点与美育点目录，充分挖掘和运用各学科专业中蕴含的体现中华美育精神与民族审美特质的心灵美、文化美、语言美、行为美、科学美、技术美、秩序美、健康美、勤劳美、艺术美、结构美、应用美等丰富美育资源，梳理出554个专业美育点。根据各门专业之美课程体现出的美育点的不同内容和审美角度，本目录集共分为五编，分别为自然科学之美编、工程技术之美编、医学健康之美编、人文艺术之美编和社会生活之美编。

专业美育课程与专业教育内容紧密结合，其全面展开既有助于提升学生的专业品味与科学人文修养，又能够帮助学生树立正确的价值取向、清晰的职业品格、健康的道德情操、坚定的理想信念、高尚的人生追求，引导学生在专业和生活中发现美、欣赏美、践行美、分享美，充分有效地促进美育与德育教育目标的有机融合和全面达成。

目　　录

第一编　自然科学之美

生物之美 ………………………………………………………………… 3

光电之美 ………………………………………………………………… 7

石油之美 ………………………………………………………………… 11

分子之美 ………………………………………………………………… 15

高分子的美学鉴赏 ……………………………………………………… 19

格物致理之美 …………………………………………………………… 26

发现化学之美 …………………………………………………………… 32

计算未来之旅 …………………………………………………………… 37

与水共居　和谐之美 …………………………………………………… 42

材料世界之魅 …………………………………………………………… 46

金属材料之美 …………………………………………………………… 50

多基耦合仿生材料的魅力 ……………………………………………… 53

生物交叉演绎美 ………………………………………………………… 58

地球科学之美 …………………………………………………………… 62

第二编　工程技术之美

机械工匠之美 …………………………………………………………… 69

能源与化工之工程美学 ………………………………………………… 73

地球椭球测量之美 ……………………………………………………… 78

漫步深度学习，领略智能前沿 ………………………………………… 82

矿物分选之美 …………………………………………………………… 90

思维与工程之美 ………………………………………………………… 93

电能变换之美 …………………………………………………………… 97

自动控制之美 …………………………………………………………… 102

珠玉繁采

《专业之美》
课程美育
目录集萃

魅力芯片 ·· 105

机械之"美"与"魅" ································ 110

华夏艺筑 ·· 117

数据之美 ·· 122

电信之"数行天下" ································ 126

智慧能源之美 ·· 129

显微镜成像科学之美 ······························ 134

智能通信之美 ·· 137

过程工业之"美" ···································· 140

企业安全之美 ·· 144

智算未来 ·· 148

美妙的建筑环境与能源系统 ···················· 151

建筑结构之美 ·· 156

工程全过程咨询之美 ······························ 159

化工工程之美 ·· 164

智识智视 ·· 170

刚毅柔情，永久砼筑 ······························ 173

生态和谐之美 ·· 176

多彩交通 ·· 179

工程之美—以冶金工程为例 ···················· 183

第三编　医学健康之美

健康之美 ·· 189

"天使"之美 ··· 193

合璧之美 ·· 197

走近肿瘤，探寻生命之美 ························ 201

健康之美 ·· 205

健康中国之美 ·· 209

口腔医学美学探索 ································· 213

感悟医学之美，守护生命之花 ···················· 218

守医者初心，寻健康之美 ························ 224

隽美岐黄 ·· 227

《专业之美》课程美育目录集萃

大美针灸 ………………………………………………………… 233

药研妙道 ………………………………………………………… 238

心灵护航 ………………………………………………………… 241

春晖本草 ………………………………………………………… 246

探寻病毒奥秘，守护健康之花 ………………………………… 253

第四编　人文艺术之美

赏俄语魅力，探俄语之趣 ……………………………………… 259

汽车文化鉴赏 …………………………………………………… 263

中国古今"造物之美" …………………………………………… 269

方言之魅 ………………………………………………………… 272

日语语言之趣 …………………………………………………… 278

图形设计之美 …………………………………………………… 283

科技创新下的设计之美 ………………………………………… 287

中国古代图案之美 ……………………………………………… 292

解析油画艺术之美 ……………………………………………… 296

中国古代陶瓷器物之美 ………………………………………… 299

第五编　社会生活之美

乘语言之舟，品世界文化之美 ………………………………… 305

良法善治的智慧 ………………………………………………… 310

健康心理之美 …………………………………………………… 318

经济数据融合之美 ……………………………………………… 323

安居之美 ………………………………………………………… 328

会计之美 ………………………………………………………… 333

发掘美的数科之旅 ……………………………………………… 338

物流的魅力 ……………………………………………………… 341

经贸互联之美 …………………………………………………… 346

金融的魅力 ……………………………………………………… 349

附　　件 ………………………………………………………… 355

第一编
自然科学
之美

生物之美

一、课程简介

生物之美是一门综合生物技术、生物信息专业特色的美学课程，主要内容包括5个篇章：生物表观美学篇、生命奥秘美学篇、生物遗传美学篇、生物大数据美学篇、生物技术美学篇。

课程以多媒体教学为主，遵循OBE理念，引入MOOC相关课程中英文视频，采用启发式、课堂讨论、基于问题的情景教学、案例分析等混合教学方法，以达到知识目标、能力目标、美育目标、思政目标的要求。

二、课程目标

1.知识目标：通过对生物之美课程的学习，包括动物、植物、微生物的宏观与微观形态、分子生物学揭示生命现象本质、生物遗传特征、生物大数据解读生命规律、生物技术（基因工程、聚合酶链式反应（PCR）、逆转录PCR（PT—PCR）、实时荧光定量PCR、基因编辑（CRISPR））等知识和内容，掌握解决生物领域问题的基本方法。

2.能力目标：培养学生的专业审美能力、自主学习能力、合作能力、解决和分析问题能力，突出美学能力、创新能力、拓展思维能力，使学生具有一定的专业素养和远大理想，逐步形成专业美学思维方式，完善具有专业特征的分析、判断、综合、解决问题的思维能力。

3.美育目标：赋教学于美学欣赏，感受生物宏观、微观之美，领略生物现象、本质、数据、技术之奥妙，感知生物世界外在和内在之美，培养学生的专业审美能力。从美学角度，激发学生探索生物、改造生物、造福人类的远大理想，提升学生对生物技术、生物信息的专业兴趣。通过学习提升整体美学素质，勇于探索科学，热爱自己所在的专业和未来的科研事业。

4.思政目标：从生物的"美"出发，培养学生在生活中发现和欣赏美的能力，加强自信心，增强民族自豪感，激发爱国情怀，树立报效祖国的远大理想。同时加深理解中国生物发展在全球的地位，建立持之以恒的科研精神，坚定生物技术造福全人类的信念。

三、课程美育目录

第一章　生物表观美学篇

本章介绍动物、植物、微生物的宏观和微观、动态和静态、个体和群体的表观美，以及生物表观美与人类的关系及在生活中的应用，培养学生发现和欣赏身边生物表观美的能

力，帮助学生感受到自己的美，提升对自己的信心以及对他人的欣赏能力。

第一节　生物表观美的种类

1.宏观美与微观美

2.静态美与动态美

3.个体美与群体美

第二节　生物表观美的保护

1.保护生态环境

第三节　生物表观美与人类的关系

1.生物表观美与家庭装饰

2.生物表观美与文学艺术

3.生物表观美与影视歌曲

4.生物表观美与个人审美

第二章　生命奥秘美学篇

本章从生物宏观之美引入到生命现象本质的运行规律——分子生物学中心法则，从分子结构引申到与之相适应的生物学功能，阐释生命的奥秘。通过大量图片、视频、案例充分展示生物分子之美，以及在我们生活中的美的影响、美的映射，使学生能够切身感受到生物之美，懂得欣赏生物之美，乐于追寻生物之美。

第一节　基因主宰生命

1.DNA结构之美——不朽的双螺旋

2.DNA功能之奇——荷载遗传信息，构写生命蓝图

3.双螺旋之美与生活

第二节　蛋白质成就生命

1.蛋白质结构之美——组成有限，结构无穷

2.蛋白质功能之奇——无处不在，无所不能

3.蛋白质之美与生活

第三节　RNA连接信息分子（DNA）与功能分子（蛋白质）

1.RNA结构之美

2.RNA功能之奇——核酸语言与氨基酸语言的翻译官

3.RNA之美与生命起源

第四节　生物之美，美者何为

1.生存技能的需要

2.保护或警示作用

3.以繁殖为目的

第三章 生物遗传美学篇

本章从遗传分子基础的探索入手，体现科研探索精神之美在遗传学发展历程中的重要作用。中心法则的提出为现代生物学的迅速发展提供了基础，经过几十年的实验探索，新的遗传信息的不断加入，使中心法则不断完善，并提出了新的挑战。遗传信息的传递过程受到生物体的精准调控，从而使生物体有条不紊地在特定时间，以特定方式实现生物体的协调统一。生物的进化过程是遗传的过程，也是变异的过程。遗传和变异的协调统一，不仅体现在生物进化方面，还体现在人类对疾病的对抗及其精准医学的探索和实施。通过课程的学习，使学生能够切身体会自然的神奇，人体的协调之美，以及蕴藏在生物学中的辩证之美。

第一节 遗传分子基础的揭示——探索之美

1. 孟德尔学说奠定了遗传学基础

2. 基因本质探索

第二节 遗传中心法则的完善与挑战——生命科学的内在美

1. 遗传中心法则的完善

2. 遗传中心法则的挑战

第三节 基因精准表达调控——生物协调之美

1. 人类基因组计划及其成果

2. 基因的复杂调控网络

第四节 遗传与变异——自然平衡之美

1. 基因组结构与进化

2. 遗传变异与疾病

3. 遗传变异与疾病治疗

第四章 生物大数据美学篇

本章主要介绍了生物大数据的由来，生物大数据体现在生物进化发育过程中的作用、意义，以及如何有效地解读生物大数据等问题，利用算法、编程等方法去认识大数据的逻辑之美，从而进一步了解其内在的生物美。回顾了生物学发展过程中的重大事件，对基因组及组学进行了详细的介绍，从而引出生物大数据的概念，用清晰明了的数字对生物大数据的特点进行了阐述，可以让同学们更加直观地感受到大数据真实的"形态"美，使之在崇尚科学家孜孜以求的科研精神的同时，也深刻意识到创新精神在当今世界发展中的重要性。同时，本章对认识生物大数据的方法——算法和编程也进行了相应的介绍，用算法展示数据规律来揭示其理性美与逻辑美，用编程进行数据可视化来展示计算机语言之美，在多层次提升学生审美能力的同时，领悟到科研工作者们精益、专注、敬业的工匠精神。生物大数据之美，重要的在于生命科学探索研究中的"美的科学"，以此创造更好的生活条

件和生活环境，维系"美的生命"。

第一节　爆炸式增长的生物大数据

1.生物大数据发展之美

2.基因序列数据与结构之美

第二节　生命科学中的组学大数据

1.组学大数据可视之美

第三节　生物大数据分析中的算法美

1.算法的逻辑美、理性之美

第四节　生物大数据计算生命奥秘

1.计算机语言之美

2.大数据与生命交流的智能环境之美

第五节　生物大数据之"美的科学""美的生命"

1.大数据揭示生命规律的科学之美

2.大数据对医疗水平提升、现代农业进步的辅助之美

第五章　生物技术美学篇

本章主要介绍基因工程基础知识、聚合酶链式反应（PCR）、逆转录PCR（PT—PCR）和实时荧光定量PCR、基因编辑技术（CRISPS），讲解遗传信息的重组、克隆、改造和技术的应用，充分展示生物技术之美，逐步形成美学视觉思维，从美学视角观察世界，激发探索生物技术之美的渴望，用生物技术改造世界，让人类享受生物技术之美。

第一节　基因工程基础知识之美

第二节　生物技术之美

1.聚合酶链式反应（PCR）

2.逆转录（PT—PCR）

3.实时荧光定量PCR

4.基因编辑技术（CRISPS）

光电之美

一、课程简介

本课程是电子科学与技术专业的专业美育课程。课程主要围绕电子科学与技术专业的培养目标和方案，讲授专业培养目标、电子技术、光电产业、激光、光纤与通信、虚拟现实产业之美等内容。

二、课程目标

1.知识目标：使学生掌握电子科学与技术专业知识的覆盖内容——光电子技术和微电子技术，初步领会专业知识在信息社会国防建设、信息安全、智能制造等领域的重要性，促使学生产生学习内动力，坚定学习电技专业和从事电技专业的信心。

2.能力目标：使学生能够将专业知识进行系统化，提升学生的综合素质，深入领会将理论知识转化为实践能力的重要性和迫切性，让学生具有发现问题、分析问题和解决问题的能力，具备欣赏、发现和创造电技之美的能力。

3.美育目标：让学生能够识别电技之美中的技术之美、给人们带来的生活之美、发展前景之美。培养学生的审美意识，并将所体验和感知到的电技之美传播给他人。

4.思政目标：结合专业领域的钱学森、高琨等伟大的科学家，引入"德才兼备德为先"理念，以鲜明案例激发学生的学习兴趣，塑造学生学以为成、报效祖国、服务社会的人生观、价值观。让学生能够深切体验到摆脱霸权、科技强国的重要性以及作为当代青年人的时代担当，树立科学信念。

三、课程美育目录

第一章　电技之魂

本章主要介绍电子科学与技术的发展历程，让学生从专业发展的历程当中感受电子科学与技术专业的内在美，并且知晓电子科学与技术和光电技术之间的从属关系，并从中感受光电技术的起源之美。概述了电子科学与技术专业的发展历史、现状及趋势，通过了解专业概述和专业的研究范围，让学生领悟光电技术在一级学科——电子科学与技术中的重要地位，并通过光电技术的相关实例让学生深刻体会光电技术在信息社会中的重要作用，进而感受光电技术在当今社会中的高端之美。

第一节　电子科学与技术专业概述

1.专业发展历史、现状及趋势

第二节　电子科学与技术专业的研究范围

1. 光电技术起源之美

第三节 光电技术的应用

1. 光电技术高端之美

第四节 专业培养方案介绍

1. 培养方案介绍

2. 毕业要求

第二章 电子技术之美

本章针对信息社会现状，探讨电子技术所起的重要作用，引出电子技术所包含的具体内容，即数电、模电、单片机、C语言等。电子技术的发展将给信息社会带来巨大的影响，也会大幅改变我们的日常生活，这就是电子技术之美。

第一节 电子器件的发展历程

1. 模电之美

第二节 数字电路与逻辑设计

1.数电之美

第三节 单片机系统设计

1. 单片机硬件之美

2. 单片机软件之美

3. 单片机系统开发与设计——应用之美

第三章 激光之美

本章针对信息社会现状，首先探讨光电子技术在信息社会各个领域的重要作用，让学生充分体验光电技术的应用之美，然后再介绍激光在光电子领域的重要地位，引出激光之美所包含的具体内容，即基本原理、特点、结构、激光技术、激光应用等。激光的发展给信息社会带来巨大的影响，也大幅改变我们的日常生活，这就是激光之美，通过激光发明过程激发学生的民族精神和创新意识，从而感受激光起源之美；以激光舞小视频展示激光的特性，从而让学生体验激光特性之美，吸引学生的兴趣。最后再以激光武器、激光医疗、激光雕刻等实例展示激光在现代信息社会中所发挥的重要作用，从而引导学生树立科技报国、服务社会的意识，并让学生深刻体验激光的应用之美。

第一节 激光发展历程

1.激光起源之美

第二节 激光基本原理及特点

1.激光特性之美

第三节 激光技术及应用

1.激光应用之美

第四章 光纤与通信之美

本章主要介绍光纤技术的发展历程，从光通信技术的演变中感受光纤的起源之美。概述了光纤技术的基础知识，通过解读光纤的传光机理，让学生领悟光纤的传输之美。介绍了光纤技术与通信技术的关系、光纤技术的发展前景，从各种光纤通信前沿技术中感受光纤的通信之美、光纤的前景之美、国家实力的强大及光纤科研工作者刻苦攻坚、坚持不懈的精神。

第一节 光纤技术的发展历程

1. 光纤的起源之美

第二节 光纤技术的基础知识

1. 光纤的传输之美

第三节 光纤技术与通信技术的关系

1. 光纤的通信之美

第四节 光纤技术的发展前景

1. 光纤的前景之美

第五章 光电产业之美

本章主要介绍光电产业涉及领域及发展前景，从光电产业在国防军事、民用等方面的创新产品中，欣赏、感受绚丽的光电产业之美。介绍了光电信息与人们的生活、国防军事息息相关，详细讲述光电产业的地位、发展状况及前景，通过展示多个行业的光电产品实例，从中深切感受光电技术的先进之美；感受国家实力的强大及科技工作者的科学思维和艰苦奋斗、敢于担当、锐意进取的爱国精神，从而唤起学生科技强国、热爱本专业的使命感。

第一节 光电产业涉及领域

1. 光电产业领域1

2. 光电产业领域2

第二节 光电产业的前景之美

1. 光电产业的发展现状

2. 光电产业的前景之美

第三节 光电产业的技术之美

（1）"灯光上网"之美

（2）"光伏"最新成果之美

（3）"光电技术军事应用"之美

（4）其他光电产品之美

第六章　虚拟现实产业与职业的发展前景之美

本章主要介绍虚拟现实产业的现状、地位、前景，以及虚拟现实这一适应新一轮科技革命和产业变革的领域对卓越工程科技人才的需求，启发学生对虚拟现实这一技术与艺术交叉产业的认识和了解，从而唤起学生从事该职业的兴趣和热情。

第一节　虚拟现实战略新兴产业的作用与意义

第二节　虚拟现实产业的发展态势

第三节　虚拟现实产业的跨学科人才需求

第四节　我国虚拟现实人才培养与国际的差距

第五节　虚拟现实的艺术之美

第六节　虚拟现实的技术之美

第七节　基于虚拟现实的智能人机交互的未来展望

石油之美

一、课程简介

本课程为石油工程专业开设的专业美育必修通识课程。通过对本课程的学习，能够让石油工程专业学生欣赏和体验到石油的外在之美与实质之美。学生通过学习石油天然气勘探开发涉及的各个环节流程，发现和感受油气勘探开发各环节中的美，激励学生热爱自然、珍惜资源、节约能源，弘扬艰苦奋斗的优良传统和爱国情怀，树立正确的世界观、人生观和价值观，塑造学生对美好生活的向往和人类命运共同体的价值观。

二、课程目标

1. 知识目标：学生能够了解石油天然气勘探开发的流程，了解石油工程各领域的基本知识，对油气地质、钻井与完井、油气开采原理与工艺、增产工艺与提高采收率技术等油气开发过程有基本认识，为拓展专业方向发展打下石油工程背景的学习基础。

2. 能力目标：学生能够在观察和处理油气勘探开发领域的实际问题时运用基本的石油工程理论知识，能够使用石油工程体系的相关知识和分析能力解决现场的基础性问题。

3. 美育目标：学生能够认识石油对人类社会及经济发展的重要意义，探索发现石油工程各领域中所蕴含的美，深刻体会到石油的外在之美和内涵之美，并将所体验和感知到的石油之美进行有效和被他人认同的传达。

4. 思政目标：学生能够了解中国的油气资源概况，站在国家的角度理解能源战略，深刻体会到石油工作者艰苦奋斗的优良传统和爱国情怀，树立正确的世界观、人生观和价值观，坚定学习石油工程和从事石油行业的职业荣誉感。

三、课程美育目录

第一章 神奇的石油

本章主要通过介绍石油形成过程、石油的外在形态特征及组分特征，改变学生对石油的固有印象，从石油形成过程来感受大自然的神奇之美，欣赏多姿多彩的石油形态色彩之美。介绍了石油及天然气的基本性质，解读了石油天然气的成因学说争论，详细讲述了石油及天然气的形成过程，从油气的生成过程中感受到大自然的鬼斧神工之美，激发学生对祖国大好河山的热爱。

第一节 石油的生成过程

1. 石油的成因说

2. 石油的形成过程——大自然的神奇之美

第二节　石油的成分与性质

1.石油的化学成分——组分的化学结构之美

2.石油的物理性质——多姿多彩之美

第二章　石油地质之美

本章介绍了油气藏及油气储层特征，详细讲述了油气藏的成藏条件及成藏过程，从油气成藏过程中感受到各方面因素的耦合之美、石油地质形态的千变万化之美及石油储量的丰硕之美。通过介绍我国各油田的石油储量分布，灌输节约能源、保护资源、爱护环境的意识。

第一节　油气成藏过程

1.油气藏形成的耦合之美

2.油气藏的特征与分类

第二节　油气储层特征

1.储层岩石类型

2.储层微观结构之美

第三节　油气藏储量

1.油气储量丰富之美

第三章　石油工业之美

本章主要介绍石油工业的发展历程，石油工业的基本流程及石油工业的科技成果，从中领会石油工业发展历程中的传统之美、石油工业成果的丰硕之美、石油工业科技进步之美，在科技进步促进石油工业发展中体会知识就是力量，只有掌握核心科技、自主创新才能为国家石油事业做出应有的贡献。

第一节　石油工业的发展历程

1.石油工业百年之美

2.石油工业成果的丰硕之美

第二节　石油工业的基本流程

1.油气勘探——发现美

2.油气开发——挖掘美

3.油气储运——传递美

4.油气炼化——转化美

第三节　石油工业与现代科技

1.石油科技成果丰硕之美

2.石油科技前沿进步之美

第四章　油田之美

本章主要介绍油田的分布，不同地理环境下油田的建设过程，从中领会到油田地理环境的壮阔之美，油田与大自然的和谐之美。介绍油田建设及油田生产对自然环境的影响，阐述智慧油田、绿色油田、生态油田发展的必要性及相关措施，从中体会到热爱自然、保护环境、和谐发展的必要性。

第一节　中国油田分布

第二节　油田地理环境

1. 沙漠油田——沙漠中的石油绿洲

2. 湿地油田——湿地公园里的美丽点缀

3. 海上油田——滔滔巨浪中的能源堡垒

第三节　现代化油田

1. 智慧油田——科技智能之美

2. 绿色油田——环保节约之美

3. 生态油田——生态保护之美

第五章　石油化工产品之美

本章主要介绍石油产品及其分类，从中领会到石油化工产品的五彩斑斓之美。介绍石油化学工业的发展历程及其在国民经济中的作用，石油化工产品对人类生活的影响，从中领会到石油的贡献之美，从而进一步体会到作为石油工作者的专业自豪感和责任感。

第一节　石油化工产品的性质及分类

1. 石油化工产品的性质——五彩斑斓之美

2. 石油化工产品的分类——琳琅满目之美

第二节　石油化工产品与人类社会

1. 石油化工产品与经济发展

2. 石油化工产品与衣食住行

第六章　石油精神之美

本章主要介绍中国石油工业发展历程中形成的石油精神，了解石油人战胜物质的匮乏、环境的险恶、差距的鸿沟，迸发出强大的创造力，书写出世界石油工业史上的"中国奇迹"的过程，理解不同时代"石油精神"的外在与内涵，发现并弘扬不同时代的石油精神之美，并能够深刻体会到石油人艰苦奋斗的优良传统和"我为祖国献石油"的爱国情怀。

第一节　石油精神

1. 石油精神的艰苦奋斗、无私奉献之美

2. "大庆精神""铁人精神""苦干实干""三老四严"信仰之美

第二节　新时代的石油精神

1. 石油精神的传承之美

2. 新时代石油人的精神风采之美

分子之美

一、课程简介

《分子之美》是针对应用化学专业开设的专业美育通识必修课程。化学涵盖了物质的合成与反应、分离与提纯、分析与鉴定、性质与功能、结构与形态、剪裁与组装，而化学分子构成了纷繁复杂的物质世界。本课程通过介绍化学基本单元——分子之美，提高学生审美和专业素养。内容上从分子结构、分子反应、分子合成、分子组装、分子应用五个方面介绍分子世界蕴含的智慧与美好，使学生认识到化学分子世界蕴含的丰富性、奇妙性、哲理性和美好性，增强对于所学专业的了解和兴趣，赋予发现专业之智慧的能力。通过从分子层次全面了解化学世界之规律美、哲理美、发展美、价值美，增强美的感受，崇尚与践行科学创造精神，走出美丽人生。

二、课程目标

1. 知识目标：扩展了解无机、有机、聚合物分子组成和结构理论知识；能够分析物质分子组成和基本结构信息；理解分子基本反应规则和化学物质合成策略；理解分子聚集体的形成与应用；了解化学分子的作用与应用。

2. 能力目标：具备分析物质组成的分子信息能力，具备阐释分子基本反应规则和应用物质合成策略能力，具备创造合成新物质的初步设计能力；能够识别各类分子的作用与应用知识，客观认识分子的价值，学会欣赏分子世界的美丽结构、精妙规则、作用价值，建立化学学科思维；培养用客观、科学、公正的视角认识客观世界；培养务实、追求真理的化学精神。

3. 美育目标：通过分子认识客观世界之美，感悟自然和生命之美；通过理解、欣赏分子世界的反应规则之美，共勉人生；深入了解推动化学学科进步的重要科学家的成就以及化学家的优秀品质之美，能够体会人格、心灵折射出的科学精神美。

4. 思政目标：通过化学分子进一步认识客观事物，敬畏自然和生命，培养豁达、积极的人生态度，建立改造世界、保护世界的正确价值观和方法论；感受化学创造精神的激励与鞭策，追求卓越人生，培养科技兴国和科技报国的大国工匠意识。

三、课程美育目录

第一章 分子结构之美

本章通过介绍分子概念、分子种类、分子结构定义，使学生了解分子结构是化学物质的内在反映和决定因素；通过学习分子结构构成、化学键类型以及对于分子结构的影响，掌握分子结构的表达方式以及分子结构构成之本质。引导学生建立探究本质的思维模式，通过介绍了解分子晶体结构特征以及对称元素知识，感受晶体结构的对称美、复杂多样，体会自然界之神奇；通过欣赏晶体结构生成过程，感受晶体之花绽放之美；通过了解碳的空间立体结构特征和多样的有机分子结构，体会科学与艺术的结合美，能够描绘生命分子如RNA，DNA，蛋白质等的空间结构，感受生命分子结构的和谐、秩序和多样之美，体会生命之美并珍爱生命。

第一节　结构构成之空间美

1. 分子结构要素

2. 化学键

第二节　晶体结构之对称美

1. 晶体结构

2. 冰晶体赏析

3. 晶体之花盛开——结晶过程

第三节　碳结构之多样美

1. 碳结构种类

2. 碳纳米材料结构——科技美

3. 妙趣横生的分子艺术

第四节　生命分子结构之奇妙美

第二章　分子反应之美

本章介绍分子反应类型以及一般规则，使学生了解分子反应的基本规律，能够解释反应现象的原理。通过学习有机反应基本机理类型，建立分子结构决定反应性质之间的思维模式；通过欣赏震撼的分子反应现象，感受分子世界的外在美、反应现象的奇幻美，并探究反应现象背后蕴含的科学原理，感受科学之美；通过分子世界蕴含的规律规则，揭示大自然中物质纷繁芜杂的变化规律，从反应规则中感受分子世界的内在美、哲理美，感悟智慧化学，并以此共勉，走出精彩人生。

第一节　反应现象之奇幻美

第二节　反应规律之智慧美

1. 金属置换反应规则

2. 有机分子反应规律

第三节　反应机理之哲理美

第三章　分子合成之美

本章主要介绍分子合成发展历史、逆合成策略和合成新技术等内容，通过了解分子合成所经历的发展历史以及合成化学家的故事，体会化学创造物质的科学创造美，学习合成化学家坚忍不拔的科学精神，掌握有机逆合成分析的基本方法、应用和策略，领会化学合成的艺术美，掌握常见几种纳米材料的一般化学合成方法，感受合成化学的重要作用，领悟化学之创造美；通过了解分子合成的发展趋势，了解催化合成、绿色合成等新型合成技术，培养创新意识，感悟合成化学的绿色化学理念，创造和谐文明社会的美好愿望。

第一节 合成发展历史——科学创造精神美

第二节 合成策略——科学与艺术结合美

1.纳米材料合成策略

2.有机逆合成分析策略

第三节 新合成技术——绿色和谐美

1.催化合成

2.绿色合成

第四章 超分子组装之美

本章主要介绍超分子化学定义、分子自组装的原理和结构特点以及应用，使学生掌握分子自组装的主要驱动作用力，感受组装体中分子间作用力的协同美、秩序美，力量美；通过了解组装体的形貌类型和可控合成方法，感受科学方法的精准美以及化学家的创新理念和能力，感受科技前沿力量；通过了解超分子组装体在医学、催化、环境、能源等领域的应用，感受化学前沿与实际应用的完美结合，并在感受理论创新美的同时，学习创新精神，培养创新意识。

第一节 分子组装之力——协同美

第二节 分子组装之貌——精准美

1.形貌种类

2.形貌控制

第三节 分子组装之用——功能美

1.功能应用

2.超分子组装助力药物释放

第五章 分子应用之美

本章主要介绍精细化学品分子的作用与应用知识，如在医药、染料、材料等领域的应用，使学生能够客观认识化学物质的价值，领会分子的价值美以及崇尚科学意识。通过分析分子性质与应用之间的关系，使学生理解生活中分子应用的原理，能够用分子性质相关知识解释应用现象，进一步促进本专业学生建立深入探究物质本质性质的思维模式，并培养开发分子新功能和新功能分子的能力。从守护人类的药物分子中感受化学物质带来的健康美，从世界五彩缤纷的染料分子中感受化学物质的绚烂美，从助力科技的材料分子中感受化学物质的重要价值以及化学家的使命感，并使学生意识到正确利用化学品造福人类的

17

责任感，坚守职业道德和匠心精神。

第一节　药物分子——守护人类的健康美

1.药物结构

2.药物功能

第二节　染料分子——装点世界的绚烂美

1.染料的发展历史

2.染料种类及应用

第三节　材料分子——助力科技的使命美

1.塑料分子

2.高科技背后的材料

高分子的美学鉴赏

一、课程简介

本门课程属于高分子材料与工程专业的专业美育课，主要讲授了高分子材料本身蕴涵着极其丰富的科学美，发掘高分子中美的因素，感受本专业中的理论之美、合成之美、塑料之美、结构之美、阻燃之美、液晶之美、树脂之美、纤维之美，并有机地融入学习生活中，使学生在审美的愉悦中掌握高分子材料的特点，从而使美育和智育达成和谐的统一。

二、课程目标

1. 知识目标：向高分子专业的学生介绍高分子材料之美，通过深入浅出、通俗易懂的教学过程让学生对高分子材料的美有基本的了解，并对高分子材料的美学应用方法及思路有较广泛的认识。

2. 能力目标：让学生充分意识到高分子材料的发展加速了信息社会的到来。人类的吃、穿、住、行等等，都与高分子材料产品有关。高分子材料将会美化社会、美化生活、美化人类自身。

3. 美育目标：通过内容丰富的课堂讲解，帮助学生树立高分子材料美的意识及可持续发展理念，让学生在心里产生对高分子材料美的感受，在情感上产生对高分子材料美的共鸣，在学习上受到高分子材料美的熏陶。

4. 思政目标：学生能够深切体验到高分子材料中展现的人类智慧，培养勇于创新和实践的精神，认同精益求精和一丝不苟的思想，坚定学习高分子专业和从事高分子职业的信心。

三、课程美育目录

第一章 理论之美

第一节 高分子材料的定义及性质

本节主要介绍高分子材料的定义及其主要性质，以人类常用的天然高分子材料作为引入点，详细介绍高分子材料的物理和化学通性，激发学生爱护自然、利用科技改变生活的理想。

第二节 高分子发展简史——人类才智之美

本节主要介绍高分子材料对于人类的生存和发展起到的至关重要的作用，突出介绍其性能之"美"，引导学生尊重大自然的规律、感恩大自然的馈赠，树立保护环境、爱护地球的责任心。

《专业之美》课程美育目录集萃

第三节　高分子科学的建立与发展——科学方法之美

1. 高分子科学萌芽期的争论

2. 加成聚合与缩合聚合的发展

本节主要介绍高分子理论建立初期，科学界对于高分子理论从模糊到清楚的认识过程，同时结合加聚和缩聚的产生和发展，介绍高分子理论从建立之初的混沌到逐渐形成体系并对高分子产业的发展起到巨大的推动作用，引导同学们树立尊重科学、实事求是、勇于探索的科学精神。

3. 高分子合成的基本实施方法和特点——高分子构造之美

本节主要介绍自由基聚合的实施方法（本体聚合、溶液聚合、悬浮聚合、乳液聚合）、逐步聚合（熔融缩聚、溶液缩聚、界面缩聚、固相缩聚）、离子和配位聚合（溶液聚合、本体聚合）等高分子合成的基本方法，使同学们见证从小分子到高分子的神奇转化是如何实现的，激发同学们探索科学的兴趣。

4. 高分子科学的基本理论对生活生产的指导——高分子理论之美

本节以实际生活中的高分子材料为例，说明高分子理论对生产生活的指导作用。以聚丙烯基锂电池隔膜制备、锂电池隔膜高温防爆自保护、皮革需要上油保护等生活实例，使学生体会高分子理论之美，引导他们树立大国工匠精神和产业报国的雄心壮志。

5. 高分子材料发展趋势——高分子实用之美

本节主要介绍高分子材料在生物医学、光电信息、功能和结构材料等方面的发展前景，结合我国在高分子领域的优势与不足，使同学们树立责任意识和经世济民的思想。

第二章　合成之美——"以塑代钢，以塑代木"

本章主要介绍塑料材料的发展历程、分类及应用之美，"以塑代钢，以塑代木"的理念，及其在各个领域的应用。工程塑料已成为当今世界塑料工业中增长速度最快的领域，其发展不仅对国家支柱产业和现代高新技术产业起着支撑作用，同时也推动了传统产业改造和产品结构的调整。无论是一个饮料瓶、一件防风衣还是一盘录像带，这些完全不同的东西都是用相同的聚合物制成的，只要把聚合物加以适当改变，就会使它们呈现出不同的美。

第一节　塑料材料革命

1. 自然界中的聚合物材料

2. 日用品的聚合物之美

第二节　合成塑料之美

1. 尼龙、纺织品等塑料材料之美

第三节　"以塑代钢，以塑代木"

1. 以塑代钢、以塑代木的兴起

第四节 不同塑料的不同表现

第三章 结构之美

本章主要以高分子结构为引子，在感受高分子结构美学的基础上，引出高分子基础理论的重大发展的过程，体悟坚持不懈和永不放弃的科学家精神。通过专题方式深入讨论微观结构调控对分离膜性能的影响规律，进而锻炼学生分析问题的思维习惯。通过引入分离膜的概念，进而讲述中国在高端膜产品领域被西方"卡脖子"现象，自然引入"爱国主义和产业报国"的思政目标。

第一节 做正确的事

通过追溯高分子结构的发展历史，解读施陶丁格首先提出长链大分子概念时的遭遇来培养学生的创新意识，以及坚持不懈，永不放弃的科学家精神。

第二节 美无处不在——高分子材料微观结构

主要以精美的高分子材料结构引入，欣赏、感受、认识高分子材料的结构之美（包括图灵结构，网状结构，螺旋结构，晶体结构等）。

第三节 见微知著、以象测藏——科学的思维习惯

通过解读高分子微观结构对材料宏观性能的影响，借用中医名词"见微知著和以象测藏"的观点来培养学生分析问题的思维习惯。通过介绍分离膜结构形成理论以及对分离膜性能的影响规律，引出我国在高端分离膜领域卡脖子的现状，激发学生爱国主义的热情、产业报国的激情。

第四章 塑料之美

本章主要通过讲述塑料的基本概念、分类、组成、应用以及回收等问题，破除日常人们对于塑料的各种疑惑，辩证地认识塑料带来的世界变革、深远影响和发展，思辨塑料对世界的利弊，提高学生的环境意识、可持续发展意识，理解塑料对人类美好生活的贡献。

第一节 塑料的前世今生

本节是对塑料发展历史的概述，从身边的场景入手，引导学生正确认识塑料，了解塑料存在的意义，主要包括以下内容：（1）塑料英雄榜；（2）塑料的秘密。结合线上资源开展讨论："假如没有塑料 生活将会怎样？"进一步认识塑料的发展对今天生活的深远影响。

第二节 关于塑料的真相

本节主要是阐述和解释日常生活中，人们对于塑料的各种疑惑，采用线上线下混合式教学，培养学生辩证地看待问题和创新的思维方式，思辨塑料对世界的利弊。主要包括以下内容：（1）形形色色的说法与真相；（2）寻找不可思议的塑料。

第三节 塑料的重生——可持续发展

本节重点介绍可持续发展的理念，关注塑料行业全流程的可持续发展和环境问题，尤

其是从源头解决"白色污染"的环保新理念，主要包括以下内容：（1）塑料回收咋就这么难？（2）废塑料可以被"吃"掉吗？（3）如果石油用完了，我们拿什么做塑料？以开放式的问题引发思索，从而提高学生的环境意识、可持续发展意识。

第五章　阻燃之美

本章主要讲授阻燃高分子材料阻燃的本质和具体应用，阐述高分子材料的燃烧过程和阻燃途径，通过介绍常用高分子材料阻燃方法、工艺、特点和作用机理，使学生掌握了解阻燃高分子材料的基本配方和具体应用，熟悉高分子材料阻燃的发展现状和开发动向。通过高分子材料阻燃途径及应用相关内容的学习，使学生能正确认识环保高分子阻燃材料的新产品、新工艺、新技术的开发和应用对社会、健康、安全的影响，并理解高分子人应承担的工程和社会责任，培养学生的环保意识和安全意识。

第一节　阻燃高分子材料之绿——环保篇

第二节　阻燃高分子材料之色——应用篇

第三节　高分子材料阻燃之创——机理篇

第四节　阻燃高分子材料之新——未来篇

第六章　大自然美之天然高分子

本章主要介绍天然高分子材料的概念、分类和结构特点及应用，明确天然高分子材料的范围及应用前景。天然高分子材料作为绿色可再生的高分子材料，体现在天然高分子材料对自然界的环境友好之美，以及人与自然和谐相处之美，体现了绿水青山就是金山银山，有利于人类身体健康，有利于可持续社会的发展，从而助推绿色中国的发展。通过本章的学习，使学生深刻领会天然高分子材料在日常生活中的重要作用，体会可持续的人与自然和谐相处，协助生态和社会朝着绿色可持续的方向发展，实现人与自然的双赢，进而体现天然之美。

第一节　品味天然之美，共享大自然的千姿百态

1. 大自然的鬼斧神工造就了自然界的千姿百态，从山川瀑布到悬崖峭壁这些自然形成的风景奇观，是大自然景观之美；

2. 延伸到自然界的天然高分子材料，领略自然之美，从而导入可持续、可再生的发展观，是大自然万物之美。

第二节　天然高分子的合成——微观形态美

1. 大自然的宏观世界美丽多姿，构成宏观形态的微观结构更是复杂而独特，为了揭开它们的结构，我们需要逐一进行了解，解开相互联系的环节，揭开生物的结构组成，揭示藏在自然微世界深处的关键环节。

2. 在生物体的结构合成过程中，在生物酶的作用下将复杂的高分子结构由单体聚合形成聚合物，是合成过程之美

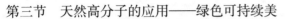
第三节　天然高分子的应用——绿色可持续美

1. 绿色高分子材料是一种对环境友好的高分子材料，是一种可持续发展的生产和使用过程，是绿色的原料源头之美。

2. 天然高分子材料充分、合理地利用资源和能源，并把整个预防污染环境的战略持续地应用到使用的全过程，以减少对人类和环境的危害，是可持续之美。

第七章　树脂之美

本章主要介绍高分子树脂的基本概念、分类、结构组成与特点，明确高分子材料的应用范围。重点学习涂料、胶黏剂、树脂工艺品等的组成、应用范围以及功能作用，使同学们进一步清晰树脂的内涵、应用范围、作用特点，认识和感受到这些共价键结合的树脂分子的应用，其对物品表面的装饰、保护与美化作用，塑造了我们生活中的纯真、质朴、简单和自然的美。如涂料的使用，记录着中国技艺与文化的传承，漆器、壁画是中华文明的象征，这些瑰宝都是工艺匠人的智慧、工艺与辛勤付出的结晶。让同学们在感受到树脂材料美感和作用的基础上，实现对高分子材料深入学习的兴趣与驱动力。

第一节　涂料之美

1. 色彩刷新官——焕新敦煌原色，传承历史文化

涂料普遍存在于人们的视觉空间之中，行走于城市，休憩于庭院，人们眼中最先被感知的物像往往是附着于物体表面的各种涂料本身的色彩、质感、肌理等视觉效果。这些以涂料为实现手段的视觉表象承载了最为直观的文化感知方式，呈现了族群文化跨越千年的历史脉络。

《登场了！敦煌》以探索西北大漠中敦煌壁画的色彩之美为起点，从探窟、体验、致敬三个角度深度解构敦煌的历史人文风貌，唤起千禧一代对于传统文化的关注。而肩负刷新官使命的就是涂料，藉由"采色"之举打造三大敦煌色系，让更多人得以近距离感受千年敦煌的独特魅力。

2. 氟碳涂料——呈现建筑融合之美

建筑物屹立在不同气候下的城市中，每天都会受到不同程度的破坏，如强烈的紫外线、大气的污染、酸雨的腐蚀、盐雾的破坏又或者激烈的人类活动。但是，历久弥新，这些建筑仍然保持着靓丽的外观，呈现着各自的美，这与氟碳涂料的特殊结构所具有的优异耐候性和防腐蚀性有关，其以卓越的超耐候、防腐、耐擦洗、绿色环保等产品优势在国内外重大项目中被广泛应用。

3. 水性环保涂料——打造绿色生态环境

习近平总书记强调，像对待生命一样对待环境，让祖国大地不断绿起来美起来。面对环境问题，越来越多的人开始关注绿色环保。水性涂料，以水作为分散介质，不含甲苯、二甲苯之类的挥发性有机溶剂，能够保护环境、呵护身体健康。

第二节　胶黏剂之美

1. 医用胶黏剂——成人之美

可分为软组织用胶黏剂、牙科用胶黏剂、骨水泥和皮肤用胶黏剂等。美国研究人员新发明一种方法，利用有机聚合物"泊洛沙姆407"和生物黏合剂"多抹棒"制成"生物胶水"，能把细小血管黏接起来，快速止血，能避免缝合术的一些副作用，减轻痛苦、减少疤痕。

2. 点沙成土——黏合剂让沙漠变绿洲

研究发现：土壤能够在有水的流体和干燥的固体状态之间转换的密码就是土壤颗粒之间存在万象结合约束（简称ODI约束）并能够转换为团结约束，并从植物中提取了一种纤维黏合剂，只要把这种黏合剂放到沙里，再添加适量的水，沙子就可以变成拥有生态力学属性、具有"万向结合约束"的土壤，"变沙为土"，让沙拥有固水能力从而让植物生长。重庆交通大学教授易志坚团队研究的"沙漠土壤化生态恢复技术"，已让内蒙古阿拉善盟乌兰布和的4000亩沙漠变为了绿洲。

第三节　树脂艺术品之美

1. 树脂封印艺术——守护大自然永恒的美

大自然无时无刻不在向我们展现着它的美，抽芽时，开花时，结果时，坠落时，枯萎时……这种美无穷无尽却又转瞬即逝。使用液体树脂如环氧树脂、不饱和聚酯进行浇铸，将植物、动物标本、模型等与树脂一同固化，然后经过简单的打磨装饰，可以制成个性而又精美的工艺品。用树脂封存绽放瞬间，定格自然之美，表达着对大自然的欣赏与敬畏。

2. 树脂瓦——传承中式建筑之美

树脂瓦分为天然树脂瓦和合成树脂瓦，合成树脂瓦是采用高耐候工程树脂ASA研制而成的。ASA是丙烯腈、苯乙烯和丙烯酸橡胶组成的三元聚合物。合成树脂瓦具有颜色持久、质轻、自防水、坚韧、保温隔热、隔音、耐腐蚀、抗风防震、抗冰雹、抗污、绿色环保、防火、绝缘、安装方便等优点，而且造型美观、立体感强，颜色极具中国元素，使得它被广泛应用于各类永久建筑屋面装饰，尤其目前国内大力推广的"平改坡"工程。

第八章　纤维之美

本章主要介绍纤维的发展、性能及应用之美，纤维材料以其独特的魅力，在生产生活中越来越具有吸引力。详细讲述明衍圣公朝服的四宗"最"，通过纤维织物的历史演化，领悟纤维艺术的人情味，并以用现在的人造纤维仿制出唐代的襦裙和间裙为例，详细介绍天然高分子纤维的优点（如透气性好、吸水性好等），尤其是虽年代久远，仍色彩鲜艳等特色，说明当时绢衣化学性质稳定。从这些国家宝藏中感受蚕丝的美、渐变的花纹、精致的织造、轻薄的质感和时尚感，以及先人的巧夺天工。

第一节　塑造纤维之美，品味织物背后的故事

1.舞时红袖举，纤影透龙绡——光影中的软雕塑

纤维艺术是一种极其高雅的艺术，它以独特的艺术语言和形式在艺术世界中独树一帜，其无与伦比的表现技巧和形式的美感，极具视觉的冲击力、震撼力，其鲜明、强烈的艺术风格，形成了强烈的艺术感染力。

2.原天地之美，而达万物之理——从自然中萃取纤维，化为艺术精品

随着现代纤维材料的日益丰富，天然纤维材料的表现越来越为人们所认同，纤维艺术由此进入了其独特性的表现阶段。本部分以这种表现为基础，展开对纤维材料所能展现的材料表情及材料的运用，指出纤维艺术材料的魅力展现，因此，发现纤维材料的自然美，并加以创造，成为现代纤维艺术的一个重要特征。

第二节　领略纤维之美，回归纤维特性的本源

1.纤维·科技畅想之魅——纤维的多种新奇功能给人们带来了惊喜和便捷，未来的纤维已经超越产品的概念，踏上了熔炼作品的征程。

2.纤维·舒馨生活之韵——人们最关注的是亲肤、抑菌、易染、阻燃、可降解、抗紫外线以及弹性等特性，从这些关注点出发，才可以研发出满足消费者需求的产品。

3.纤维·美妙生态之源——在人类的眼中，大自然的馈赠总是伴随着神奇与惊喜，人们很难想象自然界中这些不起眼的小材料可以在尖端科技的打造下成为可用之才。

4.纤维·安全防御之盾——抗拉耐撕的背后也有一颗柔软的芯，莫谓一束柔软力，几曾牵挂沉管身。

格物致理之美

一、课程简介

本课程为应用物理专业开设的专业美育必修通识课程。该课程从多个角度为学生揭示了物理学原理背后的奥秘，传递了物理学原理与人们日常生活的紧密联系，向学生全方位展现了物理学原理在解释大自然奥秘时所体现的魅力，能够激发学生对物理学的热爱，帮助学生理解专业价值、开拓自然科学视野，对专业产生浓厚的兴趣与持久的学习热情。

二、课程目标

1. 知识目标：使学生了解物理学原理，了解发现物理学原理背后的故事、物理学原理应用中的典型故事，掌握物理学原理在社会生活中的应用。

2. 能力目标：培养学生利用物理学工具解决实际生活或工程问题、利用物理学一般方法解决实际问题的能力，提高学生的物理应用能力、逻辑思维能力、思辨能力，增强对问题的理解、判断、分析、推理、综合、论证的能力。

3. 美育目标：开阔学生视野，让学生能够欣赏物理的美、欣赏物理学原理在生活中表达的美、欣赏物理学原理在生活中应用的美，能够在对物理学原理应用的过程中，对这种美进行传达。

4. 思政目标：掌握科学精神与品格，恪守科学伦理，践行科学信念，培养健全的人格，树立科学为人民服务、科技提升社会生活幸福感的专业理念。

三、课程美育目录

第一章 涡旋之美

经典涡旋和量子涡旋你了解吗？涡旋有时也称旋涡，是指一种半径很小的圆柱在静止流体中旋转引起周围流体做圆周运动的流动现象。物理上，涡旋包括两大类，即经典涡旋和量子涡旋。本章主要介绍经典涡旋的产生、动力学行为以及它与电磁学的联系。并且，由于量子涡旋与经典涡旋的产生机制不同，它能展示更加丰富的现象，比如涡旋量子化、奇异的涡旋结构等，这些内容也将得到介绍。通过本章学习能够将辩证唯物主义思想教育融入课堂，真正实现在课堂教学主渠道中全方位、全过程、全员立体化育人，探索知识传授与价值引领的有效方法。

第一节 经典涡旋

1. 经典涡旋的特点

2. 经典涡旋与电磁学的联系

第二节 量子涡旋

1.量子涡旋的特点

2.量子涡旋的结构

第二章 热学视角之美

本章主要介绍经典热学发展史蕴含之美、热学世界的自然美和现象美、热力学理论体系蕴藏的美学因素、热力学理论体系之美、经典热力学定律"多样"的整体美及其缺陷美。详细介绍热力学定律理论和结构之美及负熵之美。将《热学》中的美学因素转化为美的教育，给学生以美的熏陶，从而实现激发学生的审美热情，培养审美情趣，提升审美能力，美化心灵，更好地掌握热学知识的教学目标。同时培养学生学习科学家坚持不懈、勇往直前、坚持真理、不断创新的科学精神。

第一节 热学蕴含的美学因素

1.经典热学发展史蕴含之美

2.热学世界的自然美和现象美

3.释放热力学理论体系蕴藏的美学因素

第二节 经典热学理论体系之美

1.热力学的微观理论之美

2.热力学第零定律所表现的美感

3.热力学第一定律所表现的美感

4.热力学第二定律所表现的美感

5.热力学第三定律所表现的美感

6.物性学之美感

7.经典热力学定律的整体美、缺陷美及负熵之美

第三章 光的衍射（自然之美篇）

如果光波在其传播路径上遇到某种障碍物，则会产生衍射，故从这个意义上讲，衍射现象无处不在。本章着重介绍光相干叠加的基本原理、光干涉衍射之区别与联系及光的单缝衍射，旨在了解光波的表示以及光波叠加的基本物理原理，能够对身边的光衍射现象进行识别和基本分析，能够理解光衍射是光在传播过程中的基本特征、是光具有波动性的最核心体现，并能够领会波动光学与几何光学在大尺度下是统一的。解析单缝衍射现象、揭示自然之色彩是本章的重点，同时感受物理学研究中的科学精神、文化素养、审美素养与解惑、开拓、创新之本。

第一节 光的波动本质

1.光学现象

2.光的干涉衍射现象

第二节　光的衍射本质

1. 光的相干叠加

2. 光的衍射分析

第四章　生活中的电磁学

电磁学是经典物理学的一部分，在物理学中占有重要的地位。电磁学主要研究电荷、电流产生电场和磁场的规律，电场和磁场的相互联系，电磁场对电荷、电流的作用，以及电磁场对物质的各种效应等。如今，电磁理论已渗透到物理学和其他自然科学的各个领域，成为研究物质世界必不可少的基本理论。电磁技术促进了人类生产技术的进步，从电工、无线电、遥控和自动化，到通讯和电子计算机等技术无不以电磁技术为基础。本章主要介绍电磁学中的电磁感应基本原理，及电磁学理论在日常生活中的应用如磁悬浮列车、计算机、汽车等，体验科学理论给人们生活带来的便捷之美。一方面培养学生的逻辑思维能力、抽象思维能力，另一方面通过讲述科学家发现科学真理的过程，培养学生实事求是、勇于创新、坚持不懈的科学精神。

第一节　麦克斯韦电磁理论

第二节　生活中的电磁学

1. 磁悬浮列车

2. 计算机与电磁学

3. 生命与电磁学

4. 农业与电磁学

第五章　晶体对称之美

对称现象在自然界和日常生活中都很常见，如花朵、蝴蝶、房子等物体的左右两边都可以通过平面反映彼此重合。均衡对称的事物给人一种稳定、完善的美感，人们在发现宇宙和大自然的和谐美的现象和规律时总会感到兴奋，赞叹"天道崇美"；见到精美的艺术品时，也会有愉悦感。对称是重要的美学要素，"对称"对理解宇宙、大自然、艺术、文化、社会等都具有非常重要的意义。

晶体具有对称性，什么是晶体？提到晶体，你想到的是不是闪闪发光的宝石？晶体到底有哪些特点？它和非晶、准晶有什么不同？本章将从生活中的对称现象出发，认识对称这种简单又独特的性质，详细讲解对称的概念、对称操作、晶体的宏观对称性和微观对称性，在欣赏晶体的对称之美的同时，感受乱中有序的和谐统一之美。

第一节　生活中的对称

第二节　晶体的对称操作

1. 晶体的对称特点

2. 晶体上的对称要素

第三节　晶体的宏观对称性和微观对称性

1.晶体的宏观对称性

2.晶体的微观对称性（简介）

第四节　晶体的对称之美

第六章　物理之美与美的物理教学

物理美学是物理学与美学相交叉的学科，是科学美学在物理学科上的具体表现，它所研究的对象是自然科学研究中的美学性质和美学表现。物理学反映的是科学的真，科学的真又表现着科学的美。科学越是进步，理论越真，科学美的光辉越灿烂，科学美的作用越不容忽视。因此，研究、挖掘物理学中的科学美，在物理教学中进审美教育，应成为物理教育的一部分。

爱因斯坦曾经描述说，物理学是至善至美的科学，他还特别把物理的美归纳为"简单、和谐、完善、统一"。历史上的科学家更是把自己所发现的科学规律描绘得美不胜收，哥白尼为他的日心说这样写道："所有的这些轨道的中心便是太阳，难道说在如此富丽堂皇的宫殿里，还能找出比这更好的地方来安置这样一盏美妙的明灯使它能从这儿照亮一切吗?"波尔发现电子模型后，爱因斯坦赞叹道："这是思想领域中最高的音乐神韵。"

物理科学的美，是一种艺术的美，但它又与艺术美有很大的不同，物理科学的美是完全建立在"真"的基础上的。物理科学的美是真和美的统一，由美可见真，由真可见美。但不一定真的就美，噪声是真的，但不美。美的也不一定是真的，早期的地方天圆说就很美但不是真的。

第一节　物理之美的几种形式

1.新奇美

2.简洁美

3.统一美

4.和谐美

5.对称美

6.艺术美

第二节　如何挖掘和展现物理之美

1.挖掘出美的因素，鉴赏物理内容的美

2.从物理概念、物理量和物理规律中去搜寻美

3.从对称性上去体现美

4.从研究法上去体现美

5.从物质自然属性（色、形、声）上去体现美

第七章　麦克斯韦方程组的数学之美

2004年，英国的科学期刊《物理世界》举办了一个活动：让读者选出科学史上最伟大的公式。结果，麦克斯韦方程组力压质能方程、欧拉公式、牛顿第二定律、勾股定理、薛定谔方程等"方程界"的巨擘，高居榜首。麦克斯韦方程组以一种近乎完美的方式统一了电和磁，并预言光就是一种电磁波，这是物理学家在统一之路上的巨大进步。很多人都知道麦克斯韦方程组，知道它极尽优美，并且描述了经典电磁学的一切。但是，真正能看懂这个方程组的人却不多，因为它不像质能方程、勾股定理这样简单直观，等式两边的含义一眼便知。毕竟，它是用积分和微分的形式写的，而大部分人要到大学才会正式学习微积分。不过大家也不用担心，麦克斯韦方程组虽然在形式上略微复杂，但是它的物理内涵确是非常简单的。而且，微积分也不是特别抽象的数学内容，本章将带领大家领略麦克斯韦方程组的数学之美。

第一节　电场和磁场

1. 电场之美

2. 磁场之美

第二节　场线和通量

1. 场线之美

2. 通量之美

第三节　麦克斯韦方程组

1. 高斯定理之美

2. 高斯磁学定律之美

3. 法拉第方程之美

4. 安培全电流定律之美

第八章　放疗中的物理之美

本章主要包括放疗基础知识，放疗的发展史，现代放疗及新技术展望，放疗过程中的质控与质量保证四部分内容。

通过学习，学生能够掌握放疗的基本知识，认识放疗过程中的放疗计划和实施过程中的质控与质量保证在放疗中的地位，了解放疗的发展历程、放疗发展的未来趋势。不但要培养学生分析问题、解决问题的能力，并注意科学思维方法与科学态度的培养，还要培养自我获取知识的能力。随着科学技术的进步，肿瘤放射治疗领域不断出现新技术和新设备，学生要有对世界先进水平的技术成果迅速熟悉掌握的能力，重点是使学生理解和体会科技给放疗带来的新契机、新挑战、新机遇和新天地。

本章的思政目标是体验放疗在肿瘤治疗中的效果之美；放疗在与科技互动中的精确之美；放疗在科技发展促进中的创新之美；放疗在应对新技术带来的新风险中的审慎之美；

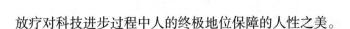

放疗对科技进步过程中人的终极地位保障的人性之美。

第一节　放疗效果之美

第二节　放疗精确之美

第三节　放疗创新之美

第四节　放疗人性之美

《专业之美》课程美育目录集萃

发现化学之美

一、课程简介

本课程是化学、应用化学相关专业的专业类美育课程，以"美"启"真"，把学生引入化学殿堂。化学美是化学内容的"真"与化学形式的"美"的有机结合，把美育渗透于化学课堂教学的点滴之中，充分挖掘化学之美，带领学生进入五彩斑斓的化学殿堂，树立正确的审美观，去领略化学之美，从而去创造化学之美。以浓厚的兴趣、科学的态度和较高的教育艺术，唤起学生的情感共鸣，把学生的思维、想象推向一个新境地，给学生以美的享受，潜移默化地影响学生的审美观和审美情趣。让学生以轻松自然的学习状态去学习知识，领悟化学之美，探索世界的新奇与奥妙，激发学生的学习兴趣、学习主动性，培养学生的创造性。

本课程以通俗易懂的形式，从化学史、化学家、化学语言、化学物质、化学反应和化学结构等方面，引导学生探视化学的秘密，感受化学在人类社会发展中的重要性，发现并体验化学之美。用一页页精致的图片和视频尽显化学之美：玻璃仪器的晶莹剔透、溶液的姹紫嫣红、半坡陶盆的悠远、勾践铜剑的冷峻、马踏飞燕的飘逸、金刚石的璀璨、孔雀石的斑斓、合成材料的神异……无不透露出化学物质的静态之美。化学之美不仅美在其外，更深藏于内。化学原理、定律看似单调、抽象、枯燥，实际上却包含着丰富的审美内容。化学原理与定律用高度简练、概括、准确的语言，揭示了大自然中物质纷繁芜杂的变化。化学符号的规整、元素周期的律齐、化学规律的严谨、化学式的丰富，仔细品味我们的化学，无处不透出美的元素、美的气息。化学无处不含美，美在何处？探究这个问题有助于我们发现、感受、鉴赏、表现和创造化学之美。

二、课程目标

1. 知识目标：使学生在审美的愉悦中掌握化学基本知识和基本技能，扩展化学概念、元素、无机、有机、聚合物等领域的发展历程；理解、欣赏物质美和分子世界的反应规则。

2. 能力目标：能够阐释化学用语规则、基本反应规则和应用物质合成策略，具备创造合成新物质的初步能力，具备分析化学科学孕育、产生和发展演变规律的能力，具有欣赏化学史实的成就美和日常化学品的实用美的能力，感受化学的物质美、仪器美、装置美、现象美、规律美，让学生产生美的感受、美的共鸣，受到美的熏陶。

3. 美育目标：深入了解推动化学进步的发展以及化学家的优秀品质，能够体会人格、心灵折射出的美，受到精神激励与鞭策，追求卓越人生，从而使美育和智育达成和谐的统一，最终达到提高化学教学质量的目的并使学生终身受益。

4. 思政目标：让学生树立起牢固的化工报国的信念，培养勇于追求科学真理的精神，能够运用所学化学知识服务人民生活，建设社会主义现代化强国。

三、课程美育目录

第一章 化学漫谈

本章主要介绍化学史中的真善美事例：中国瓷器，火药的发明，点石成金的神奇，祈求长生不老的悲喜剧，通过事例体会化学史实的成就美、化学成功发现的喜剧美、丧失发现机会的悲剧美，通过现代的吃穿住行等化学品的应用，引导学生从实用美学角度理解化学。在教学过程中挖掘中国历史及古代哲学思想中的化学元素，做好传统文化的创造性转化和创新性发展，讲好中国故事，为中华民族复兴凝聚强大的精神力量与文化自信；介绍中国化学学者的事迹与思想，树立学习榜样，培养学科认同感。立德树人正是对中国传统文化的升华，与此相似，化学是一门格物致知的学问，它是探究万物之理，在分子、原子层次上研究物质的组成、性质、结构与变化规律，并创造新物质使之为人类服务的科学。将传统文化和中国元素融入思政教育可以培养学生用所学化学知识造福社会、报效国家的家国情怀。

第一节 天上的化学——远古而神秘

1. 宇宙中发生的化学反应——神秘之美

2. 人和宇宙的关系（物质的层次结构）——浩瀚之美

3. 人体的化学构成——认知之美

第二节 神仙的化学 早期化学的开端

1. 科技起源之火的发现——发现之美

2. 早期对化学反应的利用——历史之美

3. 化学的原始形成——炼丹术&炼金术——创造之美

第三节 人间的化学——近代化学时期

1. 近代化学的诞生过程

2. 重要历史人物简介

第四节 今天的化学如此美丽——实用之美

第五节 未来的化学——？

第二章 化学大师——智慧之美

介绍拉瓦锡的开拓、道尔顿阿伏伽德罗的伟大、卢瑟福的传奇、门捷列夫的天才、李比希自以为是的可惜、氟的发现前仆后继的悲壮等等，体会科学家们表现出的正义之美、崇高之美和友谊之美。引入推进化学学科进步的重要科学家成就以及化学家的优秀品质，

使学生感受从他们人格、心灵折射出的美，受到激励与鞭策，从而追求卓越人生。

第一节　化学史上的大家——智慧之美

1. 近代化学的奠基者——波义耳

2. 科学燃烧理论的建立者——拉瓦锡

3. "近代化学之父"——道尔顿

4. 阿伏伽德罗——分子假说提出者

5. 鲍林——两度获得诺贝尔奖

6. 化学界的"神农"——舍勒

7. 门捷列夫——发布第一张元素周期表

8. 诺贝尔——最广为人知的化学家

9. 李比希——有机化学之父

10. 维勒——"生命力"学说的终结者

11. 苯的环形结构学说的建立——凯库勒

12. 勒沙特列——化学工程技术专家

13. 居里夫人——她的笔记本发射性依然还在

第二节　化学史上的中国人

1. 葛洪——抱朴子内篇

2. 中国古代四大发明家

3. 沈括与石油

4. 侯德榜与联合制碱法

5. 屠呦呦——青蒿素的提取及全合成

第三章　化学理论美

本章主要介绍通用的化学学科的专业用语，包括元素符号和命名、化学式、化学方程式以及结构示意图、结构式等，体会化学用语的简洁美；介绍质量守恒定律、物质结构理论、元素周期律与元素周期表理论、物质电离理论等，进一步了解各个公式的秩序、和谐和统一，体会化学理论的科学美。

第一节　化学用语——规律之美

1. 物质是由元素组成的

2. 元素符号和化学式

3. 用化学语言交流

第二节　化学理论——内在之美

1. 物质不灭理论和质量、能量守恒定律

2. 动态平衡原理

3. 催化剂

4. 化学反应中的"变与不变"

5. 化学中的条件敏感与竞争反应

6. 语言即力量

7. 分类法

第四章 化学物质美

化学物质美只是化学变化美的终极表现，化学物质美的外在表现，是它们的形态美。如胆矾晶体蓝色的纯净，食盐颗粒的规整，结晶硝酸钾的奇异，钻石的晶莹华贵，红蓝绿宝石的夺目光彩，无色水晶的无瑕透明……无不表现着化学物质的形态美。

化学物质的社会功用价值：实用美。如五光十色的霓虹灯把现代都市的夜晚打扮得繁花似锦，高分子材料的发展加速信息社会的到来。

第一节 颜料——视觉之美

1. 天然矿石颜料

2. 人工合成矿石颜料

3. 颜料的故事

4. 人工合成颜料（有机）

5. 专题："五颜六色"从何而来？古人最难分辨蓝绿

6. 专题：艺术化学：油画修复

第二节 矿物——形态之美

1. 颜色外形千变万化

2. 晶体结构

3. 专题：矿物致色原理是什么？

第三节 美白瘦身——化学使人变美

第五章 化学结构美

介绍原子和分子结构；介绍显微镜、电镜、扫描隧道显微镜XRD等观察物质的微观结构，了解晶体中的原子、离子、分子有规则的对称排列；介绍典型的有机化合物的分子结构，合成聚合物的近程结构和远程结构，生物大分子的三维结构等重建物质的三维结构等，体会结构的和谐、秩序和多样性，领略化学的结构美。

第一节 分子结构之构筑

第二节 分子晶体美

第三节 碳结构之美

第四节 生命分子结构之美

第五节 专题：发现化学之美的"眼睛"

第六章 化学变化美

以各族元素性质为线索，介绍金属置换反应、电沉积反应、燃烧反应等的反应过程，特别是反应的细节变化，展示化学变化美。钻木取火、百炼成钢、蜡炬成灰……形象地描述了化学的变化美。化学变化是化学美之源。

第一节 反应现象之美——变化之美

第二节 化学反应——规律之美

第三节 专题：化学史上十项最美的实验——经典反应之美

1. 路易斯·巴斯德分离手性酒石酸盐（1848）

2. 拉瓦锡著名的钟罩实验，拉瓦锡第一次提出了氧化和燃烧学说（1775）

3. 赫尔曼·埃米尔·费谢尔测定葡萄糖的结构式

4. 汉弗莱·戴维电离分解碱金属和碱土金属元素（1807～1808）

5. 威廉·亨利·珀金发明了人工染料（1856）

6. 基尔霍夫和罗伯特·威廉·本生证明金属盐类在火焰中加热，释放出的光谱具有该元素特征（1859）

7. 约瑟夫·普利斯特利加热氧化汞并发现氧气（1774）

8. 尼尔·巴特莱特利用六氟化铂合成六氟化铂氙，证明了稀有气体也可以有化合物，从此惰性气体改名稀有气体。（1962）

9. 弗朗索瓦·奥古斯都维克多·格林尼亚合成格氏试剂（1899）

10. 居里夫妇发现了钋和镭元素（1898）

第七章 化学实验美

介绍化学仪器的外形和构造；介绍酸碱反应中指示剂颜色的变化、沉淀过程中沉淀形成、结晶的过程，展示化学实验美。线条柔和、造型匀称的透明玻璃仪器，如U形管、球形干燥管、蛇形冷凝管、葫芦状的启普发生器、锥形瓶等，造型优美，就像一件件精美的艺术品，让人过目不忘。

第一节 化学实验的仪器——科学美

第二节 化学实验的装置——精巧美

第三节 化学实验现象——震撼美

计算未来之旅

一、课程简介

　　本课程为信科专业开设的专业美育必修通识课程，包括模型之美、平衡之美、不动点之美、简洁之美、医学图像重建、自然之美、博弈之美、排版之美，共八部分内容。课程在时、空两个维度上展示计算之美，力求拓展计算理性精神在数学各基础领域中从时间和空间角度展开的广度和深度，自人类社会历史的视角一直延展到当代最新的科技前沿，全面铺开一幅计算之美在人类社会的时空中留下的波澜壮阔的画卷。

　　通过本课程的学习，能够让信科专业本科学生欣赏和体验到计算方法的形式之美与实质之美。学生通过学习精妙的计算方法和算法设计以及古今的经典案例，能够感受和理解数学文化的博大精深之美、理性思维的逻辑思辨之美、数学语言的严谨理性之美、数学体系的完备精妙之美、程序设计的秩序流畅之美、计算科学家的人格高洁之美，从而能够崇尚理性思维、热爱信科专业、践行信科理念。计算之美，润物无声，美在过程的体悟，美在思维的通达。

二、课程目标

　　1. 知识目标：学生能够基本领悟计算方向的相关基础知识，简要描述各种计算数学的基本内容及其对于科技的支撑作用，探索数学方法内在的机会和挑战，能够初步理解中国计算科学的现状。

　　2. 能力目标：学生能够在观察和处理实际问题时运用基本的计算理论和思维，使用计算方法的相关知识分析、解决具体的问题。增强对社会中的实际问题的理解、判断、推理、综合、分析、论证、检验的能力，提高逻辑思维能力、思辨能力。

　　3. 美育目标：学生能够识别计算方法的价值意义，体验计算科学对人类生活的影响，感受计算之美与数学之美，并将所体验和感知到的美进行有效和被他人认同的传达。

　　4. 思政目标：学生能够深切体验到计算科学发展中的中国立场和信科人的时代担当，认同计算思维，树立专业信念，坚定学习信科专业和从事信科相关职业的信心。

三、课程美育目录

第一章　模型之美

　　本章主要介绍数学模型与数学建模的定义，从建模过程中感受模型之美。通过学习，学生能够了解数学模型的基本定义，掌握数学建模的基本流程，能够使学生了解数学建模的基本思想和求解方法，初步掌握初等模型的基本建模过程，能够以实际问题为线索，建

立基本数学模型并求解。通过表现模型所揭示的客观规律的科学性和合理性，体现它的简洁之美、抽象之美、对称之美、奇异之美、统一之美等。

第一节　从现实对象到数学模型

1. 数学抽象之美

第二节　模型之美

1. 简洁之美

2. 抽象之美

3. 对称之美

4. 奇异之美

5. 统一之美

第二章　平衡算法的神奇之处你了解吗？

本章主要是对置信区间算法做一个概况介绍，重点不在于置信区间算法的具体计算公式，核心在于通过对计算之美的全面介绍和意义揭示，让学生从数学角度理解数学在生活层面上的微观价值，从而产生对计算的美感体验和价值共鸣，产生对计算的心理拜服和信念内化，强化专业自豪感，坚定数学信仰和数学理想。

第一节　平衡算法的探索

1. 遗憾与乐观

2. 平衡算法的探索之美

第二节　平衡算法的利用

1. 走出探索和利用的两难困境

2. 平衡算法的利用之美

第三章　不动点的美妙之处在哪里？

本章主要是对什么是不动点，不动点的美妙之处以及不动点的相关定理做一个简要介绍，重点在于体验身边生活中存在的不动点之美，核心在于理解不动点定理，体会到该定理作为数学园中的一株奇葩，它的问世犹如一枚奇妙的钥匙，打开了数学园不动点理论的大门。在现今数学世界的诸多领域，都可以寻找到它简洁而美丽的身影。本次课程的主题是在不动点的数学视野下，看一看我们身边的和初等数学中的一些不动点现象，通过本章的学习体会到科学的无穷魅力，提高学习热情。

第一节　身边的不动点

1. 照片的艺术

2. 跑不掉的老鼠

3. 完美数的家园

4. 自恋数的黑洞

第二节 不动点定理

1. 布劳威尔不动点定理

2. 巴拿赫压缩映像定理

第四章 贪心算法

本章通过对求解活动选择问题的讲解，引出贪心算法的定义，即贪心算法总是作出在当前看来最好的选择。也就是说贪心算法并不从整体最优考虑，它所作出的选择只是在某种意义上的局部最优选择。从对算法的讲解中体会数学图形的直观简洁美，实例将对公共资源的合理利用、避免浪费的思想融入其中，激发学生的爱国热情和专业自豪感，增强社会主义建设的信心。

第一节 贪心算法的基本要素

1. 整体最优与当前最优

第二节 最小生成树问题

1. Prim和Kruskal算法之美

第五章 医学图像重建漫谈

本章主要介绍医学图像含义、格式及重建软件3D Slicer，从重建过程中欣赏、感受三维重建之美。本章讲述了医学图像发展的历史，解读了医学图像在治病救人方面的意义，详细地讲述DICOM格式、CT（Computed Tomography，以下简称CT）原理及CT重建，感受CT技术数学之美、先进之美；通过3D Slicer软件动手建模，感受建模软件应用之美，从医学图像发展史中领悟为人民服务的精神，并深刻体会国内医学图像领域研究工作者坚持不懈、永不放弃的精神以及为人民谋幸福的伟大的爱国精神。

第一节 带你走进医生的世界

1. 医学图像功能之美

第二节 医学图像是什么

1. 医学图像格式之美

第三节 CT的奇妙工作原理

1. CT技术数学之美

2. CT技术先进之美

第四节 医学图像原来是这样重建出来的

1. CT重建应用之美

2. 3D Slicer建模软件应用之美

3. 三维重建之美

第六章　自然之美

本章主要通过对自然界中一些神奇的常数的介绍，了解这些重要常数的发现、发展及应用，加深对数学发展史的了解，了解和感受科学研究的一般规律，体会自然界的神奇，激发专业学习的兴趣，坚定信科方向的专业自信。

第一节　为什么要介绍自然界的这些常数

1. 无理数之美

2. 现代实数理论之美

第二节　自然界中神奇的常数

1. 根号2的发现之美

2. π的无限之美

3. 黄金分割的自然之美

第七章　博弈之美

本章通过介绍博弈论的定义及几个典型模型，让学生知晓博弈论方法的本质与精髓。通过介绍博弈论的结构与分类，让学生掌握博弈论的四项基本要求：博弈方、策略、次序与得益。通过讲述博弈论发展简史及相关名人，让学生深刻体会科学家的探索精神。最后通过生活中的小游戏使学生体会到博弈论是社会的数学，体会数学的广泛应用，激发专业学习的兴趣，坚定信科方向的专业自信。

第一节　几类经典博弈论模型

1. 智猪博弈

2. 囚徒的困境

3. 赌胜博弈

第二节　几个游戏

1. 猜帽子

2. 海盗分金

3. 猴子过河

第八章　LATEX的神奇之处你了解吗？

LATEX是一种基于TEX的排版系统，由美国电脑学家莱斯利·兰伯特在20世纪80年代初期开发，利用这种格式，即使用户没有排版和程序设计的知识也可以充分发挥由TEX所提供的强大功能。对于生成复杂表格和数学公式，这一点表现得尤为突出，因此它非常适用于生成高印刷质量的科技和数学类文档。这个系统同样适用于生成从简单的邮件到完整书籍的所有其他种类的文档。

第一节　LATEX的安装

1. 安装LATEX

2. 安装WinEdt

第二节　LATEX的排版

1. 主要编辑

2. 章节目录

与水共居　和谐之美

一、课程简介

《与水共居　和谐之美》是排水科学与工程专业的一门专业美育必修课。水是生命之源、万物之源。水是人类社会发展不可缺少和不可替代的宝贵资源，也是社会发展之源。课程将知识性、趣味性、研究性融于一体，通过对水之美的深度认识，让学生深切感受到中华悠久的历史文化之美；培养学生认识美、爱好美和创造美的能力；牢固树立绿水青山就是金山银山的理念；引导学生树立珍惜爱护水资源、保护水资源的意识；培养专业素养，拓展知识面，提高学生创新能力；激励学生努力成才、奉献祖国。

二、课程目标

1. 知识目标：熟悉水与生命、水与文明、水与文学、水与工程等内容，掌握水特性、水资源、水循环、水治理等基础知识，了解水在国民经济中的重要性，了解水思想、水文化、水民俗等知识。

2. 能力目标：能够识别与水相关的水工程问题，能够运用简单的水原理分析和解决社会生活中常见的用水、治水、水再生等相关问题。

3. 美育目标：深切感受我国传统文化的博大精深，弘扬优秀传统文化，感受水之美。培养学生认识美、体验美、感受美、欣赏美和创造美的能力。

4. 思政目标：了解我国古代水工程，深切感受我国古代劳动人民的伟大智慧，了解现代水工程，激发学生探索未来、奉献祖国的热情，使学生牢固树立生态文明观，实现人水和谐发展。

三、课程美育目录

第一章　一切美好从水特性开始

本章主要介绍水的化学结构、水分子团、超临界水、密度、比热容等水特性，分析水性质的特别之处及用途，充分感受水特性之美；分析天然水的物质组成，了解水质指标，了解水质标准。

第一节　水的化学性质

1. 水分子的化学结构

2. 水分子团

3. 超临界水

第二节　水的物理性质

1. 水的密度

2. 水的比热容

第三节 天然水与水质

1. 天然水及其物质组成

2. 水质指标

3. 水质标准

第二章 生命起源于水

本章概述了生命起源的不同假说，着重分析了化学起源说及其结论"生命起源于水"，感受水生命起源之美；所有生命都离不开水，以人体为例，介绍人体水的含量、水的生理功能、水的需要量。

第一节 生命起源于水

1. 生命起源的不同假说

2. 生命起源于水

第二节 生命离不开水

1. 人体水的含量

2. 水的生理功能

3. 人体水的需要量

第三章 水缔造中华文明

人类文明的孕育和发展与水息息相关，文明的创造总是与河流有着不解之缘——大江大河滔滔不绝，人类文明生生不息。黄河、长江缔造了中华文明，黄河是中华民族的母亲河，是中华文明的摇篮，长江是中华民族的象征。

第一节 黄河是中华民族的母亲河

1. 黄河概述

2. 黄河流域的古文明

3. 中华民族的黄色基因

第二节 长江是中华民族的象征

1. 长江概述

2. 长江流域的古文明

3. 中华民族的象征

第四章 水思想闪耀传统哲学

春秋战国时期诸子百家对水的论述，形成了中国最早最丰富的传统水思想，例如儒家有智者乐水、以水比德、以水喻政等思想，道家有上善若水、无为而治、柔弱胜刚强等思想，它们充分体现了传统水思想之美。

第一节　儒家水思想

1. 智者乐水

2. 以水比德

3. 以水喻政

第二节　道家水思想

1. 上善若水

2. 无为而治

3. 柔弱胜刚强

第五章　水，文学创作的源泉

水是文学创作的源泉，也是启迪文心和艺术匠心的源泉。自古以来，文人墨客无不对水倾注着真挚的感情，水在文学创作中的分量和地位举足轻重。通过欣赏言志之水、言情之水、美景之水的诗词，深切感受水之美。

第一节　言志之水

1. 家国天下之志

2. 君子之志

第二节　言情之水

1. 豪情叹世之水

2. 柔情婉意之水

第三节　美景之水

1. 波澜壮阔之水

2. 涓涓细流之水

3. 秀美温柔之水

第六章　水崇拜主导传统民俗

水崇拜是人类最早产生并延续持久的自然崇拜。民俗是人们在一定的自然环境和生产方式下，世代相传而形成的一种对人民心理、语言和行为都具有约束力的规范体系。水崇拜与民俗活动密切联系，各民族古老的传统民俗与活动都与水相关。

第一节　生育、婚俗、葬俗

1. 生育

2. 婚俗

3. 葬俗

第二节　传统节日

1. 汉族传统节日

2. 少数民族传统节日

第三节　祈雨与镇水

1. 祈雨

2. 镇水

第七章　水工程，中华文明的丰碑

在中国历史上，兴修水利是中华民族生存与发展的首要条件。五千多年来，正是依靠水土资源的不断开发，中华民族持续发展，中华文明蔓延不断。那些璨若星河的水利工程如同一座座丰碑，镌刻、记载了中华文明几千年光辉灿烂的历史文化。

第一节　古代水工程

1. 都江堰

2. 郑国渠

3. 灵渠

4. 坎儿井

5. 大运河

6. 黄河大堤

第二节　现代水工程

1. 红旗渠

2. 三峡工程

3. 南水北调工程

第八章　人水和谐促进可持续发展

我国水资源十分短缺，人均水资源量仅为世界平均水平的四分之一。水资源的无序开发利用，加上污水任意排放，已使得水资源成为制约经济发展的瓶颈。多年来，我国建设了众多工程设施来解决水问题，并制定法律法规保障水资源的有序、可持续利用，实现人水和谐发展。

第一节　水资源短缺

1. 水资源短缺状况

2. 水权之争

第二节　工程治水

1. 调水工程

2. 水污染治理工程

第三节　依法治水

第四节　人水和谐发展

1. 绿水青山就是金山银山

2. 人水和谐发展

材料世界之魅

一、课程简介

本门课程属于材料化学专业的专业美育课，主要从微观到宏观角度认识陶瓷材料、金属材料及高分子材料之美。通过课程学习，让学生掌握材料学的基本知识，理解材料具有的宏观和微观美学特征，掌握开发美学元素的方法，领会材料美学世界的魅力。培养学生善于发现生活及学习中的美学元素的能力，提升学生的美学鉴赏能力，从专业知识出发，融合美学教育，提高专业自豪感，坚定科技兴国、材料强国的思想，培养具有科学素养、艺术素养和人文素养的综合型人才。

二、课程目标

1. 知识目标：了解科学技术的发展，掌握光学显微镜、透射电子显微分析和扫描电子显微分析的方法；掌握陶瓷材料、金属材料和高分子材料的基础理论知识，了解这些材料的发展历史及现状。

2. 能力目标：培养学生利用现代测试技术对材料进行分析的能力；培养学生学习、研发子材料的专业能力及运用专业知识分析问题、解决问题的能力。

3. 美育目标：培养学生善于发现生活中各种材料中蕴含的美学元素，理解材料对人类社会生活发展的价值，对于人的关怀和人的需要的满足的意义，提升学生对生活的情感体验和对生活中各种材料的审美鉴赏能力。

4. 思政目标：提高专业自豪感，坚定科技兴国、材料强国的思想，培养具有科学素养、艺术素养和人文素养的综合型人才。

三、课程美育目录

第一章　用"眼"看材料之美

随着科学技术的发展，光学显微镜因其有限的分辨本领而难以满足许多微观分析的需求，现在观察物质微观结构的测试手段主要有透射电子显微分析和扫描电子显微分析。本章主要简单介绍扫描电子显微镜和透射电子显微镜的工作原理以及构造，引出科技兴国的思想，激发学生的学习兴趣，启发学生要致力于材料科学研究，为国家的科技发展贡献自己的一份力量。

第一节　扫描电子显微镜简介

第二节　扫描电子显微镜的原理

1. 测试技术先进之美

第三节 扫描电子显微镜的工作原理

第四节 透射电子显微镜的原理

1.测试技术先进之美

第五节 透射电子显微镜的结构

第二章 大自然中的材料之美

本章主要介绍动物、植物和天然矿物中的材料之美，启发学生从美学角度了解大自然中的微观之美，意识到通过自然界中的微观之美可以启发人类研发仿生材料，进而产生对材料学专业的学习兴趣。

第一节 仿生材料的概念

1.仿生材料之美

第二节 仿生材料研究的过程

第三节 植物中的材料之美

1.荷叶中存在的仿生材料之美

2.人厌槐叶苹中存在的仿生材料之美

3.再力花中存在的仿生材料之美

4.竹子中存在的仿生材料之美

第四节 动物中的材料之美

1.壁虎脚掌中存在的仿生材料之美

2.鲨鱼皮肤中存在的仿生材料之美

第五节 矿物中的材料之美

1.蛋白石中存在的仿生材料之美

2.贝壳珍珠层中存在的仿生材料之美

第三章 人工合成材料之美

本章主要介绍金属材料、无机非金属材料和有机材料三类材料之美，让学生从美学角度了解各类材料之美，从而产生对材料学专业的美感体验，强化专业自豪感，坚定科技兴国、材料强国的思想。

第一节 金属材料的微观之美

1.合金材料的显微结构之美

第二节 无机非金属材料的微观之美

1.氧化物、氮化物、硼化物、硫化物等无机非金属材料的显微结构之美

第三节 有机材料的微观之美

1.高分子材料的显微结构之美

第四章 金属材料之美

本章主要介绍金属材料与文化的关系，金属材料的概念和分类，金属材料的发展历史，金属材料在日常生活及工业应用中所包含的美学知识。培养学生学习、研发金属材料的专业能力及运用专业知识分析问题、解决问题的能力。培养学生善于发现生活及学习中的美学元素的能力，提升学生的美学鉴赏能力。

第一节 排列有序的金属

1.金属材料结构之美

2.位错移动之美

3.合金的魅力

第二节 钢铁是怎样炼成的

第三节 偶遇不锈钢

1.不锈钢的刚亮之美

第四节 新型金属材料

1.超塑性金属之美

2.形状记忆合金之美

3.贮氢合金之美

第五章 陶瓷材料之美

本章主要带领学生了解陶瓷的概念和分类，熟悉陶瓷的发展历史，认识陶瓷材料在生产生活中的重要地位，深入理解陶瓷材料学科中蕴含的美学元素。培养学生善于发现生活及学习中的美学元素的能力，提升学生的美学鉴赏能力。

第一节 陶瓷的概念与分类

1.陶瓷的概念

2.陶瓷的分类

第二节 我国陶瓷技术发展概述

1.我国陶瓷发展的六个里程碑

2.我国陶瓷发展的三个突破

第三节 陶瓷与文化

第四节 陶瓷的应用之美

1.陶瓷与生活

2.陶瓷与工业

3.透明陶瓷

第六章 高分子材料之美

本章主要带领学生认识高分子，了解高分子材料的发展现状及应用，认识高分子材料在生产生活中的重要地位，掌握高分子的结构之美及应用之美。介绍高分子材料的广阔研究前景，激发学生的科研兴趣及对本专业的热爱，激励学生树立远大志向。讲述日常生活中滥用高分子材料对环境的危害性，增强学生的环保意识，树立社会责任感。讲授高分子科学知识的过程中融入中国传统美学知识，提升学生的民族自豪感与文化自信，培养全面发展的新时代材料人。

第一节　初识高分子

第二节　高分子近程结构之美

1. 构造之美

2. 构型之美

第三节　高分子远程结构之美

1. 高分子链内旋转之美

2. 高分子链柔顺之美

第四节　高分子聚集态之美

1. 高分子晶态之美

2. 高分子液晶之美

第五节　高分子材料应用之美

金属材料之美

一、课程简介

本课程为金属材料专业开设的专业美育必修通识课程。通过对学生介绍科学与美学的概念、美学在科学研究过程中的重要作用，讲解金属材料研究的要素、意义、方法，碳钢、合金钢、有色金属及合金等金属材料的性能特点、应用、强化方法等知识，在讲授过程中展现金属材料微观世界的美，材料研究过程中体现出的实验研究的严谨理性之美、数据分析中的逻辑之美，从而加深对材料组织与性能、加工工艺之间的相互关系的理解，激发学生对专业学习的兴趣，巩固学生对专业知识的掌握。

二、课程目标

1. 知识目标：学生能够说明美学在科学研究过程中的重要作用，描述材料研究的要素、意义、方法，并能够阐释碳钢、合金钢、有色金属及合金等金属材料的性能特点、应用、强化方法等知识。

2. 能力目标：学生能够理解各种金属材料的加工工艺对组织、性能的影响规律，并掌握对具体案例进行分析问题、解决问题的能力。

3. 美育目标：学生能够体会材料研究中展现出的微观组织的美，实验研究中的严谨理性之美、数据分析中的逻辑之美，并将这种体验到的美在工程应用方面予以展现。

4. 思政目标：激发学生浓厚的专业兴趣，立志投身金属材料研究中去的信念，鼓励学生刻苦学习、努力钻研，坚定学习金属材料工程专业和从事本行业的信心，为我国新材料行业产业升级贡献力量，为实现中华民族伟大复兴的中国梦而努力奋斗。

三、课程美育目录

第一章 科学与美学

本章主要介绍美学与科学的概念；科学与美学的形成和发展；科学与美学的关系；美学在科学研究过程中的重要作用。通过学习美在科学研究过程中的重要作用，理解科学与美学的关系，使学生能学会在材料研究中发现材料之美，识别材料研究中展现出的微观组织的美、实验研究的严谨理性之美、数据分析中的逻辑之美，从而激发学生浓厚的专业兴趣，立志投身金属材料研究中去，鼓励学生刻苦学习、努力钻研，坚定学习金属材料工程专业和从事本行业的信心。

第一节 科学与美学的概念

第二节 科学与美学的形成和发展

第三节　科学与美学的关系

第四节　美学在科学研究过程中的重要作用

第二章　材料研究方法

了解材料研究的内容、意义，材料研究方法在材料科学工程等领域的重要作用。领会材料研究方法的分类和各自应用，材料研究过程中体现出的实验研究的严谨理性之美、数据分析中的逻辑之美。能够在专业知识的学习中主动发现专业之美。

第一节　材料研究的意义和内容

第二节　研究方法的分类

第三节　材料的结构、性能、化学组成

第三章　金属材料之美——钢

掌握钢的分类和编号，合金元素在钢中的作用，工程结构用钢、工具钢、特殊性能钢的性能特点，各种钢的加工工艺，领会钢的微观组织结构中体现出的材料之美。能够应用各种钢的加工工艺对其组织及性能的影响规律，选择各种钢的适合的加工工艺。通过学习，学生能够了解钢的分类和编号，结构用钢、工具钢、特殊性能钢的性能特点，能够理解各种钢的加工工艺对其组织及性能的影响。

第一节　钢的分类和编号

第二节　合金元素在钢中的作用

第三节　工程结构用钢

第四节　机器零件用钢

第五节　工具钢

第四章　金属材料之美——有色金属及合金

掌握铝及铝合金、钛及钛合金、铜及铜合金、镁合金、轴承合金的性能特点及加工特点，领会有色金属及合金的微观组织结构中体现出的材料之美。能够应用各种有色金属及合金的加工工艺对其组织及性能的影响规律，选择各种材料的适合的加工工艺。通过学习，学生能够了解铝及铝合金、钛及钛合金、铜及铜合金、镁合金、轴承合金的性能特点及加工特点，能够理解各种有色金属及合金的强化方法。

第一节　铝及铝合金

1. 铝及铝合金的性能特点及分类编号

2. 铝合金的强化

3. 变形铝合金

4. 铸造铝合金

第二节　钛及钛合金

1. 纯钛

2. 钛的合金化

3. 工业用钛合金

4. 钛合金的热处理

第三节　铜及铜合金

1. 工业纯铜

2. 铜合金的分类及牌号表示方法

3. 黄铜

4. 青铜

第四节　镁及镁合金

1. 纯镁

2. 铜合金的分类及牌号表示方法

第五节　轴承合金

1. 轴承合金的性能要求

2. 锡基轴承合金

3. 铅基轴承合金

4. 铝基轴承合金

多基耦合仿生材料的魅力

一、课程简介

本课程是复合材料专业的专业必修课程。系统阐述了仿生材料的起源、研究方法、主要组成以及典型实例，通过教师教授、翻转课堂等多重教学手段，使学生了解仿生材料的存在意义，让学生认识到这是一门涉及化学、材料学、生物学、物理学等领域的交叉学科，让学生掌握仿生材料研究的基本方法，提升利用专业基础理论知识解决实际工程问题的综合实践和创新能力，并能够自主学习和终身学习材料专业相关知识。

二、课程目标

1. 知识目标：了解仿生材料的基本概念、发展历程和研究近况，掌握仿生材料的基本研究方法，了解水泥基仿生材料、陶瓷基仿生材料、聚合物基仿生材料和复合仿生材料的典型案例，掌握仿生材料的环境效应，掌握针对不同仿生材料的表征方法，从微观和结构入手充分认识仿生材料的独特之处。

2. 能力目标：能够从实际应用中对设计方案进行优化与优选，培养独立思考能力，具有环境保护及可持续发展的理念，培养科技论文的写作能力和口头汇报能力，具备自主学习和终身学习能力，适应专业发展需要。

3. 美育目标：学生能够欣赏仿生材料的自然之美、拟态之美、生活价值之美、工程技术之美，能够理解专业的社会价值，并能够将仿生材料之美进行创造和传递。

4. 思政目标：通过国家在仿生材料领域的成就培养学生的民族自豪感和自信心，坚定职业目标，遵守职业道德，养成严谨的科研习惯，树立科技报国的信念。

三、课程美育目录

第一章　仿生材料发现之美

本章通过介绍仿生学的起源、仿生学的诞生、仿生学的基本要素，阐述仿生学从无到有、从模仿到创造的发展历程，让学生了解探索的过程，体会发现的魅力。通过对仿生学基本概念的学习，能够辨别出身边的仿生材料，更好地认识到仿生学与我们生活的密切联系，让学生学会从身边的世事万物中探寻创造的灵感，培养学生善于发现美的创造性思维。

第一节　仿生学的起源——自然界中的独特美

1. 以自然界中具有优异功能的典型生物为切入点，引入生物世界的奇异性，从而提出仿生学的源起。

2. 从远古时代、工业时代、信息时代、知识时代追溯仿生学的起源及各个时代人与自然的关系。

第二节　仿生学的诞生

1. 仿生学的定义——道法自然之美

2. 仿生学的含义——自然中的创造力之奇

3. 仿生学的特点——生物特殊功能之妙

第三节　仿生学与科技创新的关系

1. 科学与技术的内涵——天人和谐

2. 仿生学与科技创新的关系——新主意、新技能、新工艺

3. 近代对人们具有重要影响的仿生学成果——师法自然

第四节　仿生学的基本要素

1. 仿生需求——来自自然的启示

2. 仿生模本——原始创新的动力与源泉

3. 仿生模拟——无处不在的"师"

4. 仿生制品——从模仿到创造的跨越

第二章　仿生材料的研究之美

本章主要介绍仿生材料基本的设计方法，一方面学会从设计所面临的问题出发，分析其条件和限制，找出面临问题和设计问题的相似之处，从而解决问题；另一方面从生物特征及所适应的环境出发，通过与生物生活环境特征类似的产品使用条件找到灵感，进行移植和模仿进而产生创新的火花，体会仿生材料的发现与创造之美。让学生在学习过程中养成良好的思维习惯，坚守"不忘初心，牢记使命"的誓言。

第一节　仿生设计的思维探索之美

1. 相似理论——类比之妙

2. 生长造型设计理念——逻辑之趣

3. 思维创造——创新之源

第二节　仿生设计的认知之路

1. 常见状态和非常见状态的认知之道

2. 生物的客观与主观认知之辩

第三节　仿生设计的生物特征提取之法

1. 主要特征和次要特征——探索之光

2. 整体特征和局部特征——宏观与微观的桥联之思

3. 静态特征和动态特征——动静结合之美

4. 二维特征和三维特征——空间思维之妙

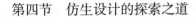

第四节　仿生设计的探索之道

1. 需求问题化——从工程应用出发，挖掘问题之源

2. 问题方案化——步骤细化的逻辑之美

3. 方案视觉化——由想法到成品的虚拟仿真之妙

第三章　水泥基仿生材料之美

本章主要介绍水泥基仿生材料的典型实例：自修复水泥基仿生材料。掌握自修复水泥基仿生材料的产生背景、自修复的基本原理、自修复技术及应用，了解最新的科技前沿信息，体会探索与尝试创造性修复技术的奥妙。通过实例给出水泥基材料在我国社会主义发展过程中的重要地位。通过重点工程的介绍（水电工程、民用工程、高铁工程、核电工程、桥梁工程、高速工程、海洋工程等），提高学生的民族自豪感和自信心，并培养学生的职业道德意识，坚守职业道德底线。

第一节　水泥基仿生材料的起源之思

1. 水泥基材料的劣化——工程应用问题分析之道

2. 常规修复方式及其不足——现实之困

第二节　水泥基仿生材料的自修复理论之美

1. 水泥基材料自修复原理——物理、化学、生物多学科交叉基础理论之趣

2. 水泥基材料自修复特性——理论凝练与表现之妙

第三节　水泥基仿生材料的自修复技术之美

1. 形状记忆合金的损伤控制技术——变形与恢复之奇

2. 基于空芯光纤和空芯纤维的自修复技术——破与合之妙

3. 基于胶囊方式的自修复技术——有机材料与无机材料复合之趣

4. 微生物混凝土裂纹的自修复技术——生物协同处理之巧

第四节　水泥基仿生材料的应用——实用之美

第四章　陶瓷基仿生材料之美

介绍陶瓷基仿生材料的设计思路和设计要点，以及陶瓷基仿生材料的制备工艺、应用和未来的发展方向，让学生认识陶瓷基仿生材料的形态、组成、晶体形貌的变化规律，体会"火候"和"结构"之间的神奇关系。结合生活中的竹材、贝壳等实物，使学生更好地理解仿生陶瓷在进行设计时的要点。让学生更形象直观地了解枯燥的理论知识，加深学生的印象，能够正确认识材料工程技术对于客观世界和社会的影响。

第一节　仿生结构陶瓷材料的设计要点——仿生陶瓷结构之奇

1. 高韧性陶瓷材料的仿生结构设计思路

2. 高韧性陶瓷材料的仿生结构设计要点

第二节　仿生结构陶瓷材料的制备工艺——竹木与贝壳结构之妙

1.材料体系的选择和优化

2.仿竹木纤维结构的纤维独石结构陶瓷复合材料的制备工艺

3.仿贝壳珍珠层结构的层状结构陶瓷复合材料的制备工艺

第三节　仿生结构陶瓷复合材料的应用——仿生结构陶瓷实用之趣

第四节　仿生结构陶瓷复合材料未来的发展方向——发展方向之广

第五章　聚合物基仿生材料之美

本章主要介绍聚合物基仿生材料的设计思路和设计要点，以及聚合物基仿生材料的应用和未来的发展方向，如聚合物纤维、聚合物壳聚糖、聚合物表面接枝等，让学生认识聚合物基仿生材料的形态、组成和形貌的变化规律。在讲述各种不同聚合物仿生材料的过程中穿插介绍各位发明者的生平和趣事，在提升课堂的活跃度的同时对学生进行立德树人教育，让学生养成良好的思维习惯，培养严谨的科研思维模式。

第一节　聚合物蛛丝纤维仿生材料及制备方法——纤之韧

1.蛋白基因仿生生物表达法——基因仿生之巧

2.链段及二次结构仿生化学合成法——链段仿生之妙

3.微观结构仿生物理复合法——结构仿生之奇

4.多层次结构仿生层层组装法——层次仿生之奥

5.聚合物纤维仿生材料设计方案——设计之思

第二节　聚合物表面疏水仿生材料——面之洁

1.氟碳化合物——无机氟碳之奇

2.有机硅烷树脂及聚合物——有机硅烷之妙

第三节　聚合物关节润滑仿生材料——体之滑

1.聚电解质刷——亲水之刷

2.两性离子聚合物刷——生物相容之刷

第四节　聚合物磷脂仿生材料——膜之换

1.侧链型磷脂聚合物——磷脂之侧

2.主链型磷脂聚合物——磷脂之端

第六章　仿生复合材料之美

本章主要介绍仿生学、复合材料及仿生复合材料的概念和相应特征，以及当前复合材料研究中存在的问题；仿生复合材料的设计思路、设计要点及研究进展，以及仿生复合材料的应用和未来的发展方向，让学生认识仿生复合材料的形态、组成和形貌的变化规律。一方面学会从当前复合材料研究中存在的问题出发，分析其条件和限制，找出问题的解决方案和设计思路；另一方面从仿生学角度出发，通过与生物生活环境特征类似的产品使用条件找到灵感，进行仿生复合材料的设计和创新。

第一节　天然生物材料——自然之趣

1. 生物材料的复合特性——性能之优

2. 生物材料的功能适应性——功能之美

3. 生物材料的创伤愈合——机能之强

第二节　仿生及复合材料——仿生之妙

1. 仿生材料与仿生材料学——仿生之源

2. 复合材料——仿生之基

第三节　当前复合材料研究中存在的问题——现实之思

1. 连续纤维的脆性和界面设计的困难——脆韧之变

2. 短纤维易从基体中拔出导致复合材料失效——短长之替

3. 晶须长径比难于选择——尺度之较

4. 陶瓷基复合材料增韧的困难——增韧之困

5. 复合材料内部损伤的愈合方法——损伤之治

第四节　仿生复合材料及研究进展——仿生复合之奇

1. 仿生复合材料——仿生复合之美

2. 复合材料的仿生设计和制备——仿生构思之妙

第五节　仿生复合材料的应用前景——应用之广

生物交叉演绎美

一、课程简介

生物交叉演绎美是一门综合生物信息学专业特色的美学课程，主要内容包括5个篇章：生物发展美学篇、生物大数据美学篇、生物计算美学篇、生物数理美学篇和生物前沿交叉应用美学篇。课程以多媒体教学为主，遵循OBE理念，引入MOOC相关课程中英文视频，采用启发式、课堂讨论、基于问题的情景教学、案例分析等混合教学方法，达到知识目标、能力目标、美育目标、思政目标的要求。

二、课程目标

1. 知识目标：通过对《生物交叉演绎美》课程的学习，能够认识新学科背景下生物科学发展的趋势，通过生物信息学与多学科交叉融合揭示生命现象和规律，理解生物大数据、生物计算、生物云计算平台、生物表型、遗传、进化等的数理演绎，基因组学、多组学等知识和内容，掌握交叉学科生物信息学解决生物领域问题的基本方法和思路；能够认识生物信息前沿应用发展的背景和趋势，掌握生物信息前沿应用的主要形式和内容；能够理解生物信息前沿应用的意义和价值。

2. 能力目标：培养学生的专业审美能力和自主学习能力、合作能力、解决和分析问题的能力，突出美学能力、创新能力、拓展思维能力，培养学生的专业素养和远大理想。培养学生利用生物信息前沿方法对组学大数据进行解读的能力，具有探究组学数据的应用价值，挖掘和解析蕴藏在数据背后的生物学意义的能力。逐步形成专业美学思维方式，完善具有专业特征的分析、判断、综合、解决问题的思维能力。培养学生初步建立生物信息前沿应用的逻辑思维，形成集多组学数据挖掘及交叉应用为一体的创新思维。

3. 美育目标：赋教学于美学欣赏，感受新时代背景下生物发展之美，领略生物发展、交叉融合之美，培养学生的专业审美能力，提升学生对生物信息学的专业兴趣，使学生热爱自己所在的专业和未来的科研事业，使学生感知生物信息学所带来的巨大应用价值，培养学生的专业认知能力，使学生体会到生物信息前沿应用的美学价值及意义。

4. 思政目标：让学生从生物交叉的"美"出发，培养在生活和学习中发现和欣赏美的能力，加强自信心，增强民族自豪感，激发爱国情怀，树立报效祖国的远大理想，同时加深理解中国生物发展在全球的地位，建立持之以恒的科研精神，坚定生物"新"学科造福全人类的信念，提升学生对生物信息专业的兴趣。通过前沿应用的讲解，使学生获得认同感及收获感，培养学生认知钻研专业知识的科研精神。

三、课程美育目录

第一章　生物发展美学篇

本章主要介绍生物信息学的产生与发展，从整体上认识生物信息学的融合美。详细介绍生物信息学的生物学基础，发现生物信息学中的生物之美。从不同的生物学研究层面阐述生物信息学与生物学的关系以及生物信息学所能解决的生物学问题，探寻生物信息学与生物学的协调之美和逻辑之美。感受国家实力的强大及生物信息学科学家们坚持不懈、严谨求实的科研精神。

第一节　生物信息学融合之美

1. 走进生命科学的世纪

2. 生物信息学的诞生

第二节　生物基础之美

1. DNA的基础美

2. 蛋白质的执行美

3. RNA的连接美

4. 生物信息与生物学的融合美

第二章　生物大数据美学篇

本章主要介绍了生物大数据的由来，生物大数据体现在生物进化发育过程中的作用、意义，以及如何有效地解读生物大数据等问题，利用算法、编程等方法去认识大数据的逻辑之美，从而进一步了解其内在的生物美。回顾了生物学发展过程中的重大事件，对基因组及组学进行了详细的介绍，从而引出生物大数据的概念，用清晰明了的数字对生物大数据的特点进行了阐述，可以让同学们更加直观地感受到大数据真实的"形态"美，使学生在崇尚科学家孜孜以求的科研精神的同时，也深刻意识到创新精神在当今世界发展中的重要性。同时，对认识生物大数据的方法——算法也进行了相应的介绍，用算法展示数据规律来揭示其理性美与逻辑美，在多层次提升学生审美能力的同时，也能领悟到科研工作者们精益、专注、敬业的工匠精神。生物大数据之美，重要的在于对生命科学探索研究中的"美的科学"，以此创造更好的生活条件和生活环境，维系"美的生命"。

第一节　爆炸式增长的生物大数据

1. 生物大数据发展之美

2. 生物大数据内在之美

第二节　生命科学中的组学大数据

1. 组学大数据可视之美

第三节　生物大数据分析中的算法美

1. 算法的逻辑之美、理性之美

第四节 生物大数据之"美的科学""美的生命"

1. 大数据揭示生命规律的科学之美

2. 大数据对医疗水平提升、现代农业进步的辅助之美

第三章 生物计算美学篇

本章的核心是"生物计算之美",生物计算是利用计算机思维解决生物问题,用计算机的语言和数学的逻辑解析生命的奥秘的科学。首先,从硬件和软件的角度,认识计算机,了解计算机系统的概念,发现计算机之美;其次,从生物信息学分析入手,发现生物信息程序设计、软件工具之于数据分析的美;最后,从生物信息平台功能与建设方面,挖掘生物信息平台之美。从生物计算的载体、生物计算的方法和生物计算的呈现方式上,发现课程中的美,培养学生辩证的科学思维方式、开拓创新的科研探索精神,以及人文素质和审美素养。

第一节 计算机之美

1. 计算机的美与魅

第二节 生物信息软件之美

1. 程序设计语言——Python可视化之美

2. 生物信息软件与工具——数据可视化之美

第三节 生物信息平台之美

1. 云平台智能应用之美

2. 科研平台探索生命奥秘之美

第四章 生物数理美学篇

在自然界中,生物正在以有序的"数学语言"来诠释它们的特殊之美。通过本章学习能够使学生了解并掌握斐波那契数列的概念、通项公式、应用,黄金数(黄金比例)的相关概念与斐波那契数列的关系及斐波那契数列在生物中的体现;了解并掌握达·芬奇公式及在生物学现象中的体现;理解几何学、代数、分形在向日葵、车前草、蜜蜂、蛇、蜘蛛等生物中体现的数理之美;了解仿生学等人类从生物数理中获得的成果。通过本章学习能够使学生认识生物表型、遗传、进化等概念中蕴含的数学算法及理论;初步应用已学的数学知识掌握并探究生物发育过程的规律;提高学生对生物中数理知识的观察能力、认知能力、推理能力及创新能力。

第一节 人类数理之美

1. 个人品德——强身健体

2. 完美身材——黄金比例

第二节 动植物数理之美

1. 身影相随——斐波那契数列存在于世间万物之中

2. 分形、仿生学之美

第五章 生物信息前沿应用美学篇

本章主要介绍基因组测序及重测序技术的发展历程及目前应用现状，系统介绍基因组等数据获得的途径及分析方法，重点讨论组学数据在生物信息学中的应用情况，探讨全基因组关联分析（GWAS）等生物信息前沿应用案例。通过大量图片、视频、案例等充分展示生物信息前沿应用之美，使学生逐步形成美学思维，从美学角度观察生物信息的前沿应用，激发探索生物信息之美的渴望。同时激发学生利用生物信息技术服务农业生产，形成服务社会的意识和精神。

第一节 基因组测序及重测序

1. 基因组序列之美

2. 基因组重测序的意义及价值之美

第二节 全基因组关联分析

1. 全基因组关联分析的方法及技术之美

2. 全基因组关联分析的应用之美

地球科学之美

一、课程简介

本课程为矿业工程学院本科通识类美育必修课程，具有科普性、前沿性和交叉性。选取宏观地质构造、山岳、矿物奇石、海洋、湖泊和生物之美，结合微观矿物和岩石之美，举例"红色文化之旅"，开展美育教育。课程旨在培养学生对地球科学的了解，感受自然之美，培养学生理论联系实际，初步学会自然科学探究的高阶思维模式，提高学生的团队协作和创新能力。

二、课程目标

1. 知识目标：了解地球的构造运动、古生物演化和国内外最新的研究成果等内容，掌握地质演化基本理论，具备解决复杂问题的能力和方法。

2. 能力目标：培养学生理论联系实际，初步学会自然科学探究的高阶思维模式，提高学生的团队协作和创新能力。

3. 美育目标：掌握宏观地质构造的特点，结合微观矿物之美，归纳自然之美欣赏方法，具备欣赏技能。

4. 思政目标：通过融入国家战略环境保护和爱国主义教育的课程思政元素，使学生树立正确的世界观、人生观和价值观，了解新时代生态文明建设的核心价值观。

三、课程美育目录

第一章　天地至美：地球

本章通过介绍地球的形成、演化和结构，生物进化历史，讲述神秘而又美丽的地球故事，了解资源分布和气候变化。融入习近平新时代"人类命运共同体"重要思想。

第一节　地球的形成

1. 太阳系

2. 行星演化

第二节　地球的物理性质

1. 密度

2. 重力

第三节　地球的圈层之美

1. 地壳

2. 地幔

3. 地核

第四节 生物之美

1. 古生代

2. 中生代

3. 新生代

第二章 大地构造之美

讲述在地球的内外动力地质作用下，地质体发生变形或位移而遗留下来的形态之美，表现为岩石的褶皱、断裂、劈理以及其他面状、线状构造。

第一节 内动力地质作用

1. 地震作用

2. 岩浆作用

3. 变质作用

4. 构造作用

第二节 外动力地质作用

1. 风化作用

2. 搬运作用

第三节 褶皱之美

1. 背斜

2. 向斜

第四节 断裂之美

1. 节理

2. 断层

第三章 山岳青山之美

简介山岳的形成，介绍世界和我国山脉的分布，阐述我国十大名山的分布、特点和美学欣赏性。融入习近平新时代"绿水青山就是金山银山"的理念。融入红色文化之长征精神，以长征途中跨越的18座大山和感人故事为线索，弘扬新时代发展要求，锐意进取，自强不息。

第一节 世界山脉之美

1. 世界山脉之最

第二节 中国山脉之美

1. 山脉的形成

2. 地貌

第三节　十大名山之美

1. 名山分布

2. 景观赏析

第四节　长征精神

1. 长征精神的内涵

第四章　矿物奇石之美

介绍矿物和宝石的类别和特征，通过典型照片从宏观角度叙述矿物晶体、岩石和奇石之美，感受自然之美。

第一节　矿物之美

1. 不同矿物的特征

第二节　宝石之美

1. 宝石的类别

2. 宝石的欣赏

第三节　岩石之美

1. 岩石的类别

2. 岩石欣赏

第四节　奇石之美

1. 奇石类别

2. 奇石欣赏

第五章　显微矿相之美

简述微观观察方法，通过典型显微镜和扫描电镜照片介绍非金属矿物、金属矿物和不同岩石类型的岩相学组成和结构，探索奥妙的矿相微观之美。

第一节　显微之美

1. 显微赏析

第二节　岩相之美

1. 岩相赏析

第三节　矿相之美

1. 矿相赏析

第四节　显微结构之美

1. 结构的特征

2. 显微的采集

第六章　湖海绿水之美

简介湖海形成的地质作用，介绍黄河流域和长江流域，阐述大峡谷、瀑布、湖泊和海

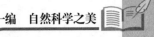

洋的分布、特点和美学欣赏性，了解我国的湖泊和峡谷之最，培养学生热爱自然的情怀。融入红色文化之长征精神，以长征途中跨越的24条河流和草地为线索。融入冀东区域经济发展"一港双城"之美。

第一节　我国水体

1. 水体的类别

2. 水体的分布

第二节　河流之美

1. 河流的类型

2. 河流的欣赏

第三节　湖泊之美

1. 湖泊的特点

2. 湖泊的欣赏

第四节　大峡谷、瀑布之美

1. 美学赏析

第七章　生物多样性之美

简述七大洲四大洋的分布、气候、生物种属和习性，重点阐述我国生物的多样性和生态系统，融入习近平新时代生态文明建设的核心价值观。

第一节　生物进化之美

1. 生物的分类

2. 生物的演化

第二节　气象之美

1. 气象赏析

第三节　生态系统

1. 生态系统的组成

2. 生态系统的特点

第四节　生物多样性之美

1. 植物

2. 动物

3. 微生物

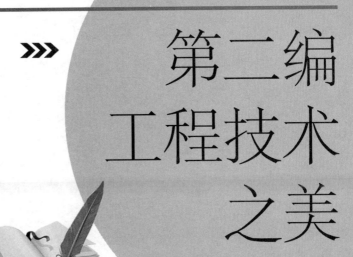

第二编
工程技术
之美

机械工匠之美

一、课程简介

本课程属于机械设计制造及自动化专业（中德合作办学）美育课。课程自身立足机械专业的中德合作办学，通过严谨之美、传承之美、技术之美、制造之美、研究之美、探索之美、追求之美以及中德合作办学的培养之美，对本专业之美进行全面介绍。通过引导学生兴趣，对机械专业的工匠精神以及合作办学情况进行简要了解，并鼓励同学们立足于本专业的国际优势，做好专业学习和留学的人生规划。

二、课程目标

1. 知识目标：学生能够了解机械工匠之美的内涵及其代表技术和案例，了解德国及海德堡的制造业，了解设计制造的一般技术和一般原理，认识我国一系列机械设计的成就。

2. 能力目标：培养学生严谨客观、积极进取的工匠精神和态度，对现有的专业内在之美建立具体认识，感知中德合作办学专业之美，并规划以终身学习为目标的学习计划。

3. 美育目标：学生能够领会华北理工大学中德合作办学的内在之美和工匠精神的核心之美，感知机械工匠之美的历史传承和魅力。

4. 思政目标：学生能够通过对工匠精神在不同领域内的应用以及我国机械设计制造所取得的一系列成就的了解，认同专业对于个人学习和职业规划的价值，建立我国特色社会主义道路自信、理论自信、制度自信、文化自信，并积极建立民族和制度自豪感。

三、课程美育目录

第一章 机械工匠严谨之美——以德国为代表

本章以德国机械专业为例，对德国历史和生态进行简要介绍；基于相关历史要素，对其制造业和工匠精神的发展进行部分介绍，并对相应的专业人才培养模式和学校模式进行介绍和分析。

第一节 德国历史之曲折

1. 近现代德国发展的曲折

2. 近现代德国发展的坚韧

第二节 德国地区的友好生态

1. 地理之优——欧洲中心

2. 气候之奇——空调免疫

3. 生态之特——森林氧吧

第三节　德国经济之重——机械相关产业

1. 经济之王——机械制造业

2. 新能源——崛起的贵族

第四节　德国教育之机械工匠的"严谨"

1. 机械教育体系之异——多层次培养

2. 工匠谨慎精神的摇篮——Hochschule

第二章　机械工匠传承之美——以德国海德堡为例

本章主要讲授德国海德堡概况，介绍其经由历史发展，工匠精神的历史渊源和不断发展，从而培养出了一代又一代优秀的工程师和学者，使学生能够了解工匠精神的传承性和持续性。

第一节　海德堡机械制造的历史基因之美

1. 海德堡之美

2. 机械星火之美——最早出现的机械制造产业

第二节　精神薪火传递之美——大学

1. 海德堡的几所著名理工大学

2. SRH Hochschule Heidelberg

第三节　机械、教育和应用相融合之美——海德堡

1. 机械科技之美

2. 工业经济活跃之美

3. 创新之美

第三章　机械工匠技术之美-仍以德国海德堡为例

本章仍以海德堡为示例，主要讲授作为工匠精神的技术体现，不同技术领域内所取得的部分成就和知名企业，如罗伯特·博世（BOSCH）、保时捷（PORSCHE）、西门子（SIEMENS）、采埃孚（ZF）、HENSOLDT（高级传感器的全球领先供应商）等，使学生能够清晰地了解工匠精神在技术领域内具备较强的适用性，值得终身学习和提高。

第一节　知名制造之美

1. 家电之美——罗伯特·博世

2. 电气之美——西门子

3. 齿轮制造之美——采埃孚集团

4. 传感器之美——HENSOLDT

第二节　海德堡承载之美

1. 服务体系承载之美

2. 工业体系承载之美

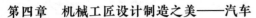

第四章 机械工匠设计制造之美——汽车

本章主要讲授工匠精神的完美体现——汽车设计与制造，针对机械专业，特别是以车辆为兴趣目标的学生，概括介绍国内外具有典型代表性的汽车制造之美，包括制造与设计两大部分。

第一节 汽车制造之美

1. 先进制造技术之美

2. 美感外形特征之美

3. 高精制造理念之美

第二节 汽车设计之美

1. 先进理念之美

2. 高新实验之美

3. 严苛标准之美

第五章 机械工匠研究之美

本章主要将机械的工匠精神进一步拓展，工匠精神并非局限于实际工作范畴，更多的是以这种精神面对专业知识的学习、拓展、求实创新和深入研究，使学生可以在专业学习结束后，仍然保持严格认真的态度和精神。

第一节 理学研究之美

1. 物理之美——马克思普朗克研究所、中国科学技术研究院

2. 化学之美——海德堡大学、中国化工大学

第二节 工业研究之美

1. 研究之美——柏林工业大学、清华大学

2. 应用之美——应用科技大学、职业教育学院

第六章 机械工匠探索之美

本章主要介绍我国在机械领域由落后到后来居上，直至现有完善的工业制造体系，并分别以自主创新和自强不信来体现我国机械领域内工匠精神探索之美，同时介绍目前我国已经在相关领域内取得的相关成果，培养民族自豪感。

第一节 自主创新之美

1. 定位之美——中国北斗

2. 航空之美——中国J-10战斗机

第二节 自强不息之美

1. 自强之美——两弹一星

2. 不息之美——中国汽车

第七章　机械工程追求之美

本章主要讲授中外合作办学专业学生要不断提高自身知识水平和文化素养，鼓励大家敢于追求更高标准和要求，在追求更高阶段专业学习的同时，保持严谨的工匠精神，践行工匠精神，追求人生理想，回馈国家。

第一节　追求之美

1. 升学、工作之美

2. 端正的学术态度之美

第二节　践行之美

1. 报效祖国之美

2. 建设祖国之美

第八章　机械工匠培养之美——中德合作办学专业

本章主要讲授中德合作办学之机械设计制造及自动化专业的项目简介、师资力量、课程设置、培养目标等，实际学习中以工匠精神作为机械人的灵魂实质和践行标准，将工匠精神不断传承和提高下去。

第一节　专业之美

1. 国际化之美

2. 多语言平台之美

第二节　培养之美

1. 国际化课程之美

2. 优秀师资之美

第三节　目标之美

1. 知行合一之美

2. 科技报国之美

能源与化工之工程美学

一、课程简介

本课程是为能源化学工程专业开设的一门美育特色课程，属于通识教育平台的基础课程。课程的主要任务是通过课堂教学和课后学习，使学生领会化学工程的美学思想、化石能源的视觉美学、炼焦工艺的工程美学、净化工艺的设计美学以及能源革命对人类发展的贡献之美等内容，学会评析化工生产过程中各个环节所展现的美学，与能源化工基础课程技能培养相辅相成。

二、课程目标

1. 知识目标：学生能够阐释能源化工技术中生产原理、工艺路线和主要设备所蕴含的工程美学思想，初步具备融合了能源和化工专业基础知识和审美能力的创新态度和意识。

2. 能力目标：培养学生理解并掌握化工生产过程中各个相关环节，理论联系实际、结合能源化工基础课程技能，提高学生的创新能力。

3. 美育目标：学生能够领会美学与能源化学工程学交叉融合的奥妙，理解化学工程师的职业道德与担当，遵循化学工程师的美学意识与道德素养，能够在化学工程实践中恪守工程职业美学与道德规范，履行责任。

4. 思政目标：学生能够理解科技进步和社会环境多样化对能源化工基础知识和审美能力相互融合的要求，能够认识到专业知识和人文素养交叉融合的必要性，具有自主学习和终身学习的意识。

三、课程美育目录

第一章 化工之美

本章主要介绍古代、近代和现代的典型化工技术，从化工技术对社会经济发展和文明进步的作用中感受科技之美。简述了国内外化工技术的发展历史，列举了不同时期的典型化工技术和产品及其对社会发展的促进作用，详细介绍我国近现代化工科学家和实业家为振兴中华而奋斗的先进事迹，感受先辈的爱国热情和民族精神，同时辨析化工生产对地球环境的影响，明确化学工程师的责任担当，深刻认识发展绿色化工的重要意义。

第一节 工程美学

1. 什么是美

2. 科学、技术、工程与美学

3. 工程美学的特征

珠玉繁采

《专业之美》课程美育目录集萃

第二节　化工之历史美

1.古代的化学加工之美

2.近代化学工业的新兴美

3.现代化学工业的实用美

4.我国近代化学工业的发展美

5.新中国化学工业的跨越美

第三节　化工之应用美

1.化工与农业之温饱美

2.化工与医药之生命美

3.化工与能源之资源美

4.化工与生活之实用美

5.化工与国防之安全美

第四节　化工之集成美

1.煤化工之集成美

2.石油化工之集成美

3.精细化工之集成美

第五节　化工之遗憾美

1.化工之殇

2.绿色化工之环保美

第二章　黑色金子

本章主要介绍黑色金子——煤的成因、性质、结构及应用，从煤的结构及应用中感悟化石能源煤之美。讲述了煤的发展史，追溯了煤的成因，详细讲述了煤的工业分析、工艺性质、煤岩性质、结构模型发展、转化应用及对社会发展进步的作用。以煤结构模型及煤应用发展为例，介绍了煤结构及应用的发展过程及与科技进步的结合，凸显我国煤化工关键技术的研发优势，从中感受科技进步之美，体会美学与化学工程学科知识交叉的奥妙，并结合老一辈煤化工工作者的先进事迹来焕发学生的爱国热情，培养具有社会主义核心价值观的建设者和接班人。

第一节　石涅之美

1.什么是石涅？

2.《咏煤炭》与于谦的爱国情

第二节　煤的成因之谜

1.煤的成因之探索美

2.三种成煤假说

74

3. 煤的分类美学

第三节 煤的特性之美

1. 工业分析之煤的本征美

2. 工艺性质之煤的转变美

3. 煤岩性质之煤的微观美

第四节 煤的结构之美

1. 苯结构的对称美

2. 煤结构单元模型之假设美

3. 结构模型发展之探索美

4. 分子结构概念之总结美

5. 分子结构研究方法之创新美

第五节 黑色之光——应用之美

1. 煤炭的燃料时代——热量之源

2. 煤炭的转化时代——变化之美

3. 煤炭的碳时代——材料美

第三章 黑色裂变

本章主要介绍炼焦工艺流程及主要设备，从炼焦工艺的描述中欣赏设计之美，从炼焦主体设备的剖析中感受结构之美。详细论述了焦炉的结构及生产工艺原理，从编制推焦串序的方法中体现流畅之美；详细介绍主要炼焦设备的结构和用途，感受钢铁机械的雄壮之美；以我国炼焦工业由弱变强成为炼焦强国为例，感受技术先进的科技之美，并且学习炼焦工作者坚持不懈、艰苦奋斗的爱国精神，激发学生创新创造能力，培养具有社会主义核心价值观的建设者和接班人。

第一节 工艺流程之美

1. 备煤车间之布局美

2. 炼焦车间之衔接美

3. 干熄焦工艺之紧凑美

4. 尾气处理工艺之环保美

第二节 重要设备结构之美

1. 备煤车间设备之力量美

2. 炼焦四大车之动态美

3. 焦炉之排列美

4. 干熄焦设备之坚韧美

第三节　炼焦生产应用之美

1. 生产运行的流畅美

2. 工艺衔接的科技美

第四章　净化之旅

本章主要介绍焦炉煤气的主要成分及净化工艺，从工艺流程的描述中欣赏流畅之美，从净化设备的解析中感受雄壮之美。详细阐述了焦炉煤气回收有用成分和脱除有害成分的原理和工艺流程以及主要设备，从不同成分的回收原理中感受科技之美、从净化工艺流程中感受流畅之美、从净化设备中感受雄壮之美；通过阐述焦炉煤气回收有用成分和脱除有害成分的意义，学习焦化工作者节能环保的意识和发展绿色焦化的决心，激发学生的责任担当，培养具有绿色发展理念的社会主义建设者和接班人。

第一节　生产原理之科技美

1. 分步冷却之分段美

2. 结晶分离之物理美

3. 循环反应之化学美

4. 汽提蒸出之变通美

第二节　工艺流程之流畅美

1. 焦化生产工艺之流畅美

2. 鼓冷工艺之布局美

3. 脱硫工艺之层次美

4. 脱氨工艺之色彩美

5. 脱苯工艺之设计美

第三节　净化设备之雄壮美

1. 初冷器之排列美

2. 饱和器之构型美

3. 脱硫塔之阳刚美

4. 洗苯塔之对称美

第五章　化整为零

本章主要介绍煤炭气化和液化技术的原理、工艺和设备，从工艺流程的描述中欣赏流畅之美，从主要设备的解析中感受雄壮之美。详细描述了煤气化和煤液化的技术原理、典型工艺流程和主要转化设备，从二者之间的异同点的辨别中感受科技之美，通过对煤转化技术发展沿革的论述，领悟煤化工工作者的创新精神和发展洁净煤化工的理念，培养学生的创新能力，激发学生的责任担当，培养具有崇高理想的社会主义建设者和接班人。

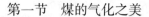
第一节 煤的气化之美

1.原理之科技美

2.工艺之流动美

3.设备之雄壮美

第二节 煤的液化之美

1.原理之科技美

2.工艺之流动美

3.设备之雄壮美

第六章 能源的储与化

本章主要介绍能源存储与转化，了解能源的本质及其各种转化形式，认识万物自然之美，试图从自然辩证法的观点去看待能源，从宏观上对能源进行认识，扩展学生的视野，激发学生的学习兴趣。通过影视作品及生活实例引出能源存储技术的改变对于人们生活方式的改变是革命性的。理解能源与国家安全的关系，洞悉能源的可持续发展的内涵——人与自然和谐发展。通过学习能量在人体中的流动来更深刻地了解能源的本质，提高学生的学习兴趣和文化素养。用唯物主义价值观去思考如何更好地利用能源，勇攀科学高峰、探索创新意识。

第一节 能源的本质

1.万物自然之美

第二节 生态系统能量流动的过程概述

1.自然和谐之美

第三节 常见的能量形式

1.能量幻化之美

第四节 能量与物质关系漫谈

1.公式之美

第五节 常见的储能形式

1.储能形式的科技之美

地球椭球测量之美

一、课程简介

本课程为测绘工程专业开设的专业美育必修通识课程。通过本课程的学习能够让测绘工程专业的学生体会到测量在各个领域体现出来的外在美和内涵美，体会测量给我们生活带来的微妙变化，感悟测量中存在的人生道理。学生通过典型工程案例，体会测绘工作的严谨之美、逻辑思维之美、投影的形式和曲线之美、南辕北辙带给我们的思辨之美、坐标的权威之美、测量工作者的人格之美，从而能够崇尚测绘工作、热爱测绘专业、立志服务测绘行业，树立正确的世界观、人生观和价值观，塑造学生对美好生活的向往和人类命运共同体的价值观。

二、课程目标

1. 知识目标：掌握大地水准面、大地体、参考椭球等描述椭球的相关概念，掌握遥感、GPS、GIS等测量技术原理及在生活中的应用，掌握弧长计算、坐标类型及坐标转换等相关原理，掌握地图及地图投影原理及应用，能够根据测量原理解决复杂工程问题。

2. 能力目标：学生能够应用高程测量方法、高斯投影及坐标转换原理解决实际工程中的问题，并能够从专业的角度分析、判断测量成果的精度。能够运用所学知识解决实际工程问题，具备一定的测量规范意识、灵敏的思维和严谨的作风，具有善于发觉、总结工作和生活中的规律的意识并能够不断创新。

3. 美育目标：学生能够认识测量对人类社会发展的重要意义，体会地球自然之美、测绘工作者的人格之美、测绘技术的先进之美、投影的曲线之美、坐标变换的申请之美，探索大地测量中蕴含的外在之美和内涵之美，体会到数学在测量中应用的神奇之美，并将所体验和感知到的测量之美进行有效和被他人认同的传达。

4. 思政目标：学生能够深刻体会测量对我们生活的深远影响及对国家发展的重要性，培养学术专业素质和在专业工作中所体现出来的严谨、认真、不畏牺牲、一丝不苟的工作态度和浓厚的爱国情怀、一定的团队合作精神，树立不断创新、终身学习的思想意识。

三、课程美育目录

第一章　善变的地球

本章通过美丽的家乡风景引出世界著名的风景区和中国超级工程，带领学生感悟自然风景的自然美和人类的创造美。通过视频、文字等介绍了地震、洪水、雾霾等自然灾害，一个个惊心动魄的画面让人揪心、痛心，激励学生保护地球家园的决心和意志。借助中医的"望""闻""问""切"把脉方法，带领大家找到预防灾害、保护地球的方法，通过自然美——自然灾害——为地球"把脉"的思路，培养学生对自然的热爱，体会人类智慧与创造之美，感悟测绘科技先进之美和地球"脉相"的神奇之美，激发对测绘专业的兴趣和对专业的认可。

第一节　美丽的地球家园

1.地球的自然之美

2.人类智慧与创造之美

第二节　地球也会生气

1.不怕牺牲、保家卫国的精神之美

2.科学技术先进之美

第三节　如何为地球"把脉"

1.地球"脉相"的神奇之美

2.测绘科技水平先进之美

第二章　珠峰测量的神奇之处你了解吗？

本章主要介绍珠穆朗玛峰的名字含义及自然景观，从自然美景中欣赏、感受巍峨的珠峰之美。追溯了珠峰测量的历史，解读了珠峰的测量意义，详细讲述海拔、高程基准及珠峰高程的测量原理，通过多次珠峰测量领悟珠峰测量的意义，并以2020年珠峰测量为例，详细介绍珠峰的测量步骤，从珠峰测量中感受测绘技术的先进之美、国家实力的强大及测量工作者英勇无畏、坚持不懈、永不放弃的精神和强大的爱国精神。

第一节　带你走进珠峰

1.珠峰的自然之美

第二节　珠峰的身高原来是这样测量出来的

1.测绘技术先进之美

2.不怕牺牲、不畏困难、勇于攀登的珠峰精神之美

第三章　把握人生的航向标

有人问你，在野外迷路了怎么办？你一定会说导航，如果在海上航行没有信号，又该怎么导航吗？空中的火箭和井下的巷道又是如何导航的？你知道有哪些表示方向的方法吗？本章将带领大家从方向的内涵和生活中的"方向"讲起，指出方向的重要性：工作要找准努力的方向，人生需要方向的指引，前进需要方向指路，国家需要方向发展。借助一些工程案例，介绍在生活和工程建设、军事发展中，在陆地、海洋、空中分别是如何识别和准确表示方向的，在学习方向表示方法的同时感悟方向的重要性，带领大家一起感悟数学中的方向与生活中的方向、人生的方向和工程建设中的方向的完美结合和相互融合，体会方向的多重内涵之美、辩证唯物思辨之美。

第一节　方向的用武之处

1.方向的多重内涵之美

第二节　你会迷失方向吗？

1.开拓创新之美

第三节　方向的奥秘

1.唯物辩证思想之美——客观、冷静地看待事物

第四章　"南辕北辙"真的能实现吗？

本章从历史典故"南辕北辙"出发，分析了南辕北辙的深刻内涵，在此基础上分析是否真的能够实现南辕北辙，借此介绍地球子午、卯酉弧长的计算方法、原理。你知道地球表面的弧长和我们平时计算的两点间的距离有什么区别吗？弧长计算一般常应用在哪里？该如何快速、准确地计算出来？本章将带你到地球表面周游一圈，亲身体会一下南辕北辙是否真的能够实现。帮助学生掌握弧长计算的原理和方法，感悟数学的伟大、程序的先进、南辕北辙故事中的思辨之美。

第一节　南辕北辙的内涵

1.辩证思维之美

2.积极乐观、勇于开拓创新之美

第二节　"南辕北辙"能实现吗？

1.数学的伟大

第五章　地球椭球测量之美

我们天天生活在地球上，你知道地球的形状吗？你知道对于地球形状古代人是如何证明的吗？如果地球形状不是圆形，你知道会出现哪些奇怪的现象吗？本章将从龟驮说、天圆地方到麦哲伦环球探险的故事中带领大家去探索地球形状学说的奥秘；从游戏中、艺术中发觉投影的应用，带领大家从生活中了解投影，掌握地图投影及地图投影类型和应用；通过高斯投影公式推导过程，再一次见证数学的神奇之处。通过本章的学习，发现投影的形式之美，投影让我们的生活变得很有艺术感，同时感受到数学的神奇之处和简捷之美，学会辩证思维。

第一节　地球形状学说

1.辩证思维之美

2.积极乐观、勇于开阔创新之美

第二节　地图投影

1.投影的形式和结构之美

2.地图投影严谨之美

3."一点都不能少"——地图的权威之美

第三节　数学的神奇之处

1. 高斯投影公式中数学的简捷、严谨之美

2. 数学的神奇妙用之美

第六章　坐标之美

你知道卫星导航根据哪些因素来定位吗？——坐标。本章主要介绍了坐标的内涵，借助生活中的导航、卫星定位、气温变化等再次诠释了坐标的含义，在日常生活、国家发展、军事建设中理解坐标的重要性和通用性。本章通过生活实例介绍了常用坐标系的类型、应用场合及不同坐标系间的相互转换关系，从坐标的转换原理中体会万物间的奇妙关系，感悟数学的严密、逻辑之美。

第一节　坐标与生活

1. 人生坐标的深刻内涵之美

2. 中国传统文化的博大精深之美

第二节　坐标变换

1. 数学的严密、逻辑之美

2. 坐标的权威之美

漫步深度学习，领略智能前沿

一、课程简介

　　《漫步深度学习，领略智能前沿》是面向智能科学与技术专业的一门专业之美课程。该课程是一门AI时代综合数据处理与实践感知专业美育的入门课程，立足人工智能的前沿技术，深入浅出地介绍深度学习的相关理论和实践。

　　通过本课程的学习，能够让智能科学与技术专业本科学生欣赏和体验到深度学习的技术之美与应用之美。学生通过学习通俗易懂、图文并茂、形象生动的技术故事，厘清双主线的深度学习理论脉络和实战脉络，能够感受和理解人工智能的学科交叉融合之美、机器学习的思维模式之美、深度神经网络的飞鸟之美、深度学习科学家的执着追求之美、深度学习结构逐渐丰富之美、深度网络智能应用之美，并通过实战使学生具备运用深度学习框架求解实际问题的能力，能将深度学习拓展应用到相关学科领域之中。

二、课程目标

　　1. 知识目标：学生能够掌握深度学习相关理论概念，从基础的机器学习概念，到感知机、M-P模型、全连接网络，再到深度学习网络，能够理解机器学习到深度学习的发展脉络。

　　2. 能力目标：学生能够在相关领域处理人工智能、大数据相关问题时，运用深度学习基本理论和框架思维解决如图像识别、语义理解、数据分析与预测等实际问题。学生能够强化智能思维、逻辑思维与深度学习思维，提升思辨能力，增强运用深度学习方法对社会、科技问题的理解、判断、分析、推理、综合、决策的能力。

　　3. 美育目标：学生能够感知科学家们的不断探索求真求实之美，体验深度学习的"健美与真美"，即"能吃能干之美"与"真实之美"，并能将这种感受与实际科技创新工作相结合，带着"科学是踩着葬礼前行的""江山代有'美人'出，各领风骚就几年""科技总是向前发展的"理念，不断发现人工智能科学与技术研究中的缺陷不足，不断改进和创新，从而推动智能科技的大步前行。

　　4. 思政目标：学生能够深切体验到作为中国当代青年大学生在人工智能时代的科技创新责任与担当，感受科技工作者要耐得住寂寞、坐得住冷板凳的进取精神，坚定学习智能专业和从事智能科技工作的信心。

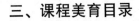

三、课程美育目录

第一章　一入侯门"深"似海，深度学习深几许

本章主要介绍深度学习的巨大影响，什么是学习、机器学习和深度学习，"恋爱"中的深度学习，深度学习的方法论等。通过本章学习，学生能够感知学习、机器学习和深度学习的概念性描述，理解机器学习的核心是通过运用数据，依据统计或推理的方法让计算机系统的性能得到提升；通过通俗的恋爱过程比喻，理解深度学习"end-to-end（端到端）"的方法论，通过与其他传统方法的比较，理解深度学习是复杂性科学中的一种技术实现；体会"深度"仅仅是手段，"表示学习"才是目的，深度学习利用大数据自动获得事务特征，让"数据自己说话"！

第一节　什么是学习、机器学习和深度学习

1. 新的思维方式之美

2. 核心数据之美

3. 丰富的机器学习思想之美

第二节　"恋爱"中的深度学习

1. 生活发现之美

2. 恋爱中的深度学习之美

第三节　深度学习的方法论

1. 深度学习中的特征变换之美

2. 数据挖掘之美

第二章　人工"碳"索意犹尽，智能"硅"来未可知

本章主要介绍人工智能的"江湖定位"，深度学习的归属，机器学习的形势化定义，为什么要用神经网络及人工神经网络的特点，什么是通用近似定理等。通过学习，学生能够感知人类强烈想用外部的"电子算法"替换自己大脑中的"生物算法"的欲望，促进人工智能诞生的历史；了解人类科学技术发展所遵循的规律：现象观察、理论提取和人工模拟（重现），理解人工智能用"硅基大脑"模拟或重现"碳基大脑"的方法；理解机器学习的形式化定义，并通过分析神经网络强大的学习能力和其特点，明白为什么深度学习要用神经网络。

第一节　人工智能的"江湖定位"

1. 人类科技进步的缺陷之美

2. 人工智能的阡陌纵横之美

第二节　深度学习的归属

1. 研究热点之美

2. 内容丰富之美

第三节　机器学习的形势化定义

1. 机器学习的归纳演绎之美

2. 机器学习的三部曲之美

3. 数据统计推理之美

第四节　为什么要用神经网络及人工神经网络的特点

1. 人工神经网络之美

2. 体会深度学习之美

第五节 什么是通用近似定理

1. 神经网络的通用近似之美

2. 批判思维之美

3. 探索求真求实之美

第三章　神经网络不胜语，M-P模型似可寻

本章主要介绍M-P神经元模型是什么，模型背后的那些人和事，激活函数是怎样的一种存在和卷积函数。通过本章学习，学生能够感知神经网络中的最基本元素——神经元模型，理解人工神经网络与大脑神经网络的模拟之法；通过讲述模型背后的那些人和事，感受脑科学、数学、逻辑学、控制论等多学科交叉融合的魅力；理解激活函数和卷积函数在M-P模型中的意义。

第一节　M-P神经元模型是什么

1. 神经网络之初的美妙

2. 感知"鸟飞派"之思想之美

3. 遵循自然法则规律之美

4. 感知简单之美

5. 感知模仿方法之美

第二节　模型背后的那些人和事

1. 模型背后历史名人故事之美

2. 人工神经网络的道法自然之美

3. 前人多学科融合创新之美

第三节　激活函数与卷积函数

1. 野蛮女友之激活卷积之美

2. 科技与生活结合之美

3. 图片数据化之美

第四章　Hello World感知机，懂你我心才安息

本章主要介绍感知机名称的由来，感知机是如何学习的，感知机的训练法则和几何意义，感知机实战和表征能力等。通过本章学习，学生能够了解感知机在神经网络包括深度学习中的重要性；进一步感受不同学科之间的相互影响；通过简单实例理解感知机的学习过程和训练法则；理解感知机实现逻辑运算中的"与""或""非"运算，却对"异或"运算无能为力的原因；通过python实战，增强学生对感知机解决实际问题的能力。

第一节　初步了解感知机

1.感知机名称由来之美

2.感知机构想的知化之美

3.体会简单感性之美

4.不断追求探索精神之美

第二节　感知机是如何学习的

1.感知机感性学习之美

2.感知试错改正之美

第三节　感知机的训练法则和几何意义

1.网络训练参数一统天下之美

2.与或非的计算规则之美

3.感受超平面之美

第四节　感知机实战和表征能力

1.实践出真知之美

2.迎难而上之美

3.感知机的缺陷之美

第五章　损失函数减肥用，神经网络调权重

本章主要介绍多层前馈神经网络，分布式特征表达，丢弃学习与集成学习，损失函数的定义，热力学定律与梯度弥散等。通过本章学习，学生能够感知多层网络如何解决"异或"问题，深刻体会科学技术的发展从来都不是一蹴而就的，而是螺旋上升的；能够感性认识多层前馈神经网络的强大的表达力，感知神经网络结构的两种进化方向（纵深 or 横向）；感受实验方法在科学研究中的重要作用，理解神经网络学习的目标是最小化损失函数，体会深度学习逐层初始化训练机制的妙处。

第一节　认识多层前馈神经网络

1.多层神经网络解决异或问题之妙

2.多层前馈神经网络的进化之美

第二节　分布式特征表达

1. 感知分布式表征之美

2. 卸下包袱、轻装上阵之美

3. 神经网络缺陷之美

第三节　丢弃学习与集成学习

1. 丢弃学习的残缺表征之美

2. 体会感知机的缺陷之美

3. 分类器多样性之美

第四节　损失函数的定义

1. 深而瘦的网络之美

2. 吻醒人工智能的白马王子之帅

第五节 热力学定律与梯度弥散

1. 神经网络缺陷之美

2. 误差反向传播算法之美

第六章　最快下降梯度之美

本章主要介绍神经网络结构的设计，梯度和梯度递减。揭示了鸟飞派的励志人物之神奇之作，神经网络结构之美，损失函数之梯度之美，SGD的随机跳跃之美。通过本章学习，学生能够感知"从不放弃""坚持就是胜利""敢于直面问题"的科研精神；认知神经网络两个层面的问题，即What和How？明晰神经网络结构设计的目的是让神经网络以更佳的性能学习，即找到合适的权重和偏置，让损失函数的值最小；理解损失函数的定义，掌握采用梯度下降法获得损失最小化的函数；理解梯度、梯度递减和随机梯度递减的概念，并通过实践加深对梯度递减应用的实际意义。

第一节　鸟飞派的励志人物之神奇之作

1. "鸟飞派"之美

2. 1986年的神作之美

第二节　神经网络结构的设计

1. 神经网络结构之美

2. 神经网络的学习优化之美

第三节　梯度与梯度下降之美

1. 损失函数之梯度之美，

2. SGD的随机跳跃之美

第七章　BP算法之美

本章主要介绍了BP算法的发展历史，BP算法的双向传播及其意义，BP算法中的链式求导，BP算法的详细推导过程。本章揭示了BP图文详解之美、链式求导缠绵之美、误差反向传播计算神经元的"责任"之美。通过本章学习，学生能够了解BP算法的发展历史，感知BP算法的双向传播的意义：正向实现分类，反向调整权值；能够理解BP算法中链式求导的精妙之处，体会前向模式微分与反向模式微分方法的不同之处，从而领会BP算法计算的高效；掌握BP算法的详细推导过程，从而加强对BP算法精髓的深入理解，能够将BP算法灵活地应用到问题实战之中。

第一节　BP算法历史之美

1. BP算法的重要贡献者之美

2. BP算法的本质之美

第二节　BP图文详解之美

1. 正向传播之美

2. 链式求导缠绵之美

3. 误差反向传播计算神经元的"责任"之美

第八章　TensorFlow之美

本章主要介绍谷歌开发的TensorFlow框架以及其与其他深度学习框架的比较，介绍了TensorFlow的安装，Jupyter Notebook的使用，TensorFlow中的基础语法。揭示了深度学习框架之美、TensorFlow的技压群雄之美、TensorFlow的张量思维之美。通过本章学习，学生能够感知TensorFlow深度学习框架的技压群雄，从而提高深度学习项目的开发效率；掌握TensorFlow不同版本的安装与配置方法；感知文学化编程软件Jupyter Notebook的安装与使用；理解并学会运用TensorFlow中的基础语法，掌握运用TensorFlow编写程序的基本要义，解决如手写数字识别等实际问题。

第一节　TensorFlow之美

1. TensorFlow概述之美

2. 深度学习框架之美

3. TensorFlow的技压群雄之美

第二节　TensorFlow的运用之美

1. TensorFlow的安装之美

2. Jupyter Notebook的使用之美

3. TensorFlow的张量思维之美

4. Eager执行模式之美

第九章　卷积神经网络之美

本章主要介绍卷积神经网络的历史、概念，卷积神经网络的结构以及图像处理中的卷积。揭示了卷积神经网络的历史之美，神经网络学者的执着之美，卷积在图像处理中的应

用之美，卷积网络的分层可视化之美，卷积神经网络的结构拓扑之美。通过本章学习，学生能够理解全连接难以深刻的局限，CNN如何能够更加深刻；从追寻卷积神经网络的历史中，厘清卷积神经网络的脉络，理解肤浅的全面观察与局部深入洞察的意义，感知深度学习发展中科技工作者们不断追求真理的科学精神；理解卷积的数学定义、生活中的卷积以及图像处理中的卷积、卷积核与应用等；能够设计卷积神经网络结构，并切实理解卷积层、激活层、池化层、全连接层在网络中的作用。

第一节　卷积神经网络的历史之美

1. 卷积神经网络的历史脉络之美

2. 神经网络学者的执着之美

3. 卷积在图像处理中的应用之美

4. 卷积网络的分层可视化之美

第二节　卷积神经网络的结构拓扑之美

1. 卷积层之美

2. 激活层之美

3. 池化层之美

4. 全连接层之美

第十章　卷积网络虽动人，胶囊网络更传神

本章主要介绍了神经胶囊的提出，神经胶囊理论初探，神经胶囊的实例化参数，神经胶囊的工作流程，神经胶囊网络的TensorFlow实现。通过本章学习，学生能够了解在计算机科学领域任何科技都难以一直独领风骚，科技进步实在太快；感知卷积神经网络面临的挑战，神经胶囊为解决卷积的困境而面世；体会神经胶囊网络的生物学基础和哲学基础，感知学科交叉的魅力；掌握神经胶囊的工作流程、网络结构，并能够将其应用到手写数字识别等实际问题中。

第一节　卷积神经网络与神经胶囊

1. Hinton教授的执着追求之美

2. 批判性思维之美

3. 学科交叉创新之美

第二节　神经胶囊的提出

1. 胶囊网络的优雅之美

2. 胶囊网络高效率之美

第三节　神经胶囊理论初探

1. 神经胶囊网络的结构之美

2. 胶囊网络的生物哲学之美

3.胶囊网络的动态路由之美

第四节　神经胶囊的实例化参数及工作流程

1.胶囊网络的内容理解之美

2.神经胶囊网络的内部数据表征之美

3.胶囊网络的模仿抽象之美

第五节　神经胶囊网络的TensorFlow实现

1.胶囊网络的并行计算之美

2.探索真知之美

矿物分选之美

一、课程简介

　　本课程是矿物加工工程专业的美育必修通识课程。通过本课程的学习，能够让矿物加工工程专业本科生感受和体会到矿产资源开发利用过程中矿物分选作业蕴涵的技术之美、工艺之美、设备之美。学生通过学习各类矿物分选的新方法、新工艺、新设备等，掌握基本的专业术语和基本专业常识知识，能够认识到矿物分选的乐趣，激发学生专业知识学习的求知欲，感知到矿物分选对国家建设和社会发展的重大意义，树立学生清洁、高效、绿色开发矿产资源的意识，发扬艰苦奋斗的矿业人精神。

二、课程目标

　　1. 知识目标：学生能够掌握基本的矿物加工工程专业术语和常识知识点，能够简单描述选矿方法、选矿工艺、选矿流程、设备工作原理等，为专业课学习打下基础。

　　2. 能力目标：针对常见的铁、铜、金等矿产资源，学生能够应用基本选矿方法进行简单的矿物分选匹配方案设计，识别矿物分选过程中所运用的基本选矿工艺、流程和设备。

　　3. 美育目标：学生能够感受和体会到矿产资源开发利用过程中矿物分选作业蕴涵的技术之美、工艺之美、设备之美，唤醒学生在矿物加工工程专业课学习中的审美乐趣和审美能力，激发学生学习专业课的兴趣，提高学生专业知识学习的求知欲。

　　4. 思政目标：学生能够深切体会到矿产资源开发利用在国家建设、社会发展、经济发展中的重要地位，树立清洁、高效、绿色开发矿产资源的意识，坚定学习矿物加工工程专业和从事矿业工作的信心。

三、课程美育目录

第一章　选矿精神之美

　　本章主要介绍矿物加工工程的内涵、主要研究内容和特点，国家建设和经济发展历程中矿业的重要地位，我国重要矿山企业和著名选矿专家、学者的艰苦奋斗历程。认识矿物加工工程在矿产资源开发利用过程中的重要性，对其在国家建设和发展中的地位有清晰的判断，学习矿业人艰苦奋斗的精神，发扬英勇无畏、坚持不懈、永不放弃的选矿精神和强大的爱国精神。

　　第一节　带你领略矿物分选

　　1.矿产资源之美

　　2.矿物分选之美

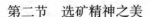

第二节 选矿精神之美

1. 重要矿山企业

2. 选矿的艰苦奋斗精神

第二章 选矿方法之美

本章主要介绍矿石准备阶段、选别作业、产品处理等选矿基本作业，矿石准备阶段的破碎筛分与磨矿分级过程，选别方法如重选、磁选、浮选和化学选矿等，产品处理如浓缩、过滤、干燥等。激发学生专业知识学习的求知欲，树立学生清洁、高效、绿色开发矿产资源的意识。

第一节 矿石准备阶段

1. 破碎筛分之美

2. 磨矿分级之美

第二节 选矿方法

1. 重选之美

2. 磁选之美

3. 浮选之美

4. 化学选矿之美

第三节 产品处理

1. 浓缩之美

2. 过滤之美

3. 干燥之美

第三章 选矿工艺之美

本章主要介绍铁、铜、钼、金等常见矿产资源矿物分选的选矿方法、选矿工艺、选矿流程，通过生产实例分别介绍各种矿产资源的分选方法与工艺流程。激发学生专业知识学习的求知欲，树立学生清洁、高效、绿色开发矿产资源的意识。

第一节 司家营铁矿选矿工艺之美

1. 矿石性质分析

2. 工艺流程

第二节 乌努格土山铜钼矿选矿工艺之美

1. 矿石性质分析

2. 工艺流程

第三节 紫金矿业选冶工艺之美

1. 矿石性质分析

2. 工艺流程

第四章　选矿设备之美

本章主要介绍大型旋回破碎机、半自磨机、高压辊磨机、磁选机、浮选机等选矿设备的结构、工作原理和应用，通过生产实例介绍各种选矿设备的应用之美。

第一节　破碎磨矿设备应用之美

1. 旋回破碎机

2. 半自磨机

3. 高压辊磨机

第二节　磁选设备应用之美

1. 预选设备

2. 淘洗机

3. 磁选柱

第三节　浮选设备应用之美

1. 大型浮选机

2. 浮选柱

思维与工程之美

一、课程简介

　　本课程是为工业工程专业本科学生开设的专业美育必修通识课程。通过本课程的学习，能够让学生欣赏到IE的外在之美并感受其内在魅力，对专业知识、理论及应用等有一定范围和程度的了解和认知，从而激发专业兴趣，树立专业使命担当，培养科技报国的爱国情怀。本课程挖掘并呈现出了工业工程专业知识、理论及应用中所蕴含的美及魅力，围绕专业主题将各自所蕴含的"动态之美""运动之美""包容之魅"等，充分地展现给学生，让学生感受科技魅力，并激发学习兴趣，提升专业素养，触发创新灵感，树立科技强国的使命担当和成就丰功伟业的远大志向。

二、课程目标

　　1. 知识目标：学生能够叙述各主题的相关概念，描述各主题的基本内容或研究对象的基本组成，能够列举典型应用案例，并能够阐释这些案例所涉及的专业知识体系、基本原理和主要特点。

　　2. 能力目标：学生能结合应用现场及对象阐释其关键技术，分析其组成、结构、原理、设计、工艺、维护及使用之间的内在联系，能够归纳出主要的生产问题，并建构基本合理的解决方案。

　　3. 美育目标：学生能够指明工业工程专业所呈现的外在美，并辨识专业知识及理论与专业实践之间的内在联系，体验这些联系所缊含的专业魅力，感受工业工程专业的形式之美与内在魅力，并将所体验和感知到的思维与工程之美进行有效和合乎生产实践需要的选择与遵循。

　　4. 思政目标：学生能够树立科技强国的使命担当和成就丰功伟业的远大志向，坚定学习IE专业和将来从事相关行业的信心。

三、课程美育目录

第一章　基础工业工程的"动态之美"

　　本章主要介绍人类如何利用自然资源进行发电，从能源的转化过程中，IE传动的关键角色的塑造，以三峡水力发电站、大亚湾核电站、陡河发电厂以及我国海上风能发电等不同的发电形式中都扮演关键角色的汽轮机的讲解，感受基础工业工程的"动态之美"，领略这种动态在能量形式转化过程中的能力。通过其他国家重器如盾构机、歼20等感受我国装备制造实力的强大，体会大国工匠改造世界的魄力，激发学生的爱国情怀，指引学生参与祖国建设的从业方向。

第一节　发电的能源——自然的动态之美

1. 三峡水力发电站

2. 大亚湾核电站

3. 唐山陡河发电厂

4. 曹妃甸工业开发区风力发电示范工程

第二节　自然之力的IE转化

1. 基础工业工程的动态之美

2. 基础工业工程动态美的提升

3. 基础工业工程动态美的推广

第三节　工业工程之美赏析

1. 盾构机的工进之美

2. 歼20的灵动之美

3. 海鸥表芯的恒久之美

第四节　IE动态之美的底蕴所在

1. 齿轮传动

2. 链传动

3. 带传动

4. 连杆传动

5. 蜗轮蜗杆传动

6. 轮系传动

第二章　物流工程的"运动之美"

本章主要介绍物流工程的特点，物流工程的主要组成，物流工程的工作原理。通过实际物流工程装备的展示，使学生了解物流工程的"运动之美"，物流工程的控制方式（位移控制、力控制、速度控制、多缸协调控制等），以及它们的特点和适用场合。

第一节　物流工程的特点

1. 优点

2. 缺点

第二节　物流工程的主要组成

第三节　物流工程的工作原理

第四节　物流工程的实际应用

1. 挖掘机：多缸协调控制

2. 轧机压下控制系统：力控制

3. 大型运梁车：多马达驱动控制

4. 空中造楼机：多缸同步控制

第三章　工业自动化的"包容之魅"

本章主要介绍工业自动化的相关内容，从工业自动化的核心技术出发，通过数控系统与加工中心、工业机器人、冶金自动化、智能仓储、汽车装配等典型的工业自动化系统展示了自动之力、工业之美与包容之魅力。随着我国从工业大国向工业强国的过渡，基于工业4.0解读了工业自动化的发展前景，感受科技魅力。

第一节　让机器自己动起来

1. 工业自动化的"躯体"

2. 工业自动化的"感官"

3. 工业自动化的"关节"

4. 工业自动化的"神经"

5. 工业自动化的"灵魂"

第二节　自动之力、工业之美、包容之魅

1. 数控系统与加工中心

2. 工业机器人

3. 冶金自动化

4. 智能仓储

5. 汽车装配线

第三节　更进一步

1. 从工业大国到工业强国

2. 工业4.0

第四章　IE机构的"仿生之美"

本章主要介绍自然界生物飞行机构、爬行机构、多足步行机构、尾鳍游进机构等内容，培养学生认识仿生机构学的原理和设计方法，理解自然界生物进化过程中产生多样性的内在原因，并从中体会仿生机构的对称性、多样性，以及曲线之美，体会大自然生物运动形态之美。

第一节　大国工匠——工匠精神

1. 多足步行机构的结构巧妙，精度要求高，体现工匠精神

第二节　民族精神——创造精神

1. 仿生扑翼飞行机构的发明过程

2. 仿生鱼尾鳍游进机构的发明过程

第三节　个人品德——顽强拼搏

1.仿生飞行机构在设计研制过程中经历了多次挫折和失败，最终成功

第四节　改革创新——大胆创新

1.展示多种不同形式、结构新颖的爬行机构

第五章　特种加工的"变幻之美"

本章主要介绍生活中常见的电腐蚀现象，讲解人机工程加工方法的形成过程及成为特种材料加工方法所经历的技术变革中的"变幻之美"。系统讲解人机工程加工的材料去除原理，加工所需的基本条件，影响材料去除的主要因素，人机工程加工的局限性及其在航空航天中的应用。通过上述有关知识的学习，使学生了解特种加工的重要作用，体会特种加工的"变幻之美"，激发学生学习IE专业知识的兴趣，培养学生科技报国的爱国主义情怀。

第一节　创造精神

1.自然中的电腐蚀现象与人机工程加工方法

2.人机工程加工的基本原理

第二节　改革创新

1.人机工程加工中的极性效应

2.工具电极在线磨削技术

第三节　人机工程加工的限制与突破——工匠精神

1.人机工程加工需要哪些基本条件

2.影响材料蚀除的主要因素

3.人机工程加工的优点及局限性

第四节　人机工程加工的航天应用——科技强国

电能变换之美

一、课程美育目录

第一章　电气发展——历史之美

主要介绍电气技术的发展历史以及在人类社会发展的过程中起到的重要助推作用。电气工程专业是各工科院校中非常普及的一个热门专业，电气工程的专业研究范畴与人类生活息息相关，电气工程的成果曾经深刻影响人类社会的发展。通过了解本专业的外延、内涵，支撑学科，历史发展，对社会产生的重大影响，从而使学生在社会、历史的层次上认识专业，培养爱国主义精神、敬业精神。

第一节　认识电气工程（宏观之美）

1. 起源（历史发展、主要人物等）

2. 电气技术的发展及其分支

3. 电气技术的未来

第二节　电气工程技术与人类社会的发展（宏观之美）

1. 第二次工业革命

2. 第二次世界大战

3. 第三次工业革命

第三节　新能源革命与电气工程（宏观之美）

1. 人类未来的能源之路

2. 第四次工业革命

第二章　电气测量——精确之美

本章主要介绍电气测量的定义与应用。通过追溯电气测量技术的历史发展、现代应用和未来趋势，感受电气测量技术中的人文美、科技美、视觉美和便利美。通过应用案例，以及各类传感器的介绍，揭示电气测量技术的高精尖发展需求，体会科技工作者勇于挑战、坚持不懈、精益求精的匠人精神。

第一节　认识电气测量

第二节　电气测量的发展（感受科技进步之美）

1. 历史上的测量（历史发展、主要人物等）

体现人文之美

2. 现代化的电气测量（现代应用）

体现便利之美

3. 未来的电气测量（未来发展）

体现科技之美

第三节　电气测量的应用

1.从微观到宏观（长度测量展示视觉美）

2.神奇的传感器（各类物理信号转化为电信号）

第三章　信号与系统——变换之美

本章主要介绍信号与系统的相关基本概念。通过对信号、系统、傅里叶变换等概念的介绍，感受信号与系统中的哲学思辨之美。将世界的广泛联系性，现象与本质，对立统一等哲学概念，通过信号与系统中的相关内容进行印证，直观理解相对抽象的概念。

第一节　信号与系统的基本概念（世界广泛联系之美）

1.信号与系统的定义

2.信号与系统的应用举例

第二节　周期信号的傅里叶级数表示（透过现象看本质之美）

1.傅里叶小传

2.周期信号的傅里叶级数展开

第三节　信号的时域波形与频谱的关系（对立统一之美）

1.信号的特征参数及其图形表示

2.信号特征参数在时域频域中的关系

第四章　电机控制——传动之美

本章主要介绍电机传动的定义与应用。通过追溯电机本身的发展及相关传动技术的发展的历史、现代应用和未来趋势，感受电机及传动技术中的人文美、科技美、视觉美和便利美。通过应用案例，以及各类传感器的介绍，揭示电气测量技术的高精尖发展需求，体会科技工作者勇于挑战、坚持不懈、精益求精的匠人精神。

第一节　认识电机

（直流、交流电机、微特电机、直线电机、开关磁阻电机、永磁同步电机、游标电机）

第二节　电机传动的发展（感受科技进步之美）

1.历史上的电机传动（历史发展、主要人物等）

体现人文之美（电机理论及制造中的奠基人）

2.现代化的电机传动（现代应用）

体现便利之美（电动汽车、无人机）

3.未来的电机传动（未来发展）

体现科技之美（轮毂电机、离子传动技术等）

第三节　电机传动的应用

1.工业领域应用（工业机器人、起重机、磁悬浮带来新技术之美）

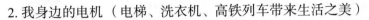
2.我身边的电机（电梯、洗衣机、高铁列车带来生活之美）

第五章　电力电子技术——开关之美

本章主要介绍电力电子技术的含义与应用。通过分析电力电子技术与信息电子技术的联系与区别，领略这种新型技术的神秘之美。通过回顾电力电子技术的发展史，以电力电子器件为纲，以时代需求为主线，领略人类社会如何一步步进入如今这个神奇的电力世界。通过应用案例的介绍，展示电力电子技术广阔的应用范围，体会这种技术给我们的环境带来的绿色之美，给我们的生产生活带来的节能及便利之美。

第一节　什么是电力电子技术？（领略新型技术的神秘之美）

第二节　电力电子技术的发展（领略科技进步之美）

1.电力电子技术及器件的发展史

2.新型电力电子器件

第三节　电力电子技术的应用（体会这种新型技术带来的绿色及便利之美）

1.一般工业

2.交通运输

3.电力系统

4.新能源发电

5.家用电器

第六章　高电压与绝缘技术——炫酷之美

本章主要介绍我国高电压输电工程的成就，电能与人类的生存、发展有密切关系，而高电压与绝缘技术是其中一个很重要的知识体系，它是支撑电能应用的一根有力的支柱；高电压绝缘技术将成为能源之梦的核聚变发电、超导应用、大陆间送电、直流系统、电能储藏、高性能蓄电池等大量课题进一步发展下去。通过大量的高电压试验设备、过电压放电现象的图片、视频，展现高电压与绝缘之美，体现国之重器——特高压工程建设之美。

第一节　高电压技术的发展（社会进步之美）

第二节　高电压技术的研究对象（感受科技进步之美）

1.高电压输电工程（历史发展、典型工程等）

输电工程宏伟壮观之美，国之重器之美

2.高电压实验技术（现代应用）

新技术应用，设备制造之美

3.电力系统过电压（未来发展）

认识绝缘与过电压的关系，新技术之美

第三节　高电压技术中其他领域的应用

1.静电除尘（环境保护之美）

2.其他应用（带来生活之美）

第七章　新能源技术——绿色之美

本章主要介绍水电、风电、太阳能、潮汐能等多种清洁能源形式及其转换成电能的发电过程。通过追溯清洁能源的发展趋势以及其对能源转型、国家经济和生态环境的重要战略意义，感受新能源发电技术中的能量美、科技美、生态美和经济美。通过图片展示、视频播放与网络内容等展示清洁能源示范工程项目，深刻体会新能源相关专业技术的必要性与紧迫性，培养学生的爱国情怀和新一代电气人的责任担当；树立坚守职业道德操守、科技兴国的职业信念；践行绿水青山就是金山银山的生态发展理念。

第一节　认识多种能源形式（能量美）

第二节　新能源发电技术

1.太阳能发电技术［光伏发电（格尔木案例）、光热发电等］

体现科技之美、生态之美

2.风力发电技术　（张北地区）

体现科技之美、生态之美

3.多能互补发电技术　（大国工程）

体现生态之美、经济之美

第三节　未来电网技术

1.从智能电网到能源互联网（全球能量互联互通之美）

2.酷炫的能量路由器（能量流动的桥梁设备）

第八章　自动控制——智能之美

本章主要介绍自动控制原理的含义与应用。通过追溯自动控制技术的发展历史、现代应用和未来发展趋势，感受自动控制发展过程中的人文美，各个应用领域中的实用美、科技美以及人工智能技术带来的智能之美。通过应用案例的介绍，揭示自动控制技术的广泛应用范围，体会自动化技术带来的生活便利之美。

第一节　什么是自动控制?

第二节　自动控制技术的发展（感受科技进步之美）

1.自动化的发展历史（历史发展、主要人物等）

体现人文之美

2.现代自动控制技术　（现代应用）

体现便利之美

3.自动控制的未来——智能控制　（未来发展）

体现科技之美

第三节　自动控制技术的应用

1. 仿生机器人（外形的视觉美，仿生的智能美）

2. 无人机航拍

第九章　电动汽车——动感之美

本章主要介绍电动汽车技术的发展历史以及在我国从制造业大国到制造业强国的过程中，重要的支柱产业——乘用车领域是怎样从弱到强、奋起直追，从而取得领先地位的，从而激发同学们的奋斗热情，培养爱国主义精神、敬业精神。

第一节　认识电动汽车

1. 电动汽车的发展历史（历史发展、主要人物等）

2. 电动汽车的构成

3. 电动汽车的关键技术

第二节　电动汽车工业的发展（赶超之路、奋斗之美，动感之美）

1. 乘用车结构

2. 国家产业政策

3. 燃油车与电动汽车的性能比较（动感之美）

4. 新能源电动汽车——未来之星

第十章　智慧城市——生活之美

本章主要介绍智慧城市的应用体系。通过追溯智慧城市的发展历程、应用体系和技术体系，深刻领悟智慧城市带给我们生活的人文美、便利美、智能美和服务美。通过典型智慧城市案例讲解，了解城市可持续发展这一重要命题，揭示电力人在这一重要命题中的重要作用，培养学生的职业使命感，鼓励学生走自主创新之路，在创新技术中体现人民至上。

第一节　什么是智慧城市？

第二节　智慧城市的发展（感受科技进步之美）

1. 智慧城市的发展历史（历史发展、主要城市等）

体现人文之美

2. 智慧城市的应用体系（现代应用）

体现便利之美和服务之美

3. 智慧城市的技术体系（技术发展）

体现科技之美和智能之美

第三节　智慧城市典型案例

1. 智慧基础设施——新加坡

2. 智慧服务——上海

自动控制之美

一、课程简介

《自动控制之美》课程是自动化专业的专业必修课程，以自动控制的基本概念、原理、应用和典型案例为主线，重点介绍自动化技术的美感与魅力。通过学习本课程，学生能够充分了解自动化的核心理念，感受自动控制的普遍存在之美，感受不同控制方法引起的响应曲线之美，感受自动控制技术对人类生产生活的影响与冲击之美，加深专业认同感，提高专业学习兴趣，初步具备判断控制系统基本性能优劣的能力。

二、课程目标

1. 知识目标：了解控制系统的基本组成，掌握自动控制的基本术语，了解典型控制方法的基本思想，理解专业知识体系和核心课程的主要内容和地位。

2. 能力目标：能够识别日常生活中的自动控制问题，描述自动控制的作用，能够区分控制系统中的组成部分，能够比较和体验不同控制方法带来的曲线之美。能够强化自动化逻辑思维，提升思辨能力和创新能力，能够运用基本的自动控制的思想看待问题、分析问题，并且能够规划自己的学习和生活。

3. 美育目标：能够感受和理解自动化文化的博大精深之美、自动控制思想的闭环反馈之美、控制精度的精确之美、控制方法的多样化之美、自动化人的职业素养之美。唤醒学生在自动化专业学习中的审美趣味与审美能力，激发学生在自动化专业学习中的创造力。

4. 思政目标：能够切实体会到先进的专业知识对国家发展的重要性，理解工业制造4.0、绿色发展理念、人工智能大数据等国家发展政策，深刻意识到我国发展相关专业技术的必要性与紧迫性，培养学生的爱国情怀、责任担当，增强专业自信心。

三、课程美育目录

第一章 绪论

本章主要介绍为什么需要自动控制和如何进行自动控制，以及自动控制给我们的生产生活都带来了哪些美好的改变。追溯了自动控制的源起与发展，解读了自动控制的基本原理和技术体系，通过对系统、反馈、开闭环等内容的辨析，体悟控制方法之美；通过讲述机器人、智能家居、智慧工厂等实际控制系统，感受自动控制的应用之美；通过介绍我国自动化产业从无到有、从弱到强的发展历程，培养自动化专业学生勤奋刻苦、求真务实的学习态度，自觉担当起自主创新、科技报国的历史使命。

第一节 为什么需要自动控制

1.一个案例——智能工厂/石油化工

2.人工控制vs自动控制

第二节 如何进行自动控制

1.系统之美

2.控制理论与方法之美

3.控制设备与仪器之美

第三节 自动控制让世界更美好

1.自动控制与生产

2.自动控制与生活

第二章 自动控制理论、方法之美

本章主要介绍自动控制从基础理论到智能控制的理论方法之美。基础理论从反馈—闭环开始，到常用PID算法、优秀科学家在控制理论中的贡献，体现自动控制的理论之美；计算机控制系统从离散系统的特点，到控制算法、大系统应用，体现控制理论的数字之美；智能控制理论通过典型的智能控制应用展现控制理论的智能之美。通过控制理论的发展正是依靠一代代科学家的刻苦钻研和追求真理的科学精神，来激发学生作为自动化人的自豪感和树立自强不息、勇于创新的时代精神。

第一节 自动控制理论之美

1."走路要看路"的反馈之美

2.PID之美

3.优秀的领路人

第二节 计算机控制的数字之美

1.跳跃的0和1

2.数字控制算法之美

3.计算机控制大系统

第三节 控制理论的智能之美

1.生活中的智能控制

2.国防武器的智能控制——导弹系统

3.人民安全的智能控制——天眼

第三章 现代控制系统之美

本章主要介绍大型工业控制系统之美。工业控制系统从18世纪80年代蒸汽机时代的1.0系统、电气化时代的2.0系统、自动化时代的3.0系统到当今物理与信息融合时代的4.0系统，经过了一百多年的发展，把人类从繁重的劳动中解脱出来，有了更多的丰富多彩的生

活，这就是自动控制的价值，也是控制系统之美。本章内容包括以电机等执行器为代表的终端被控装置系统设计之美、PLC为代表的控制器的编程之美、工业控制网络为代表的系统之美以及多主体协调达到的控制曲线之美。从共和国建立初期的工业落后，到为了实现"智能制造2025"的不懈努力，我国几代工控人的共同努力，是实现我们国家智能制造的坚强基础。

第一节　嵌入式系统之美

1.什么是嵌入式系统

2.嵌入式系统的应用

第二节　电机控制的驱动之美

第三节　以PLC为代表的控制器的代码之美

第四节　作为工业控制系统的眼睛的检测技术之发现之美

第五节　大型网络集成系统的协调之美

第四章　典型自动控制案例之美

主要介绍历届优秀毕业设计，包括单片机类、PLC类、工业系统设计类、计算机仿真类等，呈现自动化学生的成果之美，激发学生对专业的热爱。

第一节　基于嵌入式的四轴飞行器控制系统设计

第二节　基于51单片机的农业大棚控制系统设计

第三节　制药企业发酵过程中的全自动化补料控制

第四节　基于Petri网的Stateflow水箱仿真系统设计

第五节　基于粒子群算法的自适应光学闭环控制方案设计

魅力芯片

一、课程简介

本课程是新工科电子科学与技术专业（集成电路方向）开设的专业美育必修通识课程。通过本课程的学习，能够让学生了解电子科学与技术专业（集成电路方向）专业课程的基本概念和基本理论，使学生能够感受和理解量子之美、电路之美、信号之美、元件之美、应用之美、专用集成电路之美、工艺之美和封测之美，从而达成提升专业素养，培养专业学习兴趣，激发科学精神，加深学成报国情怀的教育目标。

二、课程目标

1. 知识目标：学生能够了解量子理论、电路、信号与系统、微控器以及集成电路的应用、设计、工艺和封装测试的基本概念和基本理论。

2. 能力目标：通过展现专业之美，使学生能将专业知识系统化，理论知识与实际应用相联系，提升学生专业素养，具备一定的欣赏和发现专业之美的能力。学生能够及时关注、跟踪、把握量子应用、集成电路和电子系统领域内的前沿理论和技术的发展动态，能够不断获取新知识、新技术，持续提升自身的综合素质。

3. 美育目标：学生能够理解电子科学与技术专业知识的价值意义，将专业知识的学习与发现美好、感受美好、创造美好的实际应用联系起来，提高学生的学习兴趣，促进学生想象力和创造力的发挥，感受专业知识魅力，为今后从事相关工作奠定美学基础。

4. 思政目标：学生能够切实体会到先进的专业知识对国家发展的重要性，深刻意识到我国大力发展集成电路产业的必要性与紧迫性，使学生树立社会主义核心价值观，厚植爱国主义，增加国家认同、政治认同、文化认同，激发学生科学精神，勇挑时代担当，坚定学成报国的理想。

三、课程美育目录

第一章　量子之美

本章主要介绍第一次量子革命的发展历史、第二次量子革命的兴起和中国量子技术的现状。本章首先追溯了第一次量子革命的历史，解读了量子力学的核心理论，从量子力学的发展过程和历史事件中感受公式之美、争论之美以及科学家敢于突破、自主创新的科学精神；然后讲述了第二次量子革命的兴起，从第二次量子革命的核心理论中体会量子纠缠之美；最后详细介绍了中国量子通信和量子计算技术，从中国量子技术的发展中感受中国科学家勇于探索的实践之美，激发学生树立社会主义核心价值观，厚植爱国主义，增加国

家认同，勇挑时代担当。

第一节　第一次量子革命

1. 发展历史

2. 公式之美

3. 争论之美

第二节　第二次量子革命

1. 革命兴起

2. 量子纠缠之美

第三节　中国量子技术

1. 量子通信

2. 量子计算

3. 实践之美

第二章　电路之美

本章主要介绍电路作为客观世界的物质存在，其电压、电流运行规律蕴含了自然界的简洁美、和谐美、对称美以及思辨之美，在教学过程中引导学生体会那些美，并激发其科学探索精神。

第一节　电路定律的简洁之美

1. 欧姆定律——从直流到交流的概括简洁之美

2. 基尔霍夫定律——从局部到全局的表达简洁之美

第二节　电量的和谐之美

1. 从旋转相量转动投影映射成正弦波——均匀流畅的和谐之美

2. 电路与其他领域的关系——多样统一的和谐之美

第三节　从忆阻器的发现看对称之美

第四节　求解电路的思辨之美

第三章　信号之美

本章主要介绍信号与系统在生活中的广泛应用，现实中的应用和中国信号系统的发展现状，从信号系统发展变革及给生活带来的改变中发现信号之美。同时，让学生了解中国通信领域的现状，以及华为近年来一直专注于第五代通信（5G）技术，被美国封杀等事实，并激发勇于创新的科学精神，树立社会主义核心价值观，培养学生科技强国的意识，增强学生的爱国主义精神，让学生能够自主地投入到信号与系统课程的学习当中。

第一节　信号与系统

1. 信号改变生活的便捷之美

2. 系统精心设计的布局之美

第二节　信号的描述与分类

1.信号分类描述的表达之美

2.信号基本运算的数学之美

第三节　信号与系统的发展

1.信号系统古今中外对比的发展之美

第四节　中国信号系统技术

1.中国信号系统技术工作生活中无处不在的应用之美

2.华为5G技术的强国之美

第四章　元件之美

本章从人类智慧的结晶——MCU控制器引入各类电子元件，通过大量视频和故事充分展示元件带给人类的奇观美景，展现人类的智慧之美，让学生体会这些智能化元件正悄悄改变着人们的生活方式，提高着人们的生活舒适感，激励青年一代"士不可以不弘毅，任重而道远"，引导学生善于发现美、领略美，并且敢于创造美。

第一节　MCU控制的发光二极管LED之美

1.MCU微控器——人类智慧结晶

2.LED——照明领域的一颗新星

3.喷泉华美灯光——超强震撼美

第二节　数码管元件之美

1.数字显示的魅力

2.显示屏——创意之美

3.中国液晶——奋斗之美

第三节　无人机——"厚积薄发任人妒，中华科技显神功!"

1.无人机技术之美

第四节　智能机器人——人类智慧的挑战

1.服务型机器人——贴身的问候

2.学习型机器人——爱心小助手

3.扫地机器人——乐在其中

第五节　中国芯情怀——"中国心"

1.中国芯奋斗史

2.如何解决"缺芯少魂"

3.光刻机技术——竞争之美

第五章　应用之美

本章主要介绍集成电路的应用，从模拟集成电路的分类、数字集成电路的分类、模拟

集成电路的应用、数字集成电路的应用以及集成电路的产业及发展趋势等方面展现集成电路之美。通过对集成电路产业链的相关介绍，辅以相关数据，体现集成电路产业发展的现状。目前国内集成电路产业蓬勃发展，在集成电路制造以及封测方面具有较强的竞争力，但在设计、设备、材料等方面仍旧依赖美国以及其他国家的相关技术和生产能力，一旦美国或其他国家发动贸易战或其他不利措施，我国集成电路发展将面临不利局面。通过对集成电路产业链现状的分析，使学生感受到国家的发展和强大，增加学生的爱国情怀；使学生了解目前国家集成电路产业发展的不足及挑战，增加学生的责任感和使命感，激励学生奋发图强，努力学习，勇于探索，为国家的发展增添动力。

第一节　集成电路的应用

1.无处不在的芯片——集成电路的应用之美

第二节　集成电路产业的形成和发展方向

1.不畏艰难"中国芯"——国家集成电路的形成发展之美

2.技术"卡脖子"——"中国芯"发展的美中不足

第六章　专用集成电路之美

本章主要介绍专用集成电路及其在各类电子信息设备中发挥的关键作用，尤其是在对我国国防与国民经济有重大意义的科技装备中的重要作用；并以网络核心设备中关键芯片的功能与算法设计为例，具体讲述专用集成电路发挥的关键作用之美以及其蕴含的设计智慧；从中可以体会到专用集成电路的关键作用之美、设计智慧之美，理解先进的专用集成电路技术对国家发展的重要性，感受国家创新能力的强大。

第一节　专用集成电路包罗万象之美

第二节　数据交换专用集成电路的设计巧妙之美

1.数据交换算法设计智慧之美

2.算法仿真与评价技术精巧之美

第七章　集成电路工艺的神奇之美

本章主要介绍集成电路制造工艺，从工艺中欣赏、感受集成电路制造的神奇之美。本章追溯了集成电路制造产业的发展历史；并以CMOS器件的制作为例，讲述了集成电路制造的工艺步骤，从制造工艺中让学生感受集成电路制造技术的先进之美、国家实力的强大及集成电路工作者精益求精、开拓进取和强大的爱国精神。

第一节　带你走进集成电路工艺

1.集成电路工艺的神奇之美

2.集成电路工艺的发展之美

第二节　集成电路原来是这样制造出来的

1.集成电路制备技术先进之美

2. 工艺精神之美

第八章　封测之美

本章主要对我国集成电路封测产业的发展以及封测技术的基本知识进行介绍，从封装与测试两个方向感受集成电路之美，培养学生严谨的科学思维，探索未知、精益求精、自主创新的精神。本章回顾了集成电路封测技术的发展历程，通过短短20年中国集成电路封装产业的发展使学生切实感受到中国的科技进步和国家实力的强大。

第一节　集成电路测试之美

1. 集成电路测试——为芯片保驾护航

2. 堤溃蚁穴——集成电路故障与测试之美

3. 测试技术的严谨之美

第二节　集成电路封装之美

1. 集成电路封装——为芯片穿上铜盔铁甲

2. 推陈出新——五彩缤纷的封装技术与封装材料之美

3. 封装技术的创新之美

第三节　集成电路封测技术的发展历程与趋势之美

1. 日新月异的集成电路封测技术发展之美

2. 有志者事竟成——我国封测产业的崛起之美

机械之"美"与"魅"

一、课程简介

本课程是为机械设计制造及其自动化专业本科学生开设的专业美育必修通识课程。通过本课程的学习，能够让学生欣赏到机械的外在之美和感受其内在魅力，并对专业知识、理论及应用等有一定范围和程度的了解和认知，从而激发专业学习兴趣，培养专业情怀。本课程挖掘并呈现出了机械专业知识、理论及应用中所蕴含的美及魅力，围绕八个专业主题将各自所蕴含的"动态之美""刚柔之美""包容之魅""灵动之美""变通之美""AI之美""协调之美"和"使命之魅"等，充分地展现给学生，让学生感受科技魅力，并提升专业学习兴趣，增进专业素养、触发创新灵感，树立科技强国使命担当，培育和弘扬社会主义核心价值观。

二、课程目标

1. 知识目标：学生能够正确地叙述各主题有关概念，描述各主题的基本内容或研究对象的基本组成，能够列举典型应用案例，并能够阐释这些案例所涉及的专业知识体系、基本原理和主要特点。

2. 能力目标：学生能结合应用现场及对象正确地阐释其关键技术，分析其组成、结构、原理、设计、工艺、维护及使用等各方面之间的内在联系，能够归纳出主要的生产问题，并建构基本合理的解决方案。

3. 美育目标：学生能够生动形象地指明机械专业所呈现的外在美，并辨识专业知识及理论与专业实践之间的内在联系，体验这些联系所蕴含的专业魅力，感受机械专业的形式之美与内在魅力，并将所体验和感知到的机械之美进行有效和合乎生产实践需要的选择与遵循。

4. 思政目标：学生能够树立科技强国使命担当和成就丰功伟业的远大志向，坚定学习机械制造及其自动化专业和将来从事相关行业的信心，培育和弘扬社会主义核心价值观。

三、课程美育目录

第一章　精密传动的"动态之美"

本章主要介绍人类如何利用自然资源进行发电，从能源的转化过程中，机械传动的关键角色的塑造，以三峡水力发电站、大亚湾核电站、陡河发电厂以及我国海上风能发电等不同的发电形式中都扮演关键角色的汽轮机的讲解，感受精密传动的"动态之美"，领略这种动态在能量形式转化过程中的能力。通过其他国家重器如盾构机、歼20等感受我国装

备制造实力的强大，体会大国工匠改造世界的魄力，激发学生的爱国情怀，指引学生参与祖国建设的从业方向。

第一节 发电的能源——自然的动态之美

1. 三峡水力发电站

2. 大亚湾核电站

3. 唐山陡河发电厂

4. 曹妃甸工业开发区风力发电示范工程

第二节 自然之力的机械转化

1. 汽轮机的动态之美

2. 汽轮机动态美的提升

3. 汽轮机动态美的推广

第三节 传动之美赏析

1. 盾构机的工进之美

2. 歼20的灵动之美

3. 海鸥表芯的恒久之美

第四节 机械动态之美的底蕴所在

1. 齿轮传动

2. 链传动

3. 带传动

4. 连杆传动

5. 蜗轮蜗杆传动

6. 轮系传动

第二章 液压驱动的"刚柔之美"

本章主要介绍液压驱动的特点，液压驱动的主要组成，液压驱动的工作原理。通过实际液压驱动装备的展示，使学生了解液压驱动的"刚柔之美"，液压驱动的控制方式（位移控制、力控制、速度控制、多缸协调控制等），以及它们的特点和适用场合。

第一节 液压驱动的特点

1. 优点

2. 缺点

第二节 液压驱动的主要组成

1. 液压泵

2. 液压阀

3. 液压辅件

第三节　液压驱动的工作原理

第四节　液压驱动的实际应用

1.挖掘机：多缸协调控制

2.轧机压下控制系统：力控制

3.大型运梁车：多马达驱动控制

4.空中造楼机：多缸同步控制

第三章　工业自动化的"包容之魅"

本章主要介绍工业自动化的相关内容，从工业自动化的核心技术出发，通过数控系统与加工中心、工业机器人、冶金自动化、智能仓储、汽车装配等典型的工业自动化系统展示了自动之力、工业之美与包容之魅力。随着我国从工业大国向工业强国的过渡，基于工业4.0解读了工业自动化的发展前景，感受科技魅力。

第一节　让机器自己动起来

1.工业自动化的"躯体"

2.工业自动化的"感官"

3.工业自动化的"关节"

4.工业自动化的"神经"

5.工业自动化的"灵魂"

第二节　自动之力、工业之美、包容之魅

1.数控系统与加工中心

2.工业机器人

3.冶金自动化

4.智能仓储

5.汽车装配线

第三节　更进一步

1.从工业大国到工业强国

2.工业4.0

第四章　机械机构的"仿生之美"

本章主要介绍自然界生物飞行机构、爬行机构、多足步行机构、尾鳍游进机构等内容，培养学生认识仿生机构学的原理和设计方法，理解自然界生物进化过程中产生多样性的内在原因，并从中体会仿生机构的对称性、多样性，以及曲线之美，体会大自然生物运动形态之美。

第一节　大国工匠——工匠精神

1.多足步行机构的结构巧妙，精度要求高，体现工匠精神。

第二节　民族精神——创造精神

1. 仿生扑翼飞行机构的发明过程

2. 仿生鱼尾鳍游进机构的发明过程

第三节　个人品德——顽强拼搏

1. 仿生飞行机构在设计研制过程中经历了多次挫折和失败，最终成功

第四节　改革创新——大胆创新

2. 展示多种不同形式、结构新颖的爬行机构

第五章　特种加工的"变幻之美"

本章主要介绍生活中常见的电腐蚀现象，讲解电火花加工方法的形成过程及成为特种材料加工方法所经历的技术变革中的"变幻之美"。系统讲解电火花加工的材料去除原理，加工所需的基本条件，影响材料去除的主要因素，电火花加工的局限性及其在航空航天中的应用。通过上述有关知识的学习，使学生了解特种加工的重要作用，体会体会特种加工的"变幻之美"，激发学生学习机械专业知识的兴趣，培养学生科技报国的爱国主义情怀。

第一节　创造精神

1. 自然中的电腐蚀现象与电火花加工方法

2. 电火花加工的基本原理

第二节　改革创新

1. 电火花加工中的极性效应

2. 工具电极在线磨削技术

第三节　电火花加工的限制与突破——工匠精神

1. 电火花加工需要的基本条件；

2. 影响材料蚀除的主要因素；

3. 电火花加工的优点及局限性。

第四节　电火花加工的航天应用——科技强国

1. 航天涡轮盘等零部件的电火花加工

第六章　人工智能在机械设备故障诊断中的仿生之美

本章主要介绍人工智能故障诊断的意义和目的、人工智能发展、基于人工智能的机械设备故障诊断方法、基于深度学习的人工智能机械设备故障诊断方法等方面内容。

通过上述前沿理论知识的学习，使学生了解人工智能故障诊断在工业领域中的重要意义及重要性，体会人工智能和故障诊断相融合的专业之美与技术魅力，进而让学生领略机械前沿技术，激发学生的浓厚学习兴趣，让学生能够以实际努力学习行动来为国家建设奋斗一生，培养学生科技报国的爱国主义情怀。

第一节　人工智能故障诊断的意义和目的

1.事故角度意义

2.经济角度意义

3.维修制度

4.人工智能概念及引入意义

第二节　人工智能发展

1.具体概念

2.发展

第三节　基于人工智能的机械设备故障诊断方法

1.故障概念及分类

2.基于人工智能的常用诊断技术

3.基于人工智能的常用诊断技术发展

4.实例

第四节　基于深度学习的人工智能机械设备故障诊断方法

1.深度学习概念

2.常用深度学习方法比较

3.实例

第七章　包装机械的"协调之美"

本章主要介绍包装机械的概念及不同类型包装机械的作用，从包装机械的运动及工作过程中欣赏、感受各部件的协调动作之美。本章从包装的定义引出包装机械的概念，以自动纸杯成型机为例，解读了包装机械的具体组成和特点。详细讲述充填机械、灌装机械、封口机械等常见包装机械的组成及工作原理。通过科研反哺教学，以教师指导的学生团队参与全国三维数字化设计大赛获奖作品《袋成型自动包装机》和《食品自动装盒生产线》为例，详细介绍包装机械的整体结构，各个组成机构的具体结构，并通过三维实体模型展示及运用仿真动画演示，从中感受包装机械组成机构的动作协调之美、包装机械技术的先进之美。

第一节　包装机械的相关概念

1.包装机械的概念及作用

2.包装机械技术先进之美——组成及特点

3.包装机械组成机构协调动作之美——以全自动纸杯成型机为例

第二节　常见的包装机械及应用

1.充填及灌装方式先进之美

2.封口成型工艺技术先进之美

3. 全自动成型包装机——团队协作精神之美

4. 食品自动装盒生产线——团队协作精神之美

第八章 机床技术的"使命之魅"

本章主要介绍机床的概念，机床在国民经济中的重要作用，机床的分类和控制，数控技术和数控机床的有关概念及定义，数控机床的组成及其特点，数控机床的分类，复合加工和虚拟轴机床，并对传统机床和数控机床进行了比较。通过上述有关知识的学习，使学生了解机床技术的重要作用，体会机床特别是数控机床的专业之美与技术魅力，激发学生学习机械专业知识的兴趣，强化学生建设强大祖国的使命担当精神，培养学生科技报国的爱国主义情怀。此外，数控技术和数控机床所涉及的知识理论博大精深，并且实践性很强，学生在了解本章有关基础知识的基础上应该进一步学习相关专业知识，将使命担当和爱国情怀落到实处。

第一节 工作母机——机床是国民经济基础的基础

1. 工作母机，机床的担当之魅

2. 没有好的机床就制造不出好的机器，机床的使命之魅

第二节 机床分类——门类众多且分类方法各异

1. 门类众多且分类方法各异，机床的技术之魅

2. 按加工原理分类，机床的精巧之魅

3. 按机床用途分类，机床的工艺之魅

4. 按机床规模分类，机床的形体之魅

5. 按精度等级分类，机床的精度之魅

第三节 机床的控制——零件的自动加工

1. 动作顺序的控制，机床的逻辑之魅

2. 切削速度的控制，机床的运动之魅

3. 运动轨迹的控制，机床的联动之魅

第四节 数控技术与数控机床——衡量国家制造水平和综合实力的重要标志

1. 数控技术，机床的数字之魅

2. 数控机床的产生，机床的演变之美

第五节 数控机床的组成——机械部件与电气控制系统

1. 数控机床的机械部件，机床的简约之魅

2. 数控机床的电气控制系统，机床的伺服之魅

第六节 数控机床的特点——精度高、柔性强、效率高且利于现代化管理

1. 数控机床的精度之谜

2. 数控机床的柔性之美

3. 数控机床的效率之魅

4. 数控机床的管理之便

第七节　数控机床分类——从结构和功能上来区分

1. 一般数控机床，一般但不普通

2. 加工中心，工序集中和工艺复合

3. 车削中心，刀架之别

4. 柔性加工单元，无人化之魅

5. FMS和CIMS，目前还是一个"传说"

第八节　复合加工和虚拟轴机床——经典与全新

1. 复合加工机床，机床界的经典之作

2. 虚拟轴机床，机床的变革之魅

第九节　传统机床和数控机床的比较——专业之问

1. 知名机床厂家有几何？

2. 知名机床知几许？

华夏艺筑

一、课程简介

本课程是为建筑学专业开设的专业美育必修通识课程。课程以马克思主义的实践存在论为哲学基础，以审美活动为出发点和研究对象，以讲授中外经典建筑艺术作品为内容，涉及审美对象、审美感受、审美趣味、审美评价、建筑艺术语言的特征、建筑美学抽象与表达的美育课程，启发学生不仅从感性的角度来对待建筑，而且从理性的角度来审视建筑美的意义，进一步使建筑创作得到美的升华。

二、课程目标

1. 知识目标：通过本课程使学生了解美学基础知识，世界古建筑美学，建筑审美观念的转折与变化，当代世界建筑文化的交融。普及美学知识并提高建筑美学理论水平，并能运用所学的知识分析现实生活中的各种审美现象，从美学的角度认识建筑类艺术活动。

2. 能力目标：初步掌握各种艺术形式的表达手段，拓展专业相关的美学知识面，包涵建筑的艺术哲学、建筑的美学史以及建筑的审美心理学等内容，对古往今来人类所创造的一切优秀审美文化进行融合、转化和发展，提高学生的建筑空间想象力、艺术造型和表现能力，培养学生将设计训练、理论认知与技术支撑各方面有机融合，适应多种职业形式的可能。作为必备的审美基础，提高学生的专业素养，认识建筑发展实践特征和理论作用，呈现建筑文化内涵，扩大学生的知识范畴，提高认知水平、分析问题和判断事实的能力和素质，理论联系实际，学以致用。

3. 美育目标：对于审美活动论、审美形态论、审美经验论、艺术审美论、审美教育论等基本内容能够理解和掌握，并能运用所学的知识分析现实生活中的各种建筑审美现象，从美学的角度认识建筑艺术活动。

4. 思政目标：实现新时代中国的美好愿景，不断提高建筑行业从业者的专业审美水平，更在于普及和提升全民族、全社会的建筑文化知识和审美素养。提高学生从事本专业学习的兴趣，激发学生建设祖国的社会责任感和历史使命感，拒绝"大、洋、怪"，履行中共中央提出的建筑八字方针"适用、经济、绿色、美观"。

三、课程美育目录

第一章　绪论

本章简介：对建筑美学的学科性质、建筑美学的产生和发展、建筑美学的研究对象和方法，以及实践存在论美学的哲学基础、主要内容、美学特点有一个基本的了解。

第一节　建筑之美的概念

1. 你认为什么样的建筑是美的？

2. 建筑的美有标准吗？

第二节　建筑美的研究范围

1. 美的哲学

2. 艺术社会学

3. 审美心理学

第三节　建筑之美的哲学定位

1. 形式和谐

2. 数理和谐

3. 对立和谐

4. 社会和谐

5. 生态和谐

第二章　中国古代建筑的美

本章简介：中国古代建筑的美与伦理的关系密切，本章通过赏析在中国传统建筑美学思想指导下的建筑实例，重点探讨美如何与善结合在一起、建筑之美如何成为传统美德的外化。

第一节　选址布局讲究"和谐美"

1. 天人合一

2. 遵化东陵

第二节　建筑平面讲究"秩序美"

1. 儒家伦理美学

2. 北京故宫建筑群

第三节　建筑形态讲究"意象美"

1. 城市等级

2. 组群规划等级

3. 礼制建筑

第三章　西方古代建筑的美

本章简介：西方古代建筑从沉重、无声息的石头中取得轻盈、缥缈和清澈的美学价值，西方古典建筑以夸张的造型和撼人的尺度来展示建筑的永恒与崇高，形成了形态迥异、个性差别极大的东西方建筑审美标准，本章通过比较学习，使学生在继承传统的同时勇于创新、敢于实践。

第一节 中西方古代建筑的审美比较

1. 形体审美的不同

2. 和谐之美和对抗之力

3. 地面之美和空间之美

第二节 西方古建风格一览

1. 形体审美的不同

2. 和谐之美和对抗之力

3. 地面之美和空间之美

第三节 西方古建发展脉络

1. 古希腊和古罗马

2. 哥特与文艺复兴

3. 巴洛克与法国古典主义

第四章 建筑设计形式之美

本章简介：重点学习"美观"这一有关建筑之美的核心概念，研究建筑美学里形式美的基本原则——空间和形体、对比和微差、均衡和稳定、韵律和节奏、比例和尺度。

第一节 造型

1. 立面形象

2. 轮廓线

3. 天际线

第二节 比例与尺度

1. 建筑形象的比例

2. 建筑形象的尺度

第三节 轴线

1. 对称轴线与非对称轴线

2. 轴线的转折和终止

第四节 虚实与层次

1. 建筑群的虚实手法

2. 建筑的视觉层次

第五章 现代主义建筑之美

本章简介：无论是以木结构建筑为主的中国传统建筑还是以砖石结构为主的西方传统建筑，最终都同归于以钢筋混凝土为主的现代建筑，在现代建筑运动中，实现了从形式美学向功能美学的转变。理解传统与创新的关系，引导学生创新创业，帮助学生系统归纳建筑艺术与社会文化的关系。

第一节　现代主义的前世今生

1. 新艺术运动

2. 芝加哥学派

3. 德意志制造联盟

第二节　现代主义建筑的四位大师

1. 格罗皮乌斯

2. 柯布西耶

3. 密斯

4. 莱特

第三节　现代主义建筑的美学原则

1. 表现手法和建造手段的统一

2. 建筑形体和内部功能的配合

3. 建筑形象的逻辑性

第六章　华夏艺筑

本章简介：现代建筑不仅与空间和抽象形式息息相关，而且也在一定程度上与结构和建造血肉相连，努力挖掘当代建筑形式，并将其作为一种建构方式，营造建筑诗意的美学方式。

第一节　建构文化研究

1. 什么是建构

2. 建构的特征

3. 建构的要素

4. 如何去建构

第二节　现代化与纪念性

1. 营造逻辑清晰

2. 理性与浪漫的交织

第七章　信息与生态建筑美学

本章简介：生态、智能和绿色是当代建筑发展的大趋势，扎根中国、融通中外，展望未来建筑，体现国家和民族的基本价值观，格调高雅，凸显中华美育精神，充分体现思想性、民族性、创新性、实践性。

第一节　信息建筑美学

1. 数字建筑美学

2. 交互性与平等性原则

3. 多元与个性化原则

第二节 生态建筑美学

1.生态建筑美学的定义与内容

2.生态建筑原理与实例

第三节 绿色和低碳建筑之美

1.太阳能建筑

2.建筑碳中和

第八章 中国特色的建筑美学体系的思考

本章简介：立足中国建筑现状，实现建筑美学多元表达、多元整合，实现多元互补、多样统一的整体和谐的美，弘扬中华美育精神，形成高校学生自觉增强文化主体意识、强化文化担当的新面貌。

第一节 中国特色的建筑美学

1.中国特色建筑理论

2.建筑美学的普遍性与特殊性

第二节 批判地域主义

1.生态建筑与批判地域主义的契合

2.建筑艺术与社会文化的同构性

第三节 建筑美学的理论框架体系及其中国特色

1.中国特色的建筑美学体系的思考

2.中国建筑的传统与创新

数据之美

一、课程简介

《数据之美》课程将美育教育渗透到专业知识的教学过程中，将信息管理与信息系统专业学生审美能力的培养和审美意识的提升作为主要目的和任务。信息管理与信息系统本身是实践性和创新性较强的学科，学生不仅要掌握本学科的理论知识和应用技能，还需要具有较强的创作和创新能力。

二、课程目标

1. 知识目标：本课程通过数据之美、信息技术之美、系统之美、代码之美以及界面之美五个专题的学习，要求学生了解数据背后的信息，学会常用图表的设计方法，了解信息技术的发展趋势，掌握界面的设计原则，领会代码设计的精髓。

2. 能力目标：本课程通过数据之美、信息技术之美、系统之美、代码之美以及界面之美五个专题的学习，培养学生用数据讲故事的能力，锻炼学生的交互设计能力。

3. 美育目标：本课程通过数据之美、信息技术之美、系统之美、代码之美以及界面之美五个专题的学习，培养学生发现美、感受美、体验美、欣赏美、创造美的能力，锻炼学生的美育感知，提高学生的艺术审美。

4. 思政目标：本课程通过数据之美、信息技术之美、系统之美、代码之美以及界面之美五个专题的学习，让学生具备不怕困难、勇于实践、敢于创新的科学精神，为国家的信息技术发展贡献自己的力量。

三、课程美育目录

第一章 数据是智能时代的核心动力

本章从AlphaGo战胜李世石的围棋世纪大战引入我们现在已经进入了智能时代，而智能时代的核心动力是数据。随着人类文明的不断发展进步，数据的范畴不断变化和扩大，直至互联网的出现使得可用的数据量剧增，数据驱动方法的优势越来越明显，最终完成了从量变到质变的飞跃。大数据的出现不仅仅是一种新的信息技术，更是一种全新的思维方式，作为信息管理与信息系统专业的学生更需要感受数据之美，具备大数据思维，为我国在智能时代实现弯道超车贡献自己的力量。

第一节 一切从数据开始

1. AlphaGo与李世石的世纪大战

2. 数据——文明的基石

3. 数据——从量变到质变

4. 大数据思维之美

第二节 数据存储之美

1. 存世界之大，储数据之美

2. 数据库技术的变迁

3. 云存智用——数据库技术的创新发展

第三节 数据沟通之美

1. 故事的魔力

2. 像设计师一样思考

3. 选择有效的数据呈现方式

第二章 区块链技术信任之美

作为第二代互联网技术架构，区别于第一代互联网技术架构以"信息"的传播为核心，区块链以"价值"与"信任"的传递为核心，构建互联网世界陌生人之间的信任之美。区块链的出现，不仅带来了一种全新的技术集成、开发与运营架构，而且是一种思维模式、应用模式的全面创新，是智能互联时代的基础性技术。本章主要内容包括区块链的概念、知识体系、应用场景及典型区块链技术架构。

第一节 区块链构建信任关系之美

1. 区块链带来的智能生产关系之美

2. 区块链的哲学之美

第二节 区块链的技术之美

1. 区块链技术架构之美

2. 分布式账本之美

3. 去中心化之美

4. 共识与激励机制之美

5. 智能合约之美

第三节 区块链的应用之美

1. 有效去中心化之美

2. 区块链创新商业模式之美

3. 区块链为金融行业带来的创新之美

第四节 典型区块链架构之美

1. 比特币：开启区块链江湖

2. 以太坊：夯实区块链的地基

3. 超级账本：互联网巨头的区块链避难所

第三章 管理信息系统让生活更美好

本章首先介绍管理信息系统的发展历程，其次通过具体案例对信息系统开发的架构之美进行讲解，最后针对企业管理中典型的企业资源计划（ERP）系统进行分享，让学生体会管理信息系统在当今社会的工作生活中的重要作用，感受信息系统之美。

第一节 带你走进信息系统

1. 系统的范畴

2. 管理信息系统的发展

第二节 信息系统开发架构之美

1. 基于JAVA的系统后台框架

2. 基于VUE的系统前端框架

第三节 信息系统案例分享

1. 案例背景

2. 基于钢铁行业信息化的案例

第四节 ERP演进之美

1. 生活中的ERP

2. 历史中的ERP

3. ERP与你及你的信息世界

第四章 程序代码也可以是美的

本章主要从三个层面上解读程序代码的美。第一个层面是从源代码排版的艺术角度上来了解源代码之美，源代码被排版成各种图画、图样后仍然能够保持可以被调用和执行的功能。第二个层面从程序语言演进的角度探索源代码之美。程序语言发展经历了一个漫长的演化过程，程序撰写的方式也发生了翻天覆地的变化，本部分将从程序语言演化过程中源代码撰写方式的变化中探索源代码之美。第三个层面将从算法、代码重构、系统架构设计的角度上探索代码之美。一个优雅的算法实现体现了编程者精心的构思；一个精妙的重构让程序更加可读；一个精美的架构可以大幅解放程序员的工作压力。尽管在程序语言方面我国尚处于劣势，各种语言的发明者多为国外作者，但近年来国内在基础语言及编译方面也崭露头角，本章将介绍国产Vue架构之美及对世界信息系统开发的影响，激励学生奋发图强，未来在开发语言基础领域占得一席之地。

第一节 带你走进源代码的世界

1. 国际C语言混乱代码大赛赏析

2. 世界黑客编程大赛，惊艳世界的编程巨作

第二节 编程语言演进之美

1. 面向对象编程之美

2. 动态语言之美

3. 函数式编程之美

第三节　软件架构之美

1. 算法之美

2. 重构之美

3. 框架之美

第五章　界面设计是一门艺术

软件界面设计就像工业产品中的工业造型设计一样，是产品的重要卖点。一个大方美观的界面会给人带来舒适的视觉享受，拉近人与电脑的距离，为商家创造卖点。界面设计不是单纯的美术绘画，它需要定位使用者、使用环境、使用方式并且为最终用户而设计，是纯粹的科学性的艺术设计。本章通过对视觉艺术、色彩语意、界面风格等形式语言的介绍，结合APP界面设计、网站界面设计经典作品赏析，激发学生的审美兴趣，增强学生审美意识，提高学生审美能力，让学生感受到界面设计的艺术魅力，培养学生的创新思维。

第一节　界面设计的视觉艺术元素之美

1. 视觉艺术元素应用之美

2. 视觉艺术元素形式之美

第二节　界面设计的色彩语意之美

1. 色彩语意的独特美

2. 色彩语意的层次美

3. 色彩语意的原则美

第三节　界面设计的设计风格之美

1. 扁平化风格美

2. 极简主义风格美

第四节　界面设计作品赏析

1. APP界面设计赏析

2. 网站界面设计赏析

电信之"数行天下"

一、课程简介

本课程为计算机科学与技术专业开设的美育理论课。通过本课程的学习，能够让计算机科学与技术专业本科学生领略到计算机人工智能的形式之美与实质之美。学生通过学习丰富的人工智能应用和程序实现，能够感受和理解人工智能理论体系下的博大精深之美、人工智能算法的逻辑思辨之美、数学理论的严谨理性之美、算法优化的平衡精妙之美、代码构架的秩序流畅之美、工学研究者的人格高洁之美，从而能够理解计算机科学与技术专业、掌握人工智能理论、实现人工智能算法。

二、课程目标

本门课程的课程目标为：

1. 知识目标：学生能够了解全球化人工智能的发展历程和历史成就，能够描述人工智能的不同算法部分及其对于人工智能实现的支撑方式，能够比较各种算法对于不同的优化目标的差异。

2. 能力目标：学生能够在实现人工智能算法的过程中运用基本的框架理论和数学思维，能够使用数学体系的相关知识和分析能力解决具体的人工智能应用案例。学生能够强化逻辑思维，提升思辨能力，增强对不同人工智能算法实现问题的理解、判断、分析、推理、综合、论证的能力。

3. 美育目标：学生能够领会人工智能所引起的道德的价值意义，感受人工智能的逻辑之美与科学之美，并将所体验和感知到的科学之美进行有效并高度认同的传达。

4. 思政目标：学生能够深切体验到人工智能学科建设中的中国立场和道德伦理观念，树立科学态度，坚定学习人工智能和从事人工智能发展的信心。

三、课程美育目标

第一章　AI发展历史——时空下的孕育成长

从时间纵向和中外的空间横向上展开AI的起源和发展，揭示人类科技进步以及人工智能理论体系在时代过程中的孕育演化进程，在历史的长河中找寻AI的足迹，体验机器智慧成长。

第一节　人工智能的出现——机器之光

1. 人工智能的定义——让机器学会学习

2. 人工智能的三个学派——三朵金花

第二节 人工智能发展的重大转折点——智慧的灯塔

1. 人工智能的发展历史——智慧机器的成长画卷

2. 孕育期——孕育

3. 形成期——萌芽

4. 知识应用期——含苞待放

5. 智能科学技术——百花盛开

第三节 人工智能体系的提出与构建——骨骼

1. 核心共性技术——心脏

2. 智能应用技术——血液

3. 典型应用场景——皮肤

第四节 人工智能的特点与分支——机器智慧之美

1. 人工智能的特点——智慧之美

2. 人工智能的分支——多元之美

第二章 AI+医学之美——AI的守护，不一样的白衣天使

人工智能在医学领域下的探索和实践过程是人工智能发展中明亮的星，不仅为人工智能的发展指引方向，同时为医学的发展添加了强效推进剂。

第一节 人工智能与医学结合的概述——智慧医疗

1. 医学领域存在的问题——医疗的困扰

2. 人工智能与医学的关系——柴与火

3. 人工智能与医学发展历史——智慧点亮医学

第二节 人工智能与医学结合的主要应用——朵朵花开

1. 医疗影像诊断——会看病的机器

2. 电子病历——数据记录员

3. 药物研发——不一样的高速公路

4. 精准医疗——放大镜下的病毒

5. 医疗机器人——不一样的白衣天使

6. 健康管理——朝夕陪伴的医生

第三节 人工智能与医学结合的意义和挑战

1. 人工智能与医学结合的意义——智慧医学

2. 人工智能与医学结合面临的挑战——在泥泞中成长壮大

第三章 AI+图像之美——多彩缤纷的图像世界

通过学习了解人工智能体系下图像领域的基本理论与核心内容，能够理解人工智能对于图像应用等方面的重要意义，能够体验到图像领域的特色实践。

第一节　人工智能与图像领域结合概述——智能图像

1. 人工智能与图像的关系——千面图像

2. 人工智能与图像领域结合的历史——从一面到千面

第二节　人工智能与图像的结合——图像的精彩人生

1. 图像去噪——去除糟粕

2. 图像增强——锦上添花

3. 图像压缩——随意伸缩

第三节　人工智能与图像结合的意义和挑战

1. 人工智能与图像领域结合的意义——画中画

2. 人工智能与图像领域结合的挑战——黑白到彩色的转变

第四章　AI+艺术之美——马良神笔

新时代的神笔马良——智慧机器，让机器创作艺术，形成智慧美术、智慧音乐。通过本章学习，学生能够了解人工智能在艺术等方面的应用，体会到人工智能应用于音乐、美术等方面的基本理论和核心内容，能够理解其作为艺术表现形式对人们日常生活中带来的影响，拓展学生的思维新方向。

第一节　人工智能与艺术的结合概述——智慧艺术

1. 人工智能与艺术的关系——飘动的艺术思维

2. 人工智能与艺术结合的历史——机器艺术之花

第二节　人工智能与艺术的结合——艺术智慧

1. 人工智能在音乐上的主要应用——会跳动的音符

2. 人工智能在美术上的主要应用——马良神笔

第三节　人工智能与艺术结合的意义和挑战

1. 人工智能与艺术结合的意义——机器梵高

2. 人工智能与艺术结合的挑战——寻找艺术灵魂

智慧能源之美

一、课程简介

《智慧能源之美》课程作为能源与动力工程和新能源科学与工程专业美育课程，主要目的是让学生掌握美学基础知识、智慧能源系统的科技之美和应用之美，让学生明确智慧能源系统必备的审美课基础和理论，指导工程审美设计，以提高学生的专业审美素养和系统美学设计素养。通过本课程的学习，培养学生具有能源系统控制、现场总线、云计算和参数优化控制系统的美学知识和进行具有美学概念的系统设计和分析的能力；培养学生具有根据工艺要求，能分析、整定、设计简单的具有美学审视的智慧能源系统的能力。最终培养学生具有美学概念的工程观点和处理工程实际问题的能力。

二、课程目标

1. 知识目标：通过本课程的学习，学生可以掌握通过以"互联网+"为手段的现代通信技术，对已有能源和新能源的冷、热、电、储、户，在大数据、云计算的基础上进行检测、报告和优化处理的智慧能源管理系统的方案设计和运行管理，并能从中审视系统艺术之美、形式之美、科学之美和技术之美。

2. 能力目标：培养学生具有能源系统控制、现场总线、云计算和参数优化控制系统的美学知识和进行具有美学概念的系统设计和分析的能力；培养学生具有根据工艺要求，能分析、整定、设计简单的具有美学审视的智慧能源系统的能力。在达到知识层次和能力层次的同时，实现突破难点，正确把握知识目标与能力目标的关系，引导学生理解难点与思维层次的关系。引导学生将每级思维的中间事物或事件转化为前级思维的结果，将高级思维解析为低级思维，达到化难为易，逐步引导学生建立独立处理工程问题的思维能力。

3. 美育目标：培养学生具备基本的美学与美育理论素养、较高的审美鉴赏能力和审美塑造能力，进而用美学理论与观点审视专业知识的形式美、艺术美、科学事实美、科学理论美、科学实验美和技术美。

4. 思政目标：通过对智慧能源之美的学习，使学生能够深刻体会到能源系统的发展对国民经济的重要性，激发学生为国学习的潜能，并能深刻理解能源系统重要的经济、社会和历史意义，培养学生节能的意识，同时激发学生综合利用所学知识进行能源系统优化控制的意识。

三、课程美育目录

第一章 美学基本概念与智慧能源系统

本章主要讲授课程性质和任务、课程内容及特点、美育与专业课的关系、教学要求、美学的历史、美学性质、美及其形态、美感、美育、审美文化形态与美育、形式美与美育、艺术美与美育、科学技术与审美、科学美的本质特征、科学事实美、科学理论美、科学实验美、技术美的本质特征、科学审美在科学创造中的作用。培养学生具备基本的美学与美育理论素养、较高的审美鉴赏能力和审美塑造能力，进而用美学理论与观点审视专业知识的外在美和内在美。通过学习，使学生达到由美学、美育理论向专业知识之美的审美实践与美育实践能力的转化，实现美学教育的理论与实践的结合。通过对智慧能源之美的学习，使学生能够深刻体会到能源系统的发展对国民经济的重要性，激发学生为国学习的潜能，并能深刻理解能源系统重要的经济、社会和历史意义，培养学生节能的意识，同时激发学生综合利用所学知识进行能源系统优化控制的意识。

第一节 美学与美育

1.美育与专业课的关系、教学要求、美学的历史、美学性质、美及其形态、美感

2.美育、审美文化形态与美育、形式美与美育、艺术美与美育、科学技术与审美

第二节 智慧能源系统美的承载

1.科学美的本质特征、科学事实美、科学理论美、科学实验美、技术美的本质特征

2.科学审美在科学创造中的作用

第三节 专业之美的核心——社会美的核心

1.社会美的核心——人心美在能源系统和能源工作者中的重要社会作用以及对能源行业的推动作用

第二章 智慧能源控制系统美学形态

本章主要讲授传感器在检测技术中的作用和地位，传感器和检测仪表的现状，传感器的发展方向，工业检测技术的内容，检测技术的基本概念，美学在微能源网系统、能量管理与控制技术中的体现。培养学生具备基本的传感器基本理论和知识，能分析工业检测技术的内容，理解检测技术美之所在，能用美学理论与观点审视检测技术之美。通过学习，使学生达到检测技术专业知识之美的审美实践与美育实践能力的转化，实现美学教育的理论与实践的结合。通过对智慧能源之美的学习，使学生能够深刻体会到能源系统的发展对国民经济的重要性，激发学生为国学习的潜能，并能深刻理解能源系统重要的经济、社会和历史意义，培养学生节能的意识，同时激发学生综合利用所学知识进行能源系统优化控制的意识。

第一节 传感器和检测仪表

1.传感器在检测技术中的作用和地位、传感器和检测仪表的应用之美和技术之美

2.工业检测技术的内容、检测技术的应用美和技术美

第二节 微能源网系统、能量管理与控制技术

1.理解检测技术美之所在，能用美学理论与观点审视检测技术之美

2.检测技术专业知识之美的审美实践与美育实践能力的转化

第三章 智慧能源现场总线与互联技术美学形态

本章主要讲授美学在现场总线技术、现场总线的特点、现场总线的应用领域、控制系统的层次、现场总线的标准、典型的现场总线中的体现，培养学生根据总线的基本知识分析现场总线系统的综合能力。通过学习，使学生达到总线系统专业知识之美的审美实践与美育实践能力的转化，实现美学教育的理论与实践的结合。通过对智慧能源之美的学习，使学生能够深刻体会到能源系统的发展对国民经济的重要性，激发学生为国学习的潜能，并能深刻理解能源系统重要的经济、社会和历史意义，培养学生节能的意识，同时激发学生综合利用所学知识进行能源系统优化控制的意识。

第一节 智慧能源现场总线技术与社会美

1.美学在现场总线技术中的表现、现场总线的特点、现场总线的应用领域

2.典型的现场总线系统

第二节 互联技术美学形态

1.互联网科学技术之美

2.互联网应用之美

第四章 智慧能源系统通信技术与云端美学形态

本章主要讲授通信技术的概念、现代通信技术的发展及特点、通信技术的应用领域、通信技术的发展趋势、云计算定义、云计算应用、云计算发展趋势特点，培养学生具备基本的通信技术分析和大数据技术分析能力。通过学习，使学生达到通信技术和大数据技术的专业知识之美的审美实践与美育实践能力的转化，实现美学教育的理论与实践的结合。通过对智慧能源之美的学习，使学生能够深刻体会到能源系统的发展对国民经济的重要性，激发学生为国学习的潜能，并能深刻理解能源系统重要的经济、社会和历史意义，培养学生节能的意识，同时激发学生综合利用所学知识进行能源系统优化控制的意识。

第一节 能源系统通信技术

1.通信技术的概念、现代通信技术的发展及特点、通信技术的应用领域、通信技术的发展趋势

2.通信技术的科学美、技术美、形式美

第二节　智慧能源系统云端技术——虚拟与现实的缠绵

1. 云计算定义、云计算应用、云计算发展趋势特点

2. 云端技术——科技探索、永无止境

第五章　智慧能源管理系统之美和软件应用

本章主要讲授组态软件发展、组态软件现状、市场趋势及展望、组态软件在我国的发展及国内外主要产品介绍、组态软件的功能特点发展方向、使用组态软件开发工程的一般步骤。培养学生具备组态软件的识别和应用能力，具有组态软件开发工程的一般步骤的设计能力。通过学习，使学生达到专业知识之美的审美实践与美育实践能力的转化，实现美学教育的理论与实践的结合。通过对智慧能源之美的学习，使学生能够深刻体会到能源系统的发展对国民经济的重要性，激发学生为国学习的潜能，并能深刻理解能源系统重要的经济、社会和历史意义，培养学生节能的意识，同时激发学生综合利用所学知识进行能源系统优化控制的意识。

第一节　智慧能源管理系统

1. 管理系统的构成及功能

第二节　管理系统的科学美、技术美与形式美

1. 组态软件发展、组态软件现状、市场趋势及展望、组态软件在我国的发展及国内外主要产品介绍、组态软件的功能特点发展方向、使用组态软件开发工程的一般步骤

2. 组态——智慧探索节能降耗，细节着于保质增效

第六章　智慧电厂之美

本章主要讲授电厂的工作原理、系统艺术美、智慧电厂建设思想与原则、信息系统设计方案和信息系统功能方案，培养学生具备基本的智慧电厂系统的分析能力和方案分析能力，能进行简单的智慧电厂的设计。通过学习，使学生达到专业知识之美的审美实践与美育实践能力的转化，实现美学教育的理论与实践的结合。通过学习，使学生能够深刻体会到能源系统的发展对国民经济的重要性，激发学生为国学习的潜能，并能深刻理解能源系统重要的经济、社会和历史意义，培养学生节能的意识，同时激发学生综合利用所学知识进行能源系统优化控制的意识。

第一节　热力发电厂——鬼斧神工的平衡美

1. 热力发电厂的工作原理与系统形式

第二节　智慧电厂——智能创造效益，节能就是财富

1. 锅炉——平衡之美

2. 汽轮机——动力核心

3. 智慧电厂智能系统——极智体验

第七章 楼宇采暖制冷智慧能源系统之美

本章主要讲授暖通系统架构设计、数据采集、控制调度中心、报警管理、设备管理、计划与实绩管理、配电及能源优化策略、供暖水力、热力平衡之美、平衡优化管理、报表分析和经济性分析管理、能源对标管理、基础数据管理、权限维护管理，培养学生具备冷冻站机组群控和优化分析能力，具备供暖水力、热力平衡系统的分析和设计能力。通过学习，使学生达到专业知识之美的审美实践与美育实践能力的转化，实现美学教育的理论与实践的结合。通过学习，使学生能够深刻体会到能源系统的发展对国民经济的重要性，激发学生为国学习的潜能，并能深刻理解能源系统重要的经济、社会和历史意义，培养学生节能的意识，同时激发学生综合利用所学知识进行能源系统优化控制的意识。

第一节 楼宇采暖制冷智慧能源系统

1. 楼宇采暖制冷智慧能源系统原理

2. 楼宇采暖制冷智慧能源系统设。

第二节 能源管理系统美学形态——开启城市之光

1. 管理系统——智能于型，妙弦于心：科学美

2. 智慧楼宇——用智慧点缀人生，让科技融入理想：技术美

3. 智慧城市——巧夺天工：和谐美

第八章 智慧新能源系统美学形态

本章主要讲授中心监控、太阳能功率模块、风能功率模块、整流功率模块、一体化控制器系列、蓄电池组温控装置，培养学生具备基本的智慧新能源系统分析能力，具有简单的智慧新能源系统的设计能力。通过学习，使学生达到专业知识之美的审美实践与美育实践能力的转化，实现美学教育的理论与实践的结合。通过学习，使学生能够深刻体会到能源系统的发展对国民经济的重要性，激发学生为国学习的潜能，并能深刻理解能源系统重要的经济、社会和历史意义，培养学生节能的意识，同时激发学生综合利用所学知识进行能源系统优化控制的意识。

第一节 分布式能源系统

1. 分布式能源系统的形式

2. 智慧新能源系统的设。

第二节 智慧新能源系统——用科学开拓创新，让社会和谐发展

1. 太阳能系统——希望之光：平衡美

2. 风能利用系统——流动的能量线：形式美

3. 生物质能利用系统——欣欣向荣的能量生命体

4. 智慧新能源系统的科学美、技术美、形式美——超然绝俗

显微镜成像科学之美

一、课程简介

　　《显微镜成像科学之美》是面向医学实验技术专业开设的一门美育必修通识课。通过本课程的学习，能够使医学实验技术专业学生欣赏和体会各种显微镜成像技术的视觉之美，揭示生命和疾病奥妙之美。通过学习显微镜的发明和发展简史培养学生发现问题、勇于探索的科学精神。通过学习各种显微镜成像的典型实例，使学生感受普通光学显微镜、偏光显微镜、荧光显微镜、激光扫描共聚焦显微镜和电子显微镜等成像的科学之美，掌握各种医学常用显微镜的用途之美；引领学生认识形态学成像技术在医学实验技术专业中的地位之美；激发学生应用此技术探索疾病机理和生命奥秘之美。本课程也适用于其他医学相关专业或非专业学生了解医学知识。

二、课程目标

　　1. 知识目标：学生能够熟悉各种医学实验及科研所用显微镜的成像原理、优、缺点，掌握其适用范围和用途，并能针对不同科研实验目的，正确选择显微镜，领悟显微镜探索微观科学世界"奥妙"的科学之美。

　　2. 能力目标：学生在医学实验研究与科研创新的实践中能够正确选择和利用各种显微镜，创造性地为证明科学假说提供有力的形态学成像客观证据，具备呈现科学之美的能力。通过显微镜成像技术在科研中的各种应用之美，培养学生科学大胆的思维方式和严谨的逻辑验证能力，能够思辨地分析并解决科研实验中的问题。

　　3. 美育目标：通过各种显微镜成像技术带来的视觉冲击之美，体验显微镜成像技术在探索生命起源及疾病致病机理方面的独特作用，培养学生对医学实验技术专业的热爱，为学科发展努力钻研奋斗。

　　4. 思政目标：学生能够认定在科研的道路上科学成就的获得始于兴趣，缘于精益求精、大胆探索；认同科学和技术在医学研究中的进步不但需要勇于探索、工匠精神，而且需要成就共享、互通有无，各学科通力合作共同促进科学进步。

三、课程美育目录

第一章　开启微观世界之门

　　本章主要介绍显微镜的发明史，两位在显微镜技术发展中里程碑式的人物与显微镜的故事，以及通过对普通光学显微镜、倒置相差显微镜、偏光显微镜等在开启微观世界之门中的应用实例的学习，让学生领悟普通光学显微镜探索微观世界的科学之美，激发学生热

爱医学实验技术之心。

第一节　微观之门的钥匙——光学显微镜发明史

第二节　列文虎克和罗伯特·胡克两位皇家科学院院士与显微镜的故事

1.列文虎克发明球型显微镜和罗伯特·胡克与细胞学说的建立

2.显微镜发展史

3.显微镜——打开微观世界大门的科学之美

第三节　普通光学显微镜下的HE染色、MASSON三色染色的成像科学之美

第四节　倒置相差显微镜下形态各异的细胞成像之美

第五节　偏光显微镜下肺组织天狼星红染色不同类型胶原纤维的镜下之美

1.揭示正常组织、细胞结构和探索疾病病理表现的科学之美

第二章　五彩缤纷的镜下世界——荧光显微镜成像科学之美

本章主要介绍了荧光显微镜与普通光学显微镜成像的不同特点和特色。以肺纤维化疾病和神经系统疾病研究中荧光显微镜的应用实例，让学生感受荧光显微镜的成像特点。以奥林巴斯荧光显微镜获奖作品为例，讲解荧光显微镜在生物学领域的研究成果之美，拓展学生对荧光显微镜技术手段的认知。

第一节　荧光显微镜成像原理及特点

1.荧光染色与自发荧光之美

2.免疫荧光染色与成像之美

3.化学荧光染色与DNA成像之美

第二节　荧光显微镜成像科学之美

1.肺纤维化疾病荧光纤维镜下成像之美

2.神经系统疾病荧光纤维镜下成像之美

第三节　奥林巴斯荧光显微镜获奖作品之美赏析

1.小鼠小脑皮质三重标记的纵侧截面图成像之美

2.荧光显微镜下的牛肺部内皮细胞荧光成像之美

第四节　荧光显微镜直视疾病机理之美

1.荧光显微镜揭示矽肺上皮——间质转化发生的科学之美

2.荧光显微镜让细胞富有灵性，用色彩揭示疾病奥秘之美

第三章　为荧光戴上眼镜——激光扫描共聚焦显微镜成像科学之美

本章主要介绍激光扫描共聚焦显微镜技术的发展历程和成像原理，以及其在不同科学领域中的作用和应用；激光扫描共聚焦显微镜如何让"隐藏"在组织或细胞中的大、小分子神秘现身，以及其在我国的飞速发展情况，激发学生对该项实验技术的兴趣和探索热情。

第一节　激光扫描共聚焦显微镜的发展历程及基本成像原理

第二节　激光扫描共聚焦显微镜在不同学科领域中的作用及应用

第三节　激光扫描共聚焦显微镜如何检测组织或细胞中的大分子和小分子

第四节　激光扫描共聚焦显微镜技术在我国的发展情况

1. 激光扫描共聚焦显微镜生物体的彩色CT之美

第四章　神奇的电子束让超微结构无处遁形-电子显微镜成像科学之美

本章主要介绍了电子显微镜的发明和发展简史以及电子束成像的原理和在各科学领域的应用。透射电子显微镜展示了细胞核、细胞器、外泌体等细胞内部精细组成之美，扫描电子显微镜描绘纤毛、伪足等神奇的细胞外部形貌之美，冷冻蚀刻电子显微镜解析蛋白质结构之美。

第一节　电子显微镜的发展历程及基本成像原理

第二节　透射电子显微镜组织的超微结构及成像之美

1. 细胞膜、细胞间连结

2. 核糖体、高尔基体、线粒体、外泌体等电镜下结构

第三节　扫描电子显微镜与细胞微观形貌之美

1. 肺癌细胞——"美丽的杀手"

2. 人类卵细胞——生命起源之美

3. 神经元细胞——智慧之源之美

第四节　再渺小也能发现你——病毒的超微结构成像

第五节　电子显微镜成像之美让"瘟神"终现原形——电子显微镜下的新冠病毒

1. 电子束创造的细胞、病毒超微结构之美

第五章　捕捉生命起源

本章通过介绍工具性显微镜——体式显微镜技术的成像之美，重点介绍了借助该显微镜进行的体外生殖实验技术以揭示生命起源并帮助人类健康繁衍的科学之美。

第一节　体式和倒置相差显微镜下的生殖系统和生殖细胞之美

1. 借助体式显微镜分离小鼠的卵巢和睾丸中的生殖细胞

2. 倒置相差显微镜下的卵细胞和精子

第二节　人口质量的保证——生殖生物学与辅助生殖技术

第三节　生殖系统基本结构及形态学成像之美。

第四节　显微镜下的胚胎体外受精过程，生命起源之美

智能通信之美

一、课程简介

　　《智能通信之美》是通信工程专业的一门美学教育课程。主要内容包括通信发展与演变之美、智能通信系统之美、智能通信未来之美、动手体验智能通信之美。主要培养学生的审美价值观，通过展现智能通信系统中所体现出的美，形成对本专业学生的美学教育。首先，从通信发展史引入，智能通信系统中多媒体通信信号的处理与实现过程无不展现了美学。然后结合实际应用实例介绍多媒体通信过程中，人工智能与通信技术相结合的通信系统应用案例之美。最后，憧憬通信行业前景，展现未来技术之美，培养学生的专业认同感与自豪感。

二、课程目标

　　1. 知识目标：学生能够了解人工智能的含义、实现技术、发展历史以及人工智能在通信工程领域的应用和发展趋势、职业发展，了解机器学习、深度学习、计算智能等人工智能算法，了解智能通信的部分应用实例，包括人脸检测和识别、车牌识别、语音识别、医学图像识别、无人车控制技术等

　　2. 能力目标：培养学生的人文社会科学素养，掌握人工智能在通信领域所需的相关理论基础知识，在科学实验能力、计算能力和抽象思维能力上得到严格训练，培养学生独立分析问题与解决问题的能力，提高科学素质、知识创新和技术创新能力。

　　3. 美育目标：学生能够发现和理解智能通信系统中多媒体通信信号的处理与实现过程中蕴藏的美，能够通过这种美的识别进行工程中美的传达。

　　4. 思政目标：强化对智能通信领域的实际作用价值的理解和认同，激发学生学习和创新的原动力，激发学生持久健康的学习动力，激励学生在今后的学业过程中克服学习困难，实现专业和职业理想。

三、课程美育目录

第一章　通信发展与演变之美

　　本章将带领你走进智能通信的世界，首先展示通信发展的历史和人工智能的进化史，然后讲述两者结合的意义，继而详细讲述智能通信的原理及系统构成，让大家体会通信发展与演变之美，感受技术进步给社会带来的巨大便利。

　　第一节　通信发展史——创造美

　　1. 通信的演变

2. 通信方式的"前世今生"

第二节　人工智能发展史——演变美

1. 什么是人工智能

2. 人工智能发展简史

3. 人工智能的应用领域

4. 人工智能的未来

第三节　人工智能在通信领域的应用——碰撞美

1. 人工智能技术在通信安全领域的应用

2. 5G通信技术与人工智能的融合

第四节　本章小结

第二章　智能通信系统之美

本章将带领大家领略智能通信系统之美，体会人工智能与通信碰撞产生的美，首先介绍智能通信系统的基本概念、组成、功能及分类；然后通过智能通信应用于军事、航空、医学、舞台、艺术等应用实例展现其震撼之美，以经典案例展现智能通信系统之美。

第一节　智能通信系统简介——结构美

1. 智能通信系统的概念及构成

2. 智能通信系统的特点

第二节　智能通信系统经典案例介绍——助力美、艺术美、震撼美

1. 智能通信助力之美

2. 智能通信艺术之美

3. 智能通信震撼之美

第三节　智能通信系统的基本理论和实现方法——科学美、严谨美

1. 智能通信系统理论基础

2. 智能通信系统实现方法简介

第四节　本章小结

第三章　智能通信探究之美

本章主要从智能通信系统的实现算法角度出发，使学生通过探究智能通信系统所利用的机器学习和深度学习算法，体会智能通信体系结构的完整性之美，体系条理清晰之美，结构严谨之美。

第一节　智能通信系统探究之美——探究美

1. 机器学习理论基础及理论实现

2. 深度学习算法基础及网络架构

第二节　智能通信系统体系之美 ——体系美

1. 智能通信系统建模

2. 智能通信系统体系架构

第三节　智能通信未来发展的展望——理想美

1. 智能通信未来发展的展望

2. 智能通信职业期望

第四节　本章小结

第四章　智能通信创新之美

本章主要是以人脸识别、文字识别等智能通信系统为例，动手设计简单的智能通信系统，体会亲自参与的实践之美，算法的逻辑之美，参数之间的均衡之美，科学的严谨之美及其创新之美；使学生动手体验不同的智能通信系统对于不同应用场景的应用，优化模型参数，深刻理解参数优化在构建模型中的作用。

第一节　智能通信系统模型搭建及算法仿真——逻辑美、创新美

1. 人脸识别及微表情识别系统模型搭建及算法实现

2. 文字识别系统模型搭建及算法实现

3. 车牌识别系统模型搭建及算法实现

4. 肿瘤图像识别系统建模与仿真

第二节　进行简单的代码编程实现基础应用——实践美

1. 基于MATLAB软件平台的算法仿真

2. 基于PYTHON软件平台的算法仿真

第三节　本章小结

过程工业之"美"

一、课程简介

本课程属于过程装备与控制工程专业的美育必修通识课，通过本课程的学习，使学生了解过程装备技术的发展历史，熟悉与典型过程装备相关的结构组成、工作原理、自动控制、流体流动、虚拟仿真、创新技术等方面的知识，进而使学生初步建立对过程装备技术的初步认知能力。

二、课程目标

1. 知识目标：学生初步认识过程工业领域内涉及的专业知识，帮助学生对过程装备建立起感性认识。

2. 能力目标：学生能够初步认识过程工业领域内专业问题的分析方法，并能够进行初步调研、检索、解释。

3. 美育目标：挖掘过程装备与控制工程的专业之美，从不同角度阐述过程装备与控制工程的知识体系，使学生对过程装备的感性认识上升到理性认识，并对从事过程工业的技术人员应有的素质有较深入的了解。

4. 思政目标：通过本课程的学习，使学生建立起细心踏实、思维敏锐、勇于探索的科学精神和唯物主义辩证法思维。

三、课程美育目录

第一章 过程装备技术发展史

主要介绍过程装备与控制工程的内涵，过程装备技术在国内外的发展历史，过程工业在国民经济中的重要地位，以及过程装备技术如何支撑过程工业的发展，进而使学生明白过程装备技术在实现中华民族伟大复兴道路上的重要作用。

第一节 过程工业简介

1. 什么是过程工业

2. 过程工业中的过程原理——能量传递之美

3. 过程工业与衣食住行

第二节 过程装备技术的发展

1. 国内外发展历程——成长之美

第三节 过程装备与控制工程专业概述

1. 专业发展历史

2. 就业领域

第二章　成套装置基本知识

举例介绍过程成套装置各组成设备的结构、工作原理，通过讲解各组成设备如何既相互独立又相互联系地组成一个整体，进而维持工业生产的正常运转，使学生明白团队合作精神的重要性。

第一节　成套装置简介

1. 石油化工过程装置

2. 合成氨装置

3. 制冷系统

第二节　过程设备概述

1. 储罐——包容之美

2. 反应器——物质转化之美

3. 换热器——热量传递之美

4. 塔器——混合物分离之美

第三节　过程机械概述

1. 过程工业之肺——压缩机的呼吸之美

2. 过程工业之心脏——离心泵的动力之美

第四节　管道组成件

1. 过程工业之安全保证——安全附件

2. 过程工业之血管——管道输送之美

3. 输送管道中的关键部件——阀门

第三章　流体流动之美

结合与日常生活中相关的流体流动现象，让学生感受流体流动之美，并简单介绍背后的流体力学原理；通过介绍流体力学国内外的发展历史，使学生明白我国的流体力学与国外的差距；结合流体力学在工程中的应用，让学生感受流体力学在科技发展中的重要作用，使学生明白探索精神是科技工作者应有的科学素养。

第一节　生活中的流体流动

1. 神奇的表面张力

2. 水的力量——压力之美

3. 卡门涡街——非对称之美

4. 非牛顿流体——刚柔并济之美

5. 影响运动轨迹的马格努斯效应——弧线之美

6. 伯努利原理——能量守恒之美

第二节　流体力学发展史

1. 流体力学在中国

2. 流体力学的西方史

第三节　流体力学在工程中的应用

1. 航空航天

2. 水利工程、土木建筑

3. 交通运输

4. 过程工业——石油、制药、环保等

第四章　智能控制之美

本章初步介绍智能控制的基本知识，通过案例教学法介绍智能控制在过程装备中的应用，让学生感受智能控制之美。

第一节　智能控制的基本概念

1. 智能控制的定义

2. 智能控制的基本理论——机器思维之美

第二节　智能控制的发展概况

1. 智能控制的产生——诞生之美

2. 智能控制的发展——成长之美

第三节　智能控制的应用场合和研究内容

1. 智能控制的应用场合

2. 智能控制的主要研究内容

第四节　智能控制系统组成框架及其功能

1. 智能控制系统的基本组成框架——架构之美

2. 智能控制系统的人格化功能——机器的生命之美

第五节　智能控制系统的类型简介

1. 分级递阶智能控制系统

2. 专家控制系统

3. 模糊逻辑控制系统

4. 神经网络控制系统

5. 基于进化计算优化的智能控制系统

6. 仿人智能控制系统

7. 集成智能控制系统

第五章　虚拟仿真之美

虚拟仿真，是用计算机系统模仿真实系统的技术，可以是现实世界的再现，亦可以是构想中的世界，对于过程装备领域亦可实现虚拟仿真。通过案例介绍过程装备典型设备的虚拟仿真技术，让学生感受过程装备领域的虚拟世界之美。

第一节 虚拟仿真构建基础

1. 有限元软件简介

2. 设备建模——几何之美

3. 网格划分——规律之美

4. 边界条件及材料属性——约束规则之美

5. 计算及后处理——数据可视化之美

第二节 典型设备的仿真历程

1. 设备仿真——虚拟几何之美

2. 流体仿真——虚拟流动之美

第三节 虚拟仿真在工程中的应用

1. 建筑仿真

2. 机械仿真

3. 传热仿真

4. 流体仿真

第六章 创新之美

日常生活中和工业生产中我们不断地进行创新改革，每一次的创新都会使我们进步一点点。可以说创新使我们进步，推动社会技术改革。在创新技术和思想的带动下，我们能够感受创新带来的便捷，带来的进步，带来的惊奇，带来的美。

第一节 创新的意义

1. 创新成就科技之美

第二节 创新的案例分析

1. 工程训练大赛——创造之美

第三节 如何建立创新思想

1. 在生活中寻找创新灵感——信念之美

2. 在实践中不断探索——坚持之美

企业安全之美

一、课程简介

本课程是安全工程专业的专业美育课程。课程以矿山为例，主要讲授安全守护生命之美，安全构建矿山之美，矿山安全责任之美，安全细节之美，安全法规之美，造就矿工本质安全人之美等内容，使学生在学习本专业知识的基础上，还要掌握安全基本知识和技能，培养安全创造生活之美的文化素质，具备解决工程实际中涉及的安全问题的能力。

二、课程目标

1. 知识目标：掌握安全法规基本规定，了解矿山安全的重要价值和意义，掌握安全基本知识和技能。

2. 能力目标：通过学习培养学生具有强烈的自主安全思想、自我保安意识；具有驾驭安全的丰富经验和熟练技能；具有创造生产工作环境能够有效地保证安全的能力。

3. 美育目标：学生能够理解和体验安全守护生命之美，安全构建矿山之美，矿山安全责任之美，安全细节之美，安全法规之美，造就矿工本质安全人之美，并将这些理解和体验应用于工程问题的解决中。

4. 思政目标：使学生理解在社会中应承担的社会责任，帮助学生更好地认识到"发展不能以牺牲安全为代价"这条红线的内涵。学生能够在本专业领域内有正确的世界观、人生观、价值观和安全观，并具有厉行法治、严格执法、公正司法的行事风格，做捍卫宪法和法律尊严、维护社会公平正义的践行者；具有良好的职业道德、科学严谨的工作作风和无私奉献的敬业精神，做社会和谐稳定的保护者；以高度的责任感和使命感，做安全中国的建设者。

三、课程美育目录

第一章　安全之美

本章主要介绍：安全的定义；安全的内涵；安全理念及安全观，其中安全理念从安全核心理念、安全管理理念、安全行为理念、安全道德理念、安全目标理念、安全责任理念、安全培训理念、安全生产理念、安全意识理念等十个方面进行阐述，集中体现了心灵美、语言美、行为美、科学美、秩序美、健康美、勤劳美等美育。

第一节　安全理念之美

1. 以人为本之美

2. 谁主管、谁负责

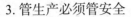
3.管生产必须管安全

第二节　安全观念之美

1.安全第一观念

2.预防为主观念

3.遵守法律法规观念

4.自我保护观念

5.群体观念

第二章　安全与生命

本章主要介绍：生命之美；生命之上，安全第一；安全是家庭幸福的源泉。最后运用案例分析，体现了安全守护的生命之美、健康之美。

第一节　生命之美

1.美在发现

2.美在珍惜

3.美在奉献

4.美在安全

第二节　生命至上，安全第一

1.时时想安全

2.处处想安全

3.人人讲安全

4.事事讲安全

第二节　安全是家庭幸福的源泉

1.献给父母最大的孝心

2.送给妻子最大的爱心

3.送给孩子最大的关心

第三章　安全与责任

本章主要介绍：责任心是安全之魂；细节是美与永恒的源泉；安全源于细节。最后运用案例分析，体现了安全的责任之美、细节之美。臧克家在纪念鲁迅时写下的诗中有一句话："有的人，他活着为了多数人更好地活。"不错，一个人只有尽到自己的责任，才能服务于社会，服务于人民，才能让别人更好地生活。也只有这样，才能实现自己的人生价值，体现责任之美。

第一节　责任心是安全之魂

1.安全生产警钟长鸣

2.安全责任重于泰山

3. 责任感和使命感

第二节　细节——美与永恒的源泉

1. 关注细节

2. 把握细节

3. 演绎细节

第三节　安全源于细节

1. 安全孕育在细节中

2. 细节饱含在责任中

3. 责任组成在生命中

第四章　安全与社会

本章主要介绍：安全文化；法制护航安全，守护美好生活。最后运用案例分析，体现了安全的文化之美、法制之美。

第一节　安全文化

1. 导向功能

2. 凝聚功能

3. 激励功能

4. 约束功能

第二节　安全法制

1. 安全是法制的目标

2. 法制是安全的保障

第五章　安全与企业发展

本章主要介绍：安全生产对企业发展的重要性；安全生产与经济效益的关系；安全是企业最大的效益；安全实现企业"四美"。最后运用案例分析，体现了安全所反映的环境之美、行为之美、心灵之美、形象之美。

第一节　安全生产对企业发展的重要性

1. 企业发展的重要保障

2. 企业文化建设的重要组成部分

第二节　安全生产与经济效益的关系

1. 安全生产是企业稳定发展的基础

2. 安全生产是经济效益的前提和条件

3. 经济效益是安全生产的目的和归宿。

第三节　安全是企业最大的效益

1. 安全是最大的政治

2.安全是最大的任务

3.安全是最大的责任

4.安全是最大的业绩

第四节 安全实现企业"四美"

1.环境美

2.行为美

3.心灵美

4.形象美

智算未来

一、课程简介

　　《智算未来》是电子信息工程专业的重要理论课程，也是专业美育教育课程。启发学生用审美的眼光思考电子信息领域中的各种工程技术问题，培养审美思维，提高审美素养，有助于提升学生对电信专业的热爱，激发学生的学习热情与探索创新欲望。

二、课程目标

　　1. 知识目标：学生能够了解电子信息专业的基本概念和发展；了解电子信息前沿研究领域及最新研究成果；了解电子信息专业的基本专业技术方法。

　　2. 能力目标：学生能够掌握基本的专业科研方法，能够运用基本专业知识来理解分析专业问题。学生能够强化专业知识，提升思辨能力和创新能力，能够运用基本的专业知识对专业技术问题提出看法与设计解决方案。

　　3. 美育目标：学生能够识别电子信息技术的价值意义，体验科技改变生活，感受电子信息科技之美，并将所体验和感知到的电信之美进行有效和被他人认同的传达。

　　4. 思政目标：提升学生对电信专业的热爱，激发学生的学习热情与探索创新欲望。

三、课程美育目录

第一章　编程语言多样之美

　　本章主要介绍电子信息工程中涉及的编程语言有哪些，机器语言、汇编语言到高级语言的发展及适用情况，各种语言的基本特点及学习中会遇到的一些基本问题。在逐渐了解、逐步学习的过程中，认识语言，发现语言的魅力，感受科技的先进之美、国家的日益强大，培养学生科技工作者的职业素养与坚持不懈、永不放弃和强大的爱国精神。

　　第一节　编程语言的释义之美

　　第二节　编程语言发展进化之美

　　1. 机器语言原始之美

　　2. 汇编语言符号之美

　　3. 高级语言通用之美

　　第三节　编程语言多样之美

　　1. C语言逻辑之美

　　2. C++语言逻辑之美

　　3. Java语言逻辑之美

4. Python语言逻辑之美

第四节　语言的选取与应用——灵活之美

第五节　语言的发展方向——未来之美

第二章　从晶体管到超大规模电路

本章主要介绍芯片的发展经历了从电子管、晶体管、集成电路、大规模和超大规模集成电路的演变。时至今日，其发展单一呈现微型化的趋势，向体积、重量、功耗越来越小，而容量、速度、处理能力等性能越来越高的方向发展。在逐渐了解、逐步学习的过程中，了解芯片从简到繁、从功能单一到多功能高性能，感受科技的先进之美、国家的日益强大，培养学生科技工作者的职业素养与坚持不懈、永不放弃和强大的爱国精神。

第一节　电子学与集成电路的集成之美

1. 电子管，电子时代的来临——开创之美

2. 晶体管的发明——精进之美

3. 从晶体管到集成电路——集成之美

4. 集成电路的快速发展——大成之美

第二节　芯片的精巧大成之美

1. DSP

2. CPU

3. GPU

第三节　智能硬件智能之美

第三章　海量数据，如何处理？　数据处理的浩瀚之美

本章主要介绍数据处理技术，应用中遇到的数据类型及数据特点，数据的提取，如何去除噪声得到有用数据；数据处理技术有哪些，常用的数据分析软件有哪些。在逐渐了解、逐步学习的过程中，了解数据处理相关技术，感受科技的先进之美、国家的日益强大，培养学生科技工作者的职业素养与坚持不懈、永不放弃和强大的爱国精神。

第一节　多样信号的浩瀚之美

1. 定义

2. 分类——多样之美

第二节　基本信号处理方法的精妙之美

1. 语音信号处理——纯净之美

2. 数字图像处理——真实之美

3. 视频分析与视频理解——表达之美

第四章　电子信息应用的创造之美

本章主要介绍电子信息技术的综合应用。从民用到军用、从航海到航天、从生活的细

微到国防的强大，学习并了解电子信息技术在各个方面的应用及先进技术。感受科技对世界、对生活的巨大影响。培养学生对本专业的了解与热爱，激发学生的创造热情及职业自豪感。

第一节　移动通信沟通之美

1. 移动通信改变生活——创造之美

2. 移动通信飞速发展——发展之美

3. 5G——飞跃之美

第二节　航空航天探索之美

1. 北斗卫星导航系统

第三节　医疗

1. 智慧医疗

美妙的建筑环境与能源系统

一、课程简介

本课程为建环专业开设的专业美育必修通识课程。通过本课程的学习，能够让建环专业本科学生欣赏和体验到建筑艺术的造型美、色彩美、空间美和环境美。学生通过学习建筑环境学起源和制冷空调起源，能够感受和领会建筑环境的起源和发展历程之美，识记建筑环境的起源和发展历程，思考和理解建筑与环境的和谐统一之美，学习建筑的科学性和技术性。思考绿色建筑美学，从建筑的生态、人文哲学及其美学基点出发，建立起人与自然、社会和谐共生共存的可持续发展美学理念。

二、课程目标

1. 知识目标：学生能够识记建筑环境的起源和发展历程，领会建筑环境的起源和发展历程之美，思考建筑与环境的和谐统一之美，综合应用相关知识思考实际问题，了解建筑环境的发展历史和建筑环境的发展趋势。

2. 能力目标：学会协调建筑室内机械设备调控系统，使建筑内部具备良好的室内气候条件和较强的生物气候调节能力。从社会和自然的整体效益出发，将生态哲学及美学情感植入于科学技术，使科学技术"人文化""绿色化"。学生能够在体会数理和谐之美的同时，也注重对建筑构件适应人体尺度的关注，强调建筑技术的"适宜人"。思考绿色建筑美学，从建筑的生态、人文哲学及其美学基点出发，建立起人与自然、社会和谐共生共存的可持续发展美学理念。

3. 美育目标：能够让建环专业本科学生欣赏和体验到建筑艺术的造型美、色彩美、空间美和环境美。感受和领会建筑环境的起源和发展历程之美，识记建筑环境的起源和发展历程。

4. 思政目标：学生能够深切体验到建筑环境与能源系统发展中的中国立场和建环人的时代担当，认同科技理想，树立科技强国信念，坚定学习建筑环境与能源应用工程专业和从事相关职业的信心。

三、课程美育目录

第一章　建筑环境之美

建筑环境之美包含两个部分：一是其外形之美，二是其内涵之美。

外形之美就是通过建筑环境的外在表现就能够使人们感到愉悦。建筑与它所处的环境自成一体，外形不需要张扬，建筑是属于那个特定的环境的，建筑本身就是环境的一部

分。如北京故宫，各建筑对称地纵深发展，各组建筑串联在同一轴线上，形成统一而有主次的整体，其空间布局则层层推进，给人以厚重的庄严肃穆之感。如埃及的金字塔，锥体结构使塔体四面能够最大限度地沐浴北非强烈的阳光，而耸立在146米高空的塔尖则终日融合在布满阳光的苍穹中。金字塔的正方形底面象征着严格专制的、不可动摇的权威，其沉重坚固的石材证明了这种权威的稳定性，而它那难以测量的巨大尺度则将这种权威扩展为绝对的、超人的神力，与之相对，将四面汇聚于一个高空顶点的塔尖，传达着一种人神交流的通天的神秘气息。

内涵之美指的是建筑环境实现的功能之美。建筑是为人服务的艺术，根据使用建筑和欣赏建筑的人的需求，而进行一系列设计与处理，就须尽量符合人的精神需要和生理需要。比如说居住建筑就需要满足人们的居住的便利性、安全性、功能性、舒适性、美观性的使用功能，能让人们安居。而寺庙建筑就得选址在能突出禅境的清静场所，外形常常以"宫殿"式的建筑风貌呈现，能集中于修行、礼佛、禅修等宗教活动，还需具备基本的功能分区：佛、法、僧、俗。建筑单体还要包含大型法会的殿堂、佛塔、禅堂、寮房、仓库等，功能齐全，缺一不可。

第一节　天人合一之美

1. 中国传统建筑环境之美

2. 在环境之中的建筑美学

第二节　和谐共生之美

1. 建筑与环境的融合共生之美

2. 绿色建筑环境之美

第二章　传热传质之美

为什么寒冷的冬天玻璃窗上会有冰花？为什么深秋或初冬的清晨树叶上表面会结霜？为什么住新房和住旧房的感觉不同？为什么摸同样温度的铁和木头感觉不同？为什么22℃的室内，夏季和冬季穿衣不同？为什么骑电动车和摩托车的人要带很厚的护膝？……诸如此类发生在人们日常生活中的这些现象你思考过原因吗？当然还有许许多多在其他领域发生的传热传质现象，如人造地球卫星返回地球时为何会被烧毁？红外勘察、诊断、追踪等原理是什么？石油热采，高温燃气轮机叶片散热，激光和超低温外科手术等等高科技领域都能展现传热传质之美妙。

本章将带领你从发现身边的传热传质现象入手，通过详细讲述传热传质的基本原理，揭秘关于这些现象发生的机理，从而感受传热传质学在工业、农业、国防、科技等各个领域中举足轻重的地位和意义，体会国家的强大和社会的发展依靠科技的不断进步，离不开传热传质学科的应用与发展，为此我们不仅要发现传热传质之美妙，还要不断挖掘和创新传热传质的新方法和新理论，勇于献身国家科技事业。

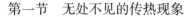
第一节 无处不见的传热现象

1. 美丽的冰花和树挂

2. 穿衣中的传热

3. 烧水中的传热学问

4. 《泰坦尼克号》的男女主人公命运

5. 建筑节能中的传热

第二节 传热的增强与削弱

1. 传热的强化

2. 传热的削弱

第三节 生活中的传质现象

1. 水中的糖去哪里了

2. 酒精如何提纯

第四节 未来传热和传质学的发展

第三章 热力学之美

热力学是热现象的宏观理论。它主要是从宏观角度出发，按能量转换的观点来研究物质的热性质、热现象和热现象所遵循的规律，它主要揭示了能量从一种形式转化为另一种形式时所遵从的宏观规律，热力学是总结物质的宏观现象而得到的热学理论。

恩格斯曾经说："热是人类最早发现的一种自然力，是世界上一切生命的源泉"。在原始社会，猿人钻木取火的行为就是人类对热的本质及热现象的最初认识，它经历了一个漫长的、曲折的探索过程。

本章将带领你从身边的热力现象入手，通过讲述热力学的基本原理及性质，揭示热力学是自然科学的一个重要组成部分，研究热现象中物质的客观转变和能量的转换规律，从而感受到热力学在工业、农业、国防、科技、医学等各个领域中举足轻重的地位和意义，体会到国家的繁荣和社会的进步，离不开像热力学这样的学科建设和应用，反映出人类对热能的本质及能量转换规律的认识，随着生产力提高、科技进步及社会发展，我们要不断挖掘和创新热力学的新方法和新理论，将人类文明、社会进步不断地延伸下去。

第一节 能源特性之美

1. 能源的分类

2. 能源的转换

3. 能源的利用

4. 能源的损失

第二节 热能之美

1. 古代热现象的发现

2. 近代热能的建立

第三节　热力性质之美

1. 物质的组成

2. 分子的运动

3. 热与冷现象

第四节　定律之美

1. 热力学第一定律

2. 热力学第二定律

第五节 热力学之美

1. 热力学的由来

2. 经典热力学的形成

3. 现代热力学的发展

4. 热力学的研究方法

5. 热力学系统

6. 热力学展望

第四章　制冷系统之美

制冷的特点是完成并保持温度低于环境温度的过程，即将某一物品或空间冷却到规定的温度。冷藏技术最重要的应用之一是通过低温冷藏来保护易变质的营养食品。冷却指的是对空气的处理，同时控制其温度、湿度、洁净度、气味的过程，根据居民、方法或空间中的物品的需要。制冷的历史背景非常有趣，制冷剂的可及性、原动力、压缩机和制冷系统的进步都是其中的一部分。

本章将带领你从制冷系统的历史入手，通过详细讲述制冷系统的发展过程，从而感受制冷系统的历史之美和科技之美、国家实力的强大及科学家们英勇无畏、坚持不懈、永不放弃和强大的爱国精神。

第一节　雪与冰——利用天然冷源的时代

1. 我国制冷的起源与发展

2. 西方制冷的起源与发展

第二节　创造"冷"——人工制冷时代

1. 蒸气压缩式制冷系统

2. 吸收式制冷系统

3. 吸附式制冷系统

4. 喷射式制冷系统

5. 气体膨胀制冷系统

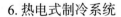

6.热电式制冷系统

第三节　制冷系统工程之美赏析

1.冬奥冰场制冷系统工程

2.冷链制冷系统工程

第五章　空调系统之美

空气调节——对某一房间或空间内的温度、湿度、洁净度和空气流动速度等进行调节与控制，并提供足够量的新鲜空气。空气调节简称空调，空调可以实现对建筑中的热湿环境、空气品质全面进行控制。

建筑是人们生活与工作的场所，现代人类大约有五分之四的时间在建筑物中度过。人们已逐渐认识到，建筑环境对人类的寿命、工作效率、产品质量起着极为重要的作用。人类在从穴居到居住现代建筑的漫长发展道路上，始终不懈地改善室内环境，以满足人类自身生活、工作对环境的要求和生产、科学实验对环境的要求。人们对现代建筑的要求，不只要有挡风遮雨的功能，而且还应是一个温湿度宜人、空气清新、光照柔和、宁静舒适的环境。生产与科学实验对环境提出了更为苛刻的条件，如计量室或标准量具生产环境要求温度恒定（称恒温），纺织车间要求湿度恒定（称恒湿），有些合成纤维的生产要求恒温恒湿，半导体器件、磁头、磁鼓生产要求对环境中的灰尘有严格的控制，抗生素生产与分装、大输液生产、无菌实验动物饲养等要求无菌环境，等等。这些人类自身对环境的要求和生产、科学实验对环境的要求导致了建筑环境控制技术的产生与发展，并且已形成了一门独立的学科。

通过开利博士发明空调的过程为内容和实施手段，培养学生的科学审美感知和对科学审美想象理解、鉴别、判断、通感的能力，进行审美教育，陶冶性情和塑造心灵，开拓精神境界，使个性得到和谐、健康、全面的发展。

第一节　空调系统的发明过程

1.“空调之父”早年经历

2.空调发明过程

3.焓湿图之美

第二节　空调给我们的生活带来了哪些变化

1.民用舒适性空调系统

2.工艺性空调系统

第三节　空调系统工程之美赏析

1.家用空调工程

2.商用空调工程

建筑结构之美

一、课程简介

本课程是为土木工程专业开设的专业美育必修课程。通过本课程的学习，能够让土木工程专业本科学生欣赏和体验到建筑结构的外形之美与内部力学和构造之美。学生通过学习古今中外的经典建筑案例（故宫、古希腊与古罗马建筑、哥特式教堂、近代钢结构建筑与装配式建筑、地下建筑）和我国著名工程大师与其投身的著名工程的感人故事，能够感受和理解建筑结构的外形之美、力学之美、高精度制造之美、耐久之美、构造精巧之美、工程师不畏艰险迎难而上的人格之美，从而达到热爱本专业，认真学习专业知识的目的。

二、课程目标

1. 知识目标：了解古代欧洲哥特式、罗马式等石砌体建筑的发展过程，古代中国传统木结构建筑，近代与现代钢结构、装配式结构与地下结构之美。

2. 能力目标：能够识别各类建筑结构类别，并能够运用不同的建筑结构达到不同的设计目的，满足各类生产生活需求。

3. 美育目标：能够理解欣赏并解释各类建筑之美，以及这些建筑结构的外形之美、力学之美、高精度制造之美、耐久之美、构造精巧之美、工程师不畏艰险迎难而上的人格之美，并将这些美应用于工程设计中。

4. 思政目标：通过了解我国结构大师和他们投身的工程项目的故事，领会他们锲而不舍、迎难而上为祖国无私奉献的精神，热爱本专业，树立学业报国的远大志向。

三、课程美育目录

第一章　欧洲古建筑之美

本章主要介绍著名欧洲古建筑。通过本章的学习，力求使学生能够学会从历史和力学的角度欣赏欧洲古建筑外形与内部构造和力学之美，吸收欧洲古代石结构建筑的美学精华。

第一节　古希腊建筑

1. 著名建筑

2. 经典三柱式之美

3. 高精度之美

第二节　古罗马建筑

1. 著名建筑

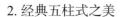

2. 经典五柱式之美

第三节 中世纪建筑

1. 罗曼式建筑

2. 哥特式建筑

3. 力学产生的高耸之美

第四节 文艺复兴建筑

1. 著名建筑

2. 工程师的故事与人格之美

第二章 故宫古建筑的力与美

本章主要介绍中国著名历史建筑群——故宫。故宫是世界最大的宫殿群，也是中国现存最大最完整的古建筑群，整组宫殿建筑布局严谨，秩序井然，布局与形制均严格设计与营造。故宫以建筑艺术闻名于世，整个建筑群按中轴线对称布局，层次分明，主体突出，"策划者"们汇集了当时所有的能工巧匠来建造，反映了当时我国建筑水平的最高境界。

通过本单元的学习，力求使学生能够学会从专业和美学的角度欣赏中国古建筑，从而对中国传统建筑文化产生浓厚兴趣与崇敬之心，有利于我国传统文化的传承与保护。

第一节 故宫古建筑的力之美

1. 太极之力——抗震

2. 阻隔之力——防火

3. 疏通之力——排水

4. 智慧之力——运输

第二节 故宫古建筑的其他美

1. 布局之美

2. 色彩之美

3. 装饰之美

4. 结构之美

第三章 钢结构与装配式结构之美

本章主要讲述钢结构和装配式结构的发展简史，再从力学角度，剖析几个主要的钢结构建筑和装配式建筑的结构之美，在介绍建筑的过程中引入结构大师茅以升先生设计的钢结构"钱塘江大桥"和工程大师詹天佑先生设计的"京张铁路"。

通过本单元的学习，力求使学生能够学会从历史和力学的角度欣赏钢结构和装配式结构之美，吸收古典与现代钢结构的美学精华，并理解现代数字化技术带来的建筑之美。学习茅以升先生在建桥过程中体现出的"迎难而上，不畏艰险，锲而不舍"的工程师精神和詹天佑先生在建铁路过程中体现出的"为国为民，自强不息"的工程师精神。

第一节　钢结构之美

1. 我国钢结构的发展历程

2. 著名建筑

3. 工程大师的故事

第二节　装配式结构之美

1. 国内外装配式结构的发展历程

2. 著名建筑

第四章　地下工程之美

通过本单元的讲解，使学生能够理解土木工程地下工程之美，激发学生对地下工程领域学习和研究的兴趣。引入具体实例：比萨斜塔的地基加固方案；海底隧道的设计和施工，如香港海底隧道和英吉利海峡海底隧道。

第一节　什么是土

第二节　地下工程的典型问题案例

1. 加拿大特朗斯康谷仓

2. 香港宝城滑坡

3. 阪神大地震中地基液化

第三节　其他基础工程案例

1. 比萨斜塔

2. 虎丘塔

3. 关西机场

4. Teton坝（美国爱达荷州）

5. 九江大堤

第五章　地下工程之美

通过本单元的学习，使学生能够了解地下工程——基坑工程，引入具体工程实例（上海中心大厦基坑工程等），激发学生对基坑工程的兴趣，理解其在整个建筑结构中的重要作用，及其承载之美。

第一节　基坑工程

第二节　著名案例

1. 上海中心大厦基坑工程

2. 凤凰中心大厦基坑工程

工程全过程咨询之美

一、课程简介

《工程全过程咨询之美》是工程管理专业的美育通识必修课程。主要讲授建设工程全生命周期中的策划咨询、前期科研、工程设计中的人文美；招标代理、施工过程管理中的科学美；造价咨询中的数字之美；工程监理、竣工验收中的严谨之美。工程全过程咨询内各个不同阶段的管理服务中蕴含着具有相异特质的美。通过本课程学习使学生了解到建设工程从心中设想到蓝图实现过程中的人文精神，让学生懂得每一个投资巨大的建设工程项目都是人类思想不断交流碰撞的结晶。培养工程管理专业学生的美育思想，激发学生热爱工程管理工作，感受人类创造工程奇迹的内在之美。本课程教学方法主要采用启发式、讨论式、案例式教学方式。

二、课程目标

本门课程的课程目标为：

1. 知识目标：学生能够熟悉工程技术咨询在工程项目中的作用，招标组织、制定招标方案，工程项目建设投资的计算方法，工程建设监理的工作程序，监理规划和监理实施细则的编制方法。

2. 能力目标：通过工程不同阶段美育的学习，培养学生熟悉工程项目全过程咨询的工作内容及工作重点，提升工程项目咨询过程中的人文素养，为后续课程学习打下坚实的基础。通过建设工程项目全过程介绍，在精神层面塑造学生工程建设项目整体观念，培养学生工程全过程咨询中的人文素养。

3. 美育目标：通过工程咨询的人文美、招标代理科学之美、造价咨询数字之美、工程监理严谨之美等环节的讲授，使得学生理解工程项目的特征是资金量大、责任重，在工程进程中的不同阶段感受工程全生命周期中人类倾注的人文观念。

4. 思政目标：培养学生诚实守信、爱岗敬业、遵纪守法的良好品质，激发学生对国家工程项目建设不懈奋斗的精神。

三、课程美育目录

第一章　工程咨询单位项目管理中的人文美

本章主要介绍了工程咨询服务产生人文背景的理性之美，阐述了工程咨询服务中人文素养发展过程的艰辛之美。追溯了人文精神演化发展的历史，明确了在不同历史背景下人文精神塑造出不同的价值之美。强调了在工程咨询服务中需要的诚实之美，详细讲述了工

程咨询对外服务对象，工程咨询对外服务工作的不同阶段应有的守信之美、敬业之美、求真之美、系统之美、奉献之美。从工程咨询服务的性质感受和谐之美对于提升服务质量的助推作用，在精神层面塑造学生工程建设项目整体观念，培养学生工程全过程咨询中的人文精神。

第一节　人文素养的发展过程

1. 人文素养的价值之美

2. 人文素养内容的和谐之美

3. 人文素养发展过程的艰辛之美

第二节　工程咨询服务的人文素养

1. 工程咨询服务产生人文背景的理性之美

2. 工程咨询服务的发展之美

3. 全过程工程咨询的诚实之美

第三节　工程咨询服务的阶段

1. 接受委托阶段的守信之美

2. 组织实施阶段的敬业之美

3. 成果提交阶段的求真之美

4. 工作总结的系统之美

5. 后期服务的奉献之美

第二章　招标投标管理中的科学之美

本章主要讲述了科学精神的自由之美，科学精神三个层次的独立之美。介绍了工程咨询服务中工程项目招投标管理依据的公平之美，我国工程项目招投标管理制度秩序之美，工程项目招标投标过程管理的规则之美。明确了工程项目招投标遵循公正之美，阐述了运用科学精神科学地协调好规范与实际之间的差距，体现普遍性与特殊性的对立统一思想。使得学生感受到在招投标管理中的科学之美，招标代理中的底线之美，培养学生独立思考、爱岗敬业、遵纪守法的良好品质，激发学生对国家工程项目建设不懈奋斗的精神。

第一节　科学精神

1. 科学精神本质的自由之美

2. 科学精神三个层次的独立之美

3. 科学道德规范的内核之美

第二节　工程项目招投标管理的科学之美

第三节　我国工程项目招投标管理制度秩序之美

1. 部分工程实行强制招标的底线之美

2. 工程招标实行备案制的规则之美

3. 对从业单位实行资质管理的守法之美

4. 工程项目招投标遵循原则的科学规范之美

第四节　科学地协调好规范与实际之间差距的公平之美

第三章　工程项目建设费用的数字之美

本章主要介绍了工程项目建设费用构成中不同影响因素之间的数学关系。讲述了工程项目建设费用的多样之美。详细阐述了工程项目建设费用估算的层次之美，工程项目建设费用计算方法的组合之美。培养学生的工程项目建设费用控制实践能力，培养学生遵守工程实践中的职业道德、责任及规范，履行责任，树立学生掌握工程建设项目管理的规则之美。通过工程项目建设费用构成的发展之美的学习，培养学生熟悉工程项目建设费用的动态之美及数字之美。

第一节　灵动的数字

第二节　工程项目建设费用的数字之美

1. 工程项目建设费用多样之美

2. 工程项目建设费用管理的规则之美

第三节　工程项目费用构成动态之美

1. 工程项目全生命周期费用构成的发展之美

2. 我国的工程项目费用构成的动态之美

第四节　工程项目建设费用估算数字之美

1. 工程项目建设费用估算的层次之美

2. 工程项目建设费用计算方法的组合之美

第四章　工程建设监理的严谨之美

本章主要介绍了监理工程师的严谨之美，讲述了工程建设监理制度的规则之美、工程建设监理机构有序之美、监理规划的实践之美。详细阐述监理规划和监理实施细则的服务之美，从中说明了严谨认真、精益求精的职业态度，以及随时代发展推陈出新、尽善尽美的职业操守是监理工程师必备的素养。培养学生明确工程建设监理工作程序连贯之美，遵守监理工作制度严密之美。树立学生遵守工程实践中的职业道德、责任及规范，履行责任，塑造工程建设项目整体观，感受工程全生命周期中人类倾注的为民之美。

第一节　监理工程师的严谨之美

第二节　工程建设监理制度的规则之美

第三节　工程建设监理机构

1. 工程建设监理机构建立的有序之美

2. 工程建设监理机构履行职责的奉献之美

3. 监理机构人员职责的理性之美

第四节　监理规划、监理实施细则

1. 监理规划作用的实践之美

2. 监理规划编制的规则之美

3. 监理规划内容的服务之美

第五节　监理工作程序及制度严谨之美

1. 监理工作程序的连贯之美

2. 监理工作制度的为民之美

第五章　建设工程投资控制的节约之美

本章主要介绍了建设工程项目投资的大额性、复杂性和层次性。详细阐述了建设工程投资控制的层次之美，从中说明了在建设工程中能合理地使用人力、物力、财力，取得较好投资收益和社会效益的节约之美。树立学生遵守工程实践中的职业道德、责任及规范，将建设工程的投资控制融入国家经济战略的发展中来，塑造建设工程投资的整体观念、形成繁荣国家经济建设、节约社会资源的爱国热情。

第一节　建设工程投资的层次之美

第二节　建设工程项目投资的特征

1. 工程建设需要资金的大额之美

2. 工程建设项目的独特之美

3. 工程建设项目投资依据的多样之美

第三节　建设工程项目投资控制方法的节约之美

第六章　建设工程造价的系统之美

本章主要介绍了建设工程造价的多样性，讲述了工程造价概念的个体之美和差异之美、工程项目造价的计价规则之美。详细阐述建设工程造价构成的兼容之美，从中说明了工程造价依据的工程定额的指导性、群众性、系统性、稳定性和时效性。培养学生严格遵守工程定额规范、应用定额计量计价的灵活之美，遵守造价员的执业操守。培养学生遵守工程建设规范、履行工程执业要求，塑造学生的工程造价系统性思维。

第一节　工程造价依据的规则之美

第二节　工程造价的多样之美

1. 广义工程造价的个体之美和差异之美

2. 狭义工程造价的兼容之美

第三节　不同工程阶段工程造价的动态之美

第四节　工程定额的灵活之美

1. 施工定额的科学之美

2. 预算定额的权威之美

3. 企业定额的实践之美

4. 概算定额的稳定之美

5. 补充定额的时效之美

化工工程之美

一、课程简介

《化工工程之美》课程是为化学工程与工艺专业开设的一门美育特色课程，属于通识教育平台的基础课程。目的是使学生理解化工过程的原理、工艺及设计的工程美学思想，领略我校以煤化工为特色的化学工程专业之美。本门课程分7个单元开设，共计16学时。

本课程的主要任务是通过课堂教学和课后学习，使学生领会化学工程的美学思想、化石能源的视觉美学、炼焦工艺的工程美学、净化工艺的设计美学以及化工生产中涉及的原料、产品、设备、工艺对人类发展的贡献之美等内容，正确评价化工生产过程中各个环节所展现的美学。通过以上任务的达成，支撑毕业要求中的相应指标点。

二、课程目标

1. 知识目标：学生能够阐释化工技术中生产原理、工艺路线和主要设备所蕴含的工程美学思想，初步具备融合了能源和化工专业基础知识和审美能力的创新态度和意识。

2. 能力目标：培养化学工程师的责任担当能力，了解我国煤化工关键技术，领悟煤化工工作者的创新精神和技术理念，培养学生的创新能力。

3. 美育目标：学生能够领会美学与化学工程学交叉融合的奥妙，理解科技进步和社会环境多样化对化工基础知识和审美能力相互融合的要求，能够认识到专业知识和人文素养交叉融合的必要性，能够在化学工程实践中恪守工程职业美学与道德规范，履行责任。

4. 思政目标：学生能够树立起化学工程师的职业道德与担当，遵循化学工程师的美学意识与道德素养，具有自主学习和终身学习的意识。

三、课程美育目录

第一章　化工之美

本章主要介绍古代、近代和现代的典型化工技术，从化工技术对社会经济发展和文明进步的作用中感受科技之美。简述了国内外化工技术的发展历史，列举了不同时期的典型化工技术和产品及其对社会发展的促进作用，详细介绍我国近现代化工科学家和实业家为振兴中华而奋斗的先进事迹，感受先辈的爱国热情和民族精神，同时辨析化工生产对地球环境的影响，明确化学工程师的责任担当，深刻认识发展绿色化工的重要意义。

第一节　工程美学

1. 什么是美

2. 科学、技术、工程与美学

3.工程美学的特征

第二节 化工之历史美

1.古代的化学加工

2.近代化学工业的兴起

3.现代化学工业

4.我国的近代化学工业

5.新中国的化学工业

第三节 化工之应用美

1.化工与农业

2.化工与医药

3.化工与能源

4.化工与生活

5.化工与国防

第四节 化工之集成美

1.煤化工之集成美

2.石油化工之集成美

3.精细化工之集成美

第五节 化工之遗憾美

1.化工与生活

2.绿色化工

第二章 黑色金子

本章主要介绍黑色金子——煤的成因、性质、结构及应用,从煤的结构及应用中感悟化石能源煤之美。讲述了煤的发展史,追溯了煤的成因,详细讲述了煤的工业分析、工艺性质、煤岩性质、结构模型发展、转化应用及对社会发展进步的作用。以煤结构模型及煤应用发展为例,介绍了煤结构及应用的发展过程及与科技进步的结合,凸显我国煤化工关键技术的研发优势,从中感受科技进步之美,体会美学与化学工程学科知识交叉的奥妙,并结合老一辈煤化工工作者的先进事迹焕发学生的爱国热情,培养具有社会主义核心价值观的建设者和接班人。

第一节 乌金之美

1.煤与生活

2.科学技术之美

第二节 三大化石能源

1.煤

2. 石油

3. 天然气

第三节　煤的历史之美

1. "石涅" "乌金"

第四节　煤的成因之谜

1. 三种成煤假说

2. 煤的分类

第五节　煤的性质

1. 工业分析

2. 工艺性质

3. 煤岩性质

4. 煤岩配煤

第六节　煤的结构之美

1. 苯结构

2. 煤结构单元模型

3. 结构模型发展

4. 分子结构概念

5. 分子结构研究方法

第七节　煤的应用

1. 燃烧

2. 气化

3. 液化

4. 焦化

5. 新型碳材料

第三章　黑色裂变

本章主要介绍炼焦工艺流程及主要设备，从炼焦工艺的描述中欣赏设计之美，从炼焦主体设备的剖析中感受结构之美。详细论述了焦炉的结构及生产工艺原理，从编制推焦串序的方法中体现流畅之美；详细介绍主要炼焦设备的结构和用途，感受钢铁机械的雄壮之美；以我国炼焦工业由弱变强成为炼焦强国为例，感受技术先进的科技之美，并且学习炼焦工作者坚持不懈、艰苦奋斗的爱国精神，激发学生的创新创造能力，培养具有社会主义核心价值观的建设者和接班人。

第一节　工艺流程之美

1. 备煤车间

2. 炼焦车间

3. 干熄焦工艺

4. 尾气处理工艺

第二节　重要设备结构之美

1. 备煤车间设备

2. 炼焦四大车

3. 焦炉

4. 干熄焦设备

第三节　炼焦生产应用之美

1. 生产运行的流畅美

2. 工艺衔接的科技美

第四章　净化之旅

本章主要介绍焦炉煤气的主要成分及净化工艺，从工艺流程的描述中欣赏流畅之美，从净化设备的解析中感受雄壮之美。详细阐述了焦炉煤气回收有用成分和脱除有害成分的原理和工艺流程以及主要设备，从不同成分的回收原理中感受科技之美、从净化工艺流程中感受流畅之美、从净化设备中感受雄壮之美；通过阐述焦炉煤气回收有用成分和脱除有害成分的意义，学习焦化工作者节能环保的意识和发展绿色焦化的决心，激发学生的责任担当，培养具有绿色发展理念的社会主义建设者和接班人。

第一节　生产原理之科技美

1. 分步冷却

2. 结晶分离

3. 循环反应

4. 汽提蒸出

第二节　工艺流程之流畅美

1. 焦化生产工艺

2. 鼓冷工艺

3. 脱硫工艺

4. 脱氨工艺

5. 脱苯工艺

第三节　净化设备之雄壮美

1. 初冷器

2. 饱和器

3. 脱硫塔

4. 洗苯塔

第五章　化整为零

本章主要介绍煤炭气化和液化技术的原理、工艺和设备，从工艺流程的描述中欣赏流畅之美，从主要设备的解析中感受雄壮之美。详细描述了煤气化和煤液化的技术原理、典型工艺流程和主要转化设备，从二者之间的异同点的辨别中感受科技之美，通过对煤转化技术发展沿革的论述，领悟煤化工工作者的创新精神和发展洁净煤化工的理念，培养学生的创新能力，激发学生的责任担当，培养具有崇高理想的社会主义建设者和接班人。

第一节　煤的气化之美

1. 原理之美

2. 工艺之美

3. 设备之美

第二节　煤的液化之美

1. 原理之美

2. 工艺之美

3. 设备之美

第六章　化工设备之美

本章主要介绍化工生产中的常见设备：储罐、管路、阀门、泵、换热器、塔设备和反应器，从设备外形的刚性美到设备内部结构及工作原理的刚柔之美，从专业角度审视设备之美。从夕阳下、晨辉中和华灯绽放的夜幕下，感受化工设备的雄浑壮美，深入理解设备的形貌取决于内在的功用，到完成设备功用所需要的理论，从内心欣赏设备的内在美和外在刚性之美。从美的发现和欣赏过程中，内因是根据，外因是条件、外因通过内因起作用、理论指导实践的辩证思维，增加担当和责任意识。

第一节　化工设备概述

1. 化工设备的分类

2. 化工设备的功能和要求

第二节　储罐

1. 储罐的作用及分类

2. 储罐之美的发现与欣赏。储罐的外在刚柔之美源于其安全高效的储存功能。

第三节　管路及阀门之美

1. 管路之美源于管路的输送功能和排布整齐之美

2. 阀门的分类、功用及美的欣赏

3. 阀门的外在之美体现在外在的多姿多彩和单调的管路中的点缀，阀门的功用性和高效性是其内在美的体现，内在美又体现在阀门内部的多样流线型结构，不仅保证了其功

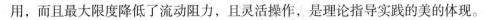

用，而且最大限度降低了流动阻力，且灵活操作，是理论指导实践的美的体现。

第四节　输送设备

1. 输送设备的作用及分类

2. 常用输送设备之美的发现及赏析。输送设备是管路布置中的功能点缀，由于其所处工段不同，要求不同，展现出了各种刚性外形（像无所不能的机器人），其高效的功用以及达到高效功用的理论是美的根源所在。

第五节　换热设备

1. 换热设备的作用及分类

2. 常用换热设备之美的发现及赏析。基于换热功用的高效性决定了换热器的多姿外形，保证换热器高效安全运行的设计和理论指导是神奇之美所在。

第六节　塔设备之美

1. 塔设备的作用及分类

2. 常用换热设备之美的发现及赏析。夕阳下那耸立的高低不同、粗细不等的塔设备无疑是摄影师镜头中的美景。然而塔设备真正的美却是内部使气液充分接触分离的塔内部件、高效的塔板、填料和使塔安全便捷操作的结构设计。

第七节　反应器之美

1. 反应器的作用及分类

2. 常用输送设备之美的发现及赏析。反应器的美不在外形，而在于高产物收率的安全便捷操作的结构设计，而达到此要求的相关理论则是最美的，寻找探索理论的人是最美的。

第七章　化工工艺之美

本章主要介绍化工的原料和产品之美和化工工艺之美。从日常生产和生活中常用的化工产品角度欣赏化工之美，化工与生活、生产息息相关，正确认识化工产品与化工生产。美的产品来源于化工生产过程，夕阳下安全绿色生产的化工厂，静谧、安详，充满梦幻，神奇地将原料转化成产品。化工生产过程来源于化工工艺的设计，工艺设计过程之美体现在对专业知识的高效利用和产生一系列的设计成果，图纸、设计资料，化工生产过程、工艺设计过程中的成果都是化工人的骄傲，是美丽的过程体现。

第一节　化工的原料和产品之美。

认识化工产品，从衣食住行、生产生活中各种化工产品的角度体会与欣赏化工之美，建立生活离不开化工，理性看待化工生产的正确认知。

第二节　化工工艺之美。

美的产品来源于化工生产过程，从化工生产过程角度看待化工生产之美及工艺设计之美。从绿色园区里的工厂到工艺设计的一系列的设计成果，包括设计图纸、计算资料等，化工生产过程、工艺设计过程中的成果都是化工人的骄傲，是美丽的过程体现。

智识智视

一、课程简介

本课程为网络工程专业开设的专业美育必修通识课程。通过本课程的学习，能够让网络工程专业本科学生领略到计算机网络工程的实质之美，充分了解本专业的特色优势。通过学习互联网技术的发展历程及应用前景、大数据的价值及其应用、网络通信涉及的关键技术和程序的具体实现方法，能够让学生感受和理解网络工程体系下互联网的便捷高效之美、数据可视化的直观生动之美、网络通信的交换共享之美、程序算法的逻辑思辨之美和工学研究者的人格高洁之美，从而能够了解网络工程的相关理论知识和关键技术。

二、课程目标

本门课程的课程目标为：

1. 知识目标：学生能够了解人工智能的发展历史、互联网的应用领域，理解编程的实现方法及数据统计和信息技术，初步掌握运用所学理论知识进行逻辑算法分析的能力。

2. 能力目标：学生能够运用基本的理论框架、逻辑算法和数学思维，使用相关知识分析并解决具体应用实例在设计过程中的具体问题。学生能够强化逻辑思维，提升思辨能力，增强对不同逻辑算法实现问题的理解、判断、分析、推理、综合、论证的能力。

3. 美育目标：学生能够领会网络工程之美所引起的道德价值意义，感受网络工程的逻辑之美与科学之美，并将所体验和感知到的科学之美进行有效并高度认同的传达。

4. 思政目标：学生能够深切体验到网络工程专业建设中的中国立场和道德伦理观念，树立科学态度，坚定学习计算机网络工程专业相关知识并从事相关领域工作的信心。

三、课程美育目录

第一章 互联网之美

本章追溯了互联网技术的发展历程，了解其诞生初始及推动其发展的因素。介绍了互联网技术在移动支付、数据通信、网络购物等领域的应用，了解互联网的应用给人们的实际生活所带来的便捷之美，感受国家先进技术之美及科研工作者用于创新的科研精神。讲述了关注互联网安全技术所带来的网络安全的重要意义，并展望了互联网技术的发展前景，体会其开放之美。

第一节 互联网的发展历程

1.互联网技术的推动之美

第二节 互联网技术的应用便捷之美

1.互联网应用的便捷之美

2.互联网应用的开放之美

第三节　网络安全

1.网络安全的巧妙之美

第四节　互联网技术发展前景的开放之美

第二章　大数据之美

本章介绍了大数据的发展历程，从中体会大数据从技术向应用的转型之美。介绍了数据的重要性及大数据的价值，通过大数据的应用领域介绍体会其广泛之美。讲解了数据可视化技术，从数据的可视化过程中感受直观之美。最后介绍了大数据对人们日常生活所产生的影响，感受丰富之美及其在促进保障和改善民生方面的创新发展，扩展思维的新方向。

第一节　大数据的发展历程

第二节　大数据的重要性

第三节　为什么需要大数据

1.大数据的价值之美

第四节　大数据的应用

1.大数据可视化的广泛之美

2.大数据可视化的智慧之美

第五节　数据的可视化

1.数据可视化的直观之美

第六节　大数据对人们生活的影响

第三章　网络通信之美

本章主要介绍网络通信技术，从中感受网络通信的无形之美。介绍了通信技术的定义、组成及功能分类，讲解了网络通信的基本工作原理、通信协议及常见的通信设备。通过本章内容的学习来感受通信协议的共享之美和网络通信设备在时代变更中的先进之美及研究人员不断突破和无私奉献的精神。

第一节　网络通信技术

第二节　网络通信的基本工作原理

1.网络通信的忠诚之美

2.网络通信的无形之美

第三节　网络通信协议

1.通信协议的共享之美

2.通信协议的层次之美

第四节　网络通信设备

1.网络通信设备的先进之美

第四章　程序之美

本章主要介绍计算机应用领域中程序的开发，从代码中感受应用之美。介绍了编程的基本知识，体现编程代码之美。介绍了网络编程的基础和程序的开发过程，通过体验程序的设计、开发、调试、测试体验程序算法的思辨之美和程序的实现之美及程序员努力付出的职业道德之美。

第一节　编程基本知识

第二节　网络编程基础

1.网络编程的思辨之美

第三节　程序的开发过程

1.开发过程的实现之美

第五章　动手体验之美

本章通过简单程序实例的编写，体验动手实践的魅力，通过动手实践提高动手能力和代码编程的逻辑能力，从中感受工学研究者的人格高洁之美。

第一节　服务端对端口进行侦听

1.服务端对端口的侦听之美

第二节　客户端与服务端连接

1.客户端与服务端相连之美

第三节　服务端获取客户端连接

1.服务端与客户端互联之美

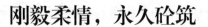

刚毅柔情，永久砼筑

一、课程简介

本课程是无机非金属材料工程专业的一门专业美育通识课。本课程将结合现代混凝土工程及应用，力图展示混凝土的各种美学特征：混凝土材料设计师和工程师与众不同的设计理念之美；混凝土在大型工程中的混凝土技术集成能力之美；混凝土冲破壁垒的技术创新之美。通过本课程的学习，培养学生看待混凝土建筑的艺术角度，增进对混凝土设计形式美与技术文化内涵美的理解，进而提升创造现实美和艺术美的意识和能力，成为具有工业审美感的材料设计师和工程师。

二、课程目标

1. 知识目标：学生能够了解混凝土工程及其应用，描述混凝土的基本原材料组成特点，能够比较混凝土材料与其他建筑材料的性能差异，理解混凝土设计与技术文化内涵，理解混凝土发展的时代特征，能够阐释国家基础设施建设对混凝土材料及工程的需求及实现路径。

2. 能力目标：学生能够掌握混凝土基本的设计理念和技术原理，识别工程问题，能够运用基本的职业技能对混凝土工程问题进行解释和论证，并进行工程服务。学生能够强化混凝土工程逻辑思维，提升思辨能力和创新能力，能够运用基本的材料学视角、混凝土基础知识和理论对具体的工程问题提出合理的解决策略。

3. 美育目标：利用"发现美—分析美—树立美—展现美"的思维发展模式，学生能够识别混凝土宏观和微观层面的价值意义，体验混凝土材料及工程与人类生活息息相关，感受混凝土设计的形式之美与混凝土技术的内涵之美，并将所体验和感知到的混凝土之美进行有效传达。

4. 思政目标：学生能够深切体验到国家基础建设中的中国立场和混凝土工程师和设计师的时代担当，认同混凝土材料设计师和工程师健康、安全、环保的设计理念，树立爱岗敬业、环境保护和可持续发展的工程意识。

三、课程美育目录

第一章 混凝土工程与材料哲学

本章主要介绍混凝土在桥梁、水利、城市建设领域的代表性应用，混凝土的性能特点及其与环境的相互作用。在现代混凝土工程中领略混凝土结构与众不同的设计理念之美，大型混凝土工程的技术集成之美，混凝土冲破壁垒的技术创新之美。通过本章学习，结合

混凝土工程建设过程，感受建设者勇于探索与实践的科学精神、认真负责的职业道德。

第一节　桥梁工程之美

1.杭州湾大桥之美

2.青藏铁路——清水河特大铁路桥之美

3.青藏铁路——三岔河大桥之美

第二节　水库大坝之美

第三节　地铁工程之美

第四节　设计师和工程师的造物之美

1.设计和技术——和谐统一之美

2.设计师和工程师——相辅相成之美

第二章　混凝土的前世今生

本章主要介绍古老混凝土的设计理念；现代混凝土转型突破之美；现代混凝土的工程技术发展趋势；工程师与建筑师眼中的混凝土之美。通过本章学习，感受和欣赏古今混凝土的设计的形式之美和技术的内涵之美。

第一节　古老混凝土之美

1.古罗马的万神庙——简洁素雅之美

2.古中国的大地湾遗址——屹立千年之美

第二节　现代混凝土转型突破之美

1.英国普利茅斯港大灯塔——掺合料之美

2.阿斯普丁的专利——波特兰水泥之美

第三节　现代混凝土工程技术发展

1.伦敦泰晤士隧道工程——创新之美

2.沃德城堡——钢筋混凝土之美

3.英格尔斯大厦——摩天大楼之美

第四节　工程师的混凝土之美

第五节　建筑师的混凝土之美

第三章　混凝土材料的秘密

本章主要介绍混凝土的主要原材料，普通混凝土的制备工艺流程，混凝土的主要特性；混凝土浑然天成的厚重素雅之美，混凝土技术进步从而提升混凝土性能的技术之美，混凝土配合比设计的平衡之美，混凝土与社会可持续发展之间的和谐之美。通过本章学习，感受混凝土选材、制作、服役及回收的整个生命周期过程中的人文关怀及与自然环境和谐相处的和谐之美。

第一节　原材料与自然的和谐之美

第二节　配合比设计的平衡之美

第三节　成型和养护的成就厚重素雅之美

1. 混凝土成型——造型之美

2. 混凝土养护——成就厚重素雅之美

第四节　混凝土的性能——技术之美

1. 混凝土的工作性——流动之美

2. 混凝土的防裂——内外兼修之美

3. 混凝土的防冻——严寒之美

4. 混凝土的防腐——耐久之美

5. 混凝土的防火耐热——高温之美

第四章　混凝土的艺术表达

本章主要介绍典型清水混凝土的艺术性；艺术家和工程师眼里的清水混凝土之美；混凝土的色彩与造型之美；混凝土艺术效果营造与文化发展。通过本章学习，了解色彩、造型和艺术效果营造等美学营造方法及实现途径。

第一节　清水混凝土之美

1. 上海龙美术馆——理性冷静之美

2. 保利大剧院——光影融合之美

3. 泰山桃花峪游客中心——朴素自然之美

4. 联想开发中心——技术创新之美

第二节　混凝土的色彩与造型之美

1. 色彩之美

2. 造型之美

第三节　混凝土艺术效果营造

1. 质感之美

2. 材质混搭——对比之美

3. 透光与变色——晶莹剔透之美

第四节　混凝土的文化发展趋势——未来之美

生态和谐之美

一、课程简介

本课程是为环境工程专业开设的专业美育必修通识课程。通过环境工程学科基础与自然景观美学的有机结合，能够让环境工程专业学生欣赏和体验资源与环境的形式之美和实质之美。课程通过水资源环境景观、矿山环境景观、森林环境景观、生物多样性与生态修复、室内环境等方面，将资源与环境工程学科基础与自然景观美学有机结合，构建生态、环境保护和环境可持续发展理念，展现人类生存环境之美的视觉感官和深刻内涵。

通过本课程学习，使学生在景观美学的意识形态下，对环境工程学科的基本理念和研究方法有初步了解，启发学生将环境工程专业知识应用到人类生存环境的景观之美中，提高对自然环境景观审美的层次和深度，从而达成热爱自然、保护自然环境、维护地球生态稳定的理念的教育目的。

二、课程目标

1. 知识目标：通过本课程学习，使学生在景观美学的意识形态下，初步认知自然科学基础知识以及环境工程的基本理论、基本知识、基本技能、基本方法；收集并评价国内外资源与环境建设典型案例和环保思想理念的发展案例，能够阐释人类赖以生存的资源与环境（水资源环境景观、矿山环境景观、森林环境景观、生物多样性与生态修复、室内环境等）的视觉感官和深刻内涵。

2. 能力目标：具备分析、识别与判断自然资源与人类生存环境之美的基本能力。构建生态、环境保护和环境可持续发展理念，初步形成资源综合利用和环境污染治理与防治的基本概念。激发学生对自然资源与人类生存环境的热爱，并规划下一步环境工程专业课程学习。

3. 美育目标：学生能够理解环境工程学科基础与自然景观美学的有机结合，能够欣赏和体验资源与环境的生态之美、天人合一之美。

4. 思政目标：培养学生树立正确的世界观、人生观、价值观，具有一定创新精神和批判性思维能力，具有理论联系实际、实事求是的科学态度和严谨作风。培养学生热爱自然，热爱生命，保护自然，维护地球环境生态稳定的理念思想。牢固树立社会主义生态文明观，推动形成人与自然和谐发展，树立建设美丽中国的志向和责任感。

三、课程美育目录

第一章　水体环境之美

本章主要介绍水体环境包括海洋资源的视觉美感，领会"海纳百川，有容则大"之博大深邃，以及为人类提供丰富的生产和生活资源的意义；唐山南湖公园之美及"变劣势为优势，化腐朽为神奇"的巨变过程、"都市与自然""凤凰涅槃"和谐之美。使学生感受人类赖以生存的水资源环境景观的审美感官和深刻内涵，培养学生热爱自然，热爱生命，保护自然，树立绿色、科学、立体开发海洋资源和资源型城市转型、生态重建的理念。

第一节　海洋资源之美

1. 海洋矿物资源之美

2. 海水化学资源之美

3. 海洋生物资源之美

4. 海洋动力资源之美

5. 海滨旅游之美

第二节　南湖公园之美

第二章　矿山环境之美

本章主要介绍山体资源之美。讲述唐山南湖从"垃圾山"到"凤凰台"，"变劣势为优势，化腐朽为神奇"的蜕变过程；小秦岭"还绿记"的"绿水青山才是真正的金山银山"理念，使学生综合理解坚持生态优先、绿色发展的发展理念。牢固树立社会主义生态文明观，推动形成人与自然和谐发展，树立建设美丽中国的志向和责任感。

1. 唐山南湖"垃圾山"到"凤凰台"之美

2. 小秦岭"还绿记"之美

第三章　森林之美

本章主要讲述森林资源之美，从森林浴中感受森林对人类健康生活的积极意义和进行健康森林浴的方式以及我国森林资源状况；塞罕坝国家森林公园的老一辈塞罕坝建设者的壮举，国家森林公园的概念以及塞罕坝国家森林公园风景之美。分析加强我国森林资源生态文明建设，推行绿色大世界森林养生理念，使学生形成宏观的森林生态思维，不断提高对当前森林资源和环境问题的理解和认识，激发学生热爱自然、保护环境的热忱，建立关爱生命、关爱人类共同家园的生态意识。引导学生热爱祖国，热爱自然，积极投身到保护自然环境的事业中去。

第一节　森林浴之美

1. 绿色林海之美

2. 空气净化之美

3. 健康养生之美

第二节　国家森林公园

第四章　生态环境之美

本章重点讲述生物多样性的概念，生物多样性的意义、价值和生物多样性面临的问题，以及维持生物多样性的举措。以生态修复的理念，具体介绍了典型生态修复案例，加强推进美丽中国、绿色发展的建设进程。感受人类赖以生存的生物多样性与生态修复的视觉美感和深刻内涵，收集并评价国内外资源与环境建设典型案例和环保思想理念的发展案例，构建生态、环境保护和环境可持续发展理念。培养学生热爱自然，热爱生命，保护自然，维护地球环境生态稳定的理念思想。

第一节　生物多样性之美

1. 遗传多样性之美

2. 物种多样性之美

3. 生态系统多样性之美

第二节　生态修复之美

1. 秦皇岛滨海景观带

2. 迁安三里河生态廊道

3. 三亚红树林生态公园

4. 义乌滨江公园

5. 六盘水明湖湿地公园

第五章　室内环境之美

本章重点讲述室内环境污染的主要来源及危害，主要包括建筑装修污染和厨房油烟、放射性、电磁波和生物污染等。针对室内环境污染，研究改善室内环境污染的种植观赏植物之景观美，列举了18种适合室内养殖的植物，主要掌握适合室内污染防治养殖，并增强室内环境美的景观种植植物，使学生在景观美学的意识形态下，增强对人们赖以生存的室内环境的审美素养和热爱生活的情怀。

1. 居室客厅环境之美

2. 卧室环境之美

3. 厨房卫生间环境之美

4. 阳台环境之美

多彩交通

一、课程简介

本课程为交通运输专业和城乡规划专业开设的专业美育必修通识课程，通过本课程的学习，让交通运输专业和城乡规划专业本科学生欣赏和体验到交通设计的形式之美与实质之美。学生通过学习交通设计和真实案例分析，能够识别交通设计宏观和微观层面的价值意义，并将所体验和感知到的交通之美进行有效和被他人认同的传达。使学生了解交通工程设施的功能、种类、发展状况以及道路工程设施设计在功能性的前提下的美学特质，体现社会主义核心价值观。打破以往单一注重交通工程设计功能性的传统思维，结合美的原则性，提高交通工程设计的综合应用效能。

二、课程目标

1. 知识目标：初步掌握交通设计的基本原理和相关知识，学生能够识别交通设施，领悟交通设计的重点难点和时代的特征，理解交通安全与交通设施设计之间的关系，并能够阐释交通强国建设的途径和要求。

2. 能力目标：培养学生具备初步判断交通设计之美（丑）的能力，能够分析识别现有交通设计中存在的问题。能够运用所学的基础知识对交通设计中的问题进行调研、检索、解释、论证，并进行基本的交通设计与规划。提升学生独立思考、发现问题的能力以及创新的能力，强化学生的逻辑思维，培养团队合作精神。能够运用基本原理和相关知识对具体的交通问题和案例提出合理的解决策略。提高专业兴趣，提升专业认可度，为后续课程学习进行铺垫。

3. 美育目标：学生能够感受和理解交通设计中的微观与宏观之美。交通设计的严谨理性之美，交通设计的色彩、造型的感性之美，交通流的秩序流畅之美，交通行为的人格高洁之美，交通法治精神的良法善治之美。唤醒学生在交通运输和城乡规划专业学习中的审美趣味与审美能力，激发学生在专业学习中的创造力。

4. 思政目标：学生能够深切体验到交通强国建设中的中国立场和时代担当，树立正确的交通设计理念，坚定学习交通运输、城乡规划专业和从事相关职业的信心。

三、课程美育目录

第一章 绪论

本章简介：学习掌握交通设计的美的定义、功能、体现的种类与发展现状；培养学生分析我国道路设计中对美的体现状况及存在问题的能力；提高学生学习专业的兴趣，对其

快速进入学习的佳境起到引导的作用；提升学生对"美"与"丑"的正确认知与理解。

第一节　交通设计之美的含义（宏观之美与微观之美）

第三节　交通设计之美体现的种类

第四节　交通设计的发展现状

1. 目前道路交通设施设计的优势（之美）

2. 目前道路交通设施设计的不足（之丑）

第二章　交通安全设施设计之美

本章简介：学习掌握交通安全设施种类、规模指标、功能与美的体现以及发展现状；培养学生分析交通安全设施设计中对美的体现状况及存在问题的能力；提升学生对交通安全设施美与丑的正确认知与理解。

第一节　交通安全设施的种类

1. 护栏设计之美

2. 防眩设计之美（人文关怀）

3. 隔离封闭设施之美

4. 视线诱导设施之美

第三章　道路交通标志与标线之美

本章简介：学习掌握交通标志、标线设计以及交通信号控制设备的基本知识、作用、分类、微观与宏观之美的体现以及发展现状；培养学生对交通标志、标线设计、交通信号控制设备中对美的体现状况及存在问题的分析能力；提升学生对美与丑的正确认知与理解，感受中国特色社会主义人性之美。

第一节　道路交通标志

1. 色彩之美

2. 形状之美

3. 符号之美

第二节　道路交通标线

1. 颜色之谜

2. 宽度之美

3. 虚、实线之美

4. 导向箭头的美与丑

第三节　交通信号控制设备之美

智能交通信号控制设备系统体现了交通强国战略思想。

第四章　静态交通设施设计之美

本章简介：培养学生了解停车设计的重要性，使学生从思想上明确停车场（库）的规划和设计对于城市发展和城市形象提升的重要意义。熟悉和掌握停车场的基本类型，停车场规划的基本流程和指导思想以及停车场设计的注意事项；明确公共汽车停靠站设计在提升城市形象、体现城市文化内涵中发挥的作用。全面了解和掌握静态交通设计的过程，具备统筹能力和对静态交通审美的判断能力。

第一节　概述

第二节　机动车停车场设计之美（智能优化）

第三节　汽车库设计

1. 坡道式汽车车库设计的美与丑

2. 机械式汽车车库设计的美与丑

第四节　公共交通汽车站设计之美（人性化设计）

第五章　城市道路无障碍设计之美

本章简介：了解和掌握交通设计中的保护弱势群体原则、了解主要的无障碍设计内容和设计原则、了解和掌握无障碍设施的美学特征，体现中国特色社会主义人文关怀；具备辨识无障碍交通设施的设计优劣的能力，即，具备判断无障碍设施"美丑""好坏"的独立的专业思维能力。课程教学中要求体现社会公平性，体现社会主义核心价值观。

第一节　城市道路无障碍设计

1. 缘石坡道设计之美

2. 盲道设计之美

3. 公交车站设计之美

4. 人行天桥与地道设计之美

5. 桥梁、隧道与立体交叉设计之美

6. 音响交通信号设计之美

第六章　道路绿化及景观设计之美

本章简介：在知识层面，培养学生了解和掌握绿化景观在城市建设和交通运行中发挥的重要作用，了解道路绿化及景观设计的内容和设计原则，明确道路绿化设计过程中的交通安全要求，掌握道路景观的设计要素和层次，具备进行道路景观审美判别的初步能力；在能力层面，使学生具备在道路交通功能的基础上，辨识道路绿化和景观"美与丑"（包括自然景观、生态可持续发展、人文历史、地方特色等一系列建设要求）的基本能力；在思维层面，使学生建立宜居城市、园林城市、生态园林城市等环保和安全的专业意识。

第一节　道路绿化之美

1. 安全设计

2. 创建绿色交通（实现道路建设可持续发展）

第二节　道路景观设计

1. 道路结构及设施要素之美

2. 道路与环境的协调之美

第七章　生活中交通设计之美的调研分析

本章简介：学生通过PPT讲解生活中发现的交通设计之美与丑。回忆和总结前面几章所学知识，具备辨识生活中交通安全设施、无障碍设施、景观设计的美与丑的能力，从自我角度提高对"美与丑"的正确认知与理解。

第一节　调研我们的生活中道路交通设计中的"美"与"丑"

工程之美—以冶金工程为例

一、课程简介

《工程之美—以冶金工程为例》课程是冶金工程专业的专业美育课程。通过本课程的理论学习和项目实践，学生能够掌握美学及工程学的发展历程、基础概念、基本原则等相关理论知识，具备在工程决策、工程设计、工程建设、工程运行、工程管理等工程实践活动中综合运用美学方法的能力，实现个人素质的综合提升和全面发展。

二、课程目标

1. 知识目标：能够了解美学和工程学的产生与发展历程，掌握美学和工程学的基本概念、基本原理、基本知识、基本问题，理解美学与工程学的关系；

2. 能力目标：能够应用美学相关理论解释工程活动中的美学现象，分析并解决工程活动的美学问题；能够通过文献检索、资料查询等获取信息手段的学习训练，了解美学和工程学的前沿发展、现状和趋势；

3. 美育目标：能够就工程中的美学问题与同行及公众进行有效沟通和交流，具备一定的团队协作能力；

4. 思政目标：能够了解我国及本行业代表性工程的辉煌成就，激发学习专业工程知识的积极性，坚定为实现中华民族伟大复兴而奋斗的信念。

三、课程美育目录

第一章　绪论

本章主要介绍美学的发展历程、研究对象、学科属性和学习方法，以及工程的概念、发展历程、分类以及与科学和技术的区别和联系。

第一节　美与美学

1. 美学的发展历程

2. 美学研究的对象

3. 美学的研究方法

4. 美学的学习方法

第二节　科学、技术与工程

1. 工程的概念

2. 工程的发展历程

3. 工程的特点

4. 工程的分类

5. 科学、技术与工程的关系

第三节　工程与美学

第二章　美学基本理论

本章主要介绍美学的相关理论，包括审美发生论、审美本质论、审美主体论、审美客体论和审美形态论。

第一节　审美发生论

1. 摹仿说

2. 巫术说

3. 游戏说

4. 性本能说

5. 劳动说

第二节　审美本质论

1. 中西方关于审美本质的探讨历程

2. 马克思的"美的规律"思想

3. 审美的本质及其逻辑

第三节　审美主体论

1. 审美主体的概念

2. 审美主体的特点

3. 审美主体的审美结构

4. 审美主体的心理要素

5. 审美主体的心理过程

第四节　审美客体论

1. 审美客体的概念

2. 审美客体的特点

3. 审美客体的存在形态

第五节　审美形态论

1. 西方的基本审美形态

2. 中国古代的基本审美形态

第三章　工程设计之美

本章主要介绍工程设计的相关知识，包括工程设计的概念、原则、方法，并结合案例对典型工程的设计之美进行赏析。

第一节　工程设计的概念

第二节　工程设计的原则

第三节　工程设计的方法

1. 功能论方法

2. 系统论方法

第四节　工程设计之美案例赏析

第四章　工程建造之美

本章主要介绍工程建造的相关知识，包括工程建造的概念、原则、方法，并结合案例对典型工程的建造之美进行赏析。

第一节　工程建造的概念

第二节　工程建造的原则

第三节　工程建造的方法

第四节　工程建造之美案例赏析

第五章　工程运行之美

本章主要介绍工程运行的相关知识，包括工程建造的概念、原则、方法，并结合案例对典型工程的运行之美进行赏析。

第一节　工程运行的概念

第二节　工程运行的原则

第三节　工程运行的方法

第四节　工程运行之美案例赏析

第三编
医学健康
之美

健康之美

一、课程简介

本课程为康复治疗学专业开设的专业美育通识必修课程。学生通过学习健康美学中的内涵与外延、发生与演变、评判与改善，从生命全过程的角度、外在与内心的角度、动态与静态的角度出发，感受和理解健康之于人生的美学意义，最终使学生理智上求真，意志上向善，情感上爱美。

二、课程目标

1. 知识目标：以医学和美学原理为指导，通过阐释健康与美的概念、生命阶段的分期、心灵美与外在美的内涵、运动美与睡眠美的意义，使学生能够通过医学的视角评判人体美感、审视运动医学中的美学现象。

2. 能力目标：归纳并使用针对身体各部位的保健技巧和康复技能，发掘学生对健康之美的自我管理能力和创造力，分析医学美学与健康的日常维护的区别与联系，在日后的医疗生活中具备建立科学严谨、求真创新、和谐融洽的工作机制的能力。

3. 美育目标：从内心到外形、从情态到沟通、从生老到病死等多个角度养成正确的审美观，认同健康的美学观念，激发发现美、感受美、展示美、利用美的学习兴趣，引导学生树立高尚的医德，提高审美素质。

4. 思政目标：领会医学在康复领域中的艺术灵性和人文精神，认定并坚定对医学的热爱，对生命的敬畏之心，敢于创新、勇于奉献。

三、课程美育目录

第一章 医院品牌文化传播——文化精神之美

本章主要介绍医院品牌传播的理论和方法。通过学习，使学生了解随着传播技术和互联网技术的跨越式发展，传媒环境发生变革，全媒体的到来颠覆了传统传播的模式，影响着各行各业，也重塑了医疗服务市场和医院的运作方式；掌握全媒体时代医院品牌传播的新方法、新技术。通过医院品牌故事分析，体现故事的力量和人性的光芒，从而推进医院品牌传播。使学生感受医院品牌传播的形式之美与实质之美，并将所体验和感知到的卫管之美进行有效和被他人认同的传达。

第一节 全媒体时代医院宣传：讲好故事树品牌

1. 故事的力量之美——纪录片《急诊室故事》

2. 人性的光芒之美——纪录片《人世间》

第二节　全媒体时代医院品牌传播的技术之美

1. AI智能网站

2. 全媒体组合拳

第二章　卫生服务经济学分析——平衡之美

本章主要介绍用微观经济学基本理论和方法分析卫生健康领域中的核心问题。通过学习，使学生了解卫生服务需求与供给的特点和影响因素、卫生服务市场的特征，理解卫生服务的特殊性；使学生了解如何用经济学的理论和方法解决卫生资源稀缺性和需求无限性的矛盾问题；使学生从中体会到卫生服务的重点，了解我国卫生事业取得的成就和面临的挑战。进一步理解中国特色社会主义卫生政策体系，深入理解健康中国战略，增强道路自信、理论自信、制度自信和文化自信。

第一节　卫生服务需求

1. 卫生服务需求、需要与利用之间的关系

2. 卫生服务需求的特性

3. 卫生服务需求的决定因素

第二节　卫生服务供给

1. 卫生服务供给的特性

2. 卫生服务供给的决定因素

3. 卫生服务供给者行为分析

第三节　卫生服务供需平衡之美

1. 供给诱导需求分析

2. 最优要素投入组合

第四节　卫生服务市场之美

1. 卫生服务的特点

2. 医疗服务市场的特点

3. 卫生服务市场中政府功的能作用

第三章　卫生资源配置——公平与效率之美

本章主要介绍卫生资源配置和区域卫生规划。使学生了解卫生资源配置和区域卫生规划的相关概念、必要性和相关理论。体会卫生资源配置过程中的公平和效率，体会如何在卫生健康领域发挥资源能动性，使学生领会卫生资源配置过程中公平、效率和价值之美。

第一节　卫生资源配置绪论

1. 卫生资源配置的概念

2. 卫生资源配置的原则

3. 卫生资源配置的理论

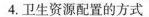

4.卫生资源配置的方式

第二节　卫生资源配置的标准之美

1.床位配置标准之美

2.人力资源配置标准之美

3.设备资源配置标准之美

第三节　区域卫生规划之美

1.区域卫生规划的概念与程序

2.区域卫生规划的布局之美

第四节　卫生资源配置的公平之美

1.卫生资源配置的水平之美

2.卫生资源配置的垂直之美

第五节 卫生资源配置的效率之美

1.卫生资源配置的技术效率

2.卫生资源配置的经济效率

第四章　卫生政策解读与制定——政策之美

本章主要介绍政策、公共政策、卫生政策的概念、特征、要素和规律。通过学习，使学生了解卫生政策的重要意义，理解政策制定的逻辑思路和方法，能够将政策理论和方法用于政策分析和政策研究，增强学生发现、分析和解决实际卫生政策问题的能力，使学生领会卫生政策实现的公共精神与公共价值之美。

第一节　政策的基本概念和特征

1.政策的概念

2.政策的特征

3.政策的要素

4.政策的规律

第二节　高价值政策制定程序

1.高价值政策制定的基本框架

2.高价值政策制定的逻辑思路与操作步骤

第三节　卫生政策制定案例分析

第五章　卫生健康保障——制度之美

本章主要介绍医疗保障制度、医疗保障体系的构成和医疗保险支付方式，以及医疗保险制度的基本模式。通过学习，使学生能够全面掌握和分析医疗保险制度在健康中国建设中的作用和意义，并体会健康是身体、心理和社会适应的完好状态，也是社会的一种资源，不仅仅是个人的福利，也是社会的财富。使学生进一步体会到健康中国建设中的医疗保险制度之美，培养文化自信。

第一节　医疗保险制度之美

1.医疗保险制度的内涵和特征

2.医疗保险制度的发展历程

3.医疗保障体系的构成

第二节　医疗保险助人之美

1.健康与医疗保险

2.医疗保险决策打动人心之美

"天使"之美

一、课程简介

本课程为护理学专业开设的专业美育必修通识课程。通过本课程的学习，能够让护理专业学生欣赏和体验到护理的形式之美与实质之美。学生通过学习护理案例，能够感受和理解护理的爱人、关心人、尊重生命的人道主义精神，护理文化的博爱之美，护理对象的健康之美，护士形象的"天使"之美，护理沟通的语言之美、护理思维的逻辑思辨之美、护理环境中的安全之美、护患之间的礼仪之美，从而能够塑造人道精神、坚定博爱信念、践行真善美的理念。

二、课程目标

1. 知识目标：学生能够叙述护理学形成的历史轨迹，描述护理人文、护理文化、社会的组成及内容，发现护理领域中美的行为，能够解释礼仪在护患交往中的作用，理解护理语言、行为、形象美塑造中的重点，并能够阐述护理美塑造的要求及实现路径。

2. 能力目标：学生能够将美的理念运用到病人的护理中，在护患交往中自觉使用美的语言、行为和礼仪进行护理。运用护理辩证思维分析护士与护士、护士与社会、护士与其他医务人员的关系，构建护理团体文化，形成积极合作关系。深切体验到护理在人的健康维护中的责任，认同护理美的作用，树立形成良好护患关系和从事护理职业的信心，体验和感受护理人员"天使"形象美的实质，具有美的塑造意识和能力，自觉维护和塑造"天使"形象。

3. 美育目标：学生能够感受和理解护理文化的博大精深之美、护理辩证思维的逻辑思辨之美、护理语言的关爱之美、护士行为的礼仪之美、护士形象的圣洁之美、护士心灵的善良之美、护士工作的审慎之美，唤醒学生在护理学专业学习中的审美趣味与审美能力，激发学生在护理学专业学习中美的创造力。

4. 思政目标：学生能够树立关爱自己、关爱他人的大爱精神，形成美化生活、美化万物的大美修养。建立真善美的价值观，明确用专业知识维护美、塑造美的职业担当。

三、课程美育目录

第一章 护理灵魂之美

本章主要介绍护理学的人文本质，解析护理学的人文内核，解读人文相关概念、护士必备的人文修养，彰显护理职业的人文关怀之美。追溯了护理学人文历史，解读了护理人文的内核本质，详细讲述医学与人文的关系，通过介绍多名医学大家的人文事迹，领悟医

者仁心的内涵，并以南丁格尔奖获得者王文珍、叶欣为例，详细王文珍、叶欣的事迹，从王文珍"风险留给自己，安全留给病人"的事迹中感受护理人员的崇高精神之美；从叶欣的事迹中感悟救死扶伤的大爱之美。

第一节　有温度的职业——护理

1. 护理——职业之美

2. 护士——精神之美

第二章　护理核心之美

本章主要介绍护理专业的核心和精髓即人文关怀，解析护理人文关怀的历史渊源，解读人文关怀能力的历练过程，彰显护理职业的仁心仁护，彰显大爱的实践本质。追溯了护理人文关怀的历史与发展，解读了我国传统文化中透露出的护理人文关怀根基，详细讲述护理人文彰显大爱的过程，通过介绍我国传统文化的人文内涵来领悟社会和谐、增强文化自信，并以儒、道、墨、佛家文化为例，详细介绍了传统文化对仁心仁护塑造的影响，彰显我国文化的博大精深。在此基础上具体介绍了南丁格尔奖获得者邢彩霞的事迹，从她工作精益求精、舍小家为大家的事迹中感受护理人员以人为本、尊重生命的仁护之美。

第一节　护理的核心-人文关怀

1. 人文关怀-道德之美

2. 人文关怀的文化-底蕴之美

3. 人文关怀的践行-行为之美

第三章　护理文化之美

本章主要介绍护理专业魅力彰显即护理文化，解释东西方文化魅力，解析文化与健康观，解读文化与人及其健康观的关系，彰显世界多彩性与人的智慧魅力。追溯了文化起源与发展，解读了东西文化智慧，详细讲述东方文化中透露出的博爱、人道、礼仪、诚信的护理观，彰显中华民族崇尚团结、热爱和平的民族意识，增强对社会核心价值观的认同及民族自信；详细介绍了护理文化中的安全文化、服务文化，感受护理管理中的生命至尊、以人文本的文化之美。

第一节　护理的魅力——文化修养

1. 文化修养——内涵之美

2. 东西文化——兼容之美

3. 护理文化——管理之美

第四章　护理社会之美

本章主要介绍护理专业的舞台即社会，解释护理的社会性，解析护士的人生之路，审视人的社会化和护士的职业化，解读社会变迁与护理的关系、社会流动对护士的影响。本章追溯了社会与社会学的起源与发展，解读了社会群体与团队合作、社会阶层、护士的职业角色化过程。详细讲述社会护理的大健康观，协调联动的工作模式，彰显了护理工作的团队精神、合作本质以及大爱之美。

第一节　护理的大舞台——社会

1. 社会——空间之美

2. 职业化——人生之美

3. 社会工作——贡献之美

第五章　护理审美

本章主要介绍护理人员的审美基础、美的本质、护士美育、美的基本范畴、护士的审美实践。解释美的特征、审美修养、美的构成要素、形式美的组合规律，解析护士的人生美，审视护士的职业形象美、职业道德、职业情操，解读护士的审美实践。追溯了美的本质、美的范畴，解读了护士从爱美之心到爱美之行的具体表现。详细讲述护士职业情操美，介绍了南丁格尔奖获得者黎秀芳的善良之美，对真善美的追求之美，彰显了诚实慎独、谦和宽容的社会道德要求。

第一节　审美基础——美的起源

1. 美的起源——基础之美

2. 审美修养——追求之美

3. 审美实践——践行之美

第六章　护理人际美

本章主要介绍护理人员的人际关系、护患关系、人际交往策略、护际关系。解释人际关系的基本理论、人际交往的原则、传统美德与人际关系，解析护士的人际关系、护患关系以及护士与患者家属的关系、护患关系建立的过程，审视人际关系的和谐之美、传统美德的引领示范作用，解读护患关系中的帮助性、道德性、服务性的特点。详细讲述南丁格尔奖获得者潘美儿人际温暖的故事，彰显了爱人、平等、正义的社会道德要求。

第一节　人情练达——人际关系概述

1. 人际关系——关系之美

2. 人际策略——技术之美

3. 交往实践——交往之美

第七章　护理沟通美

本章主要介绍护理人员的人际沟通基础、沟通的本质、护理中的人际沟通、护士语言沟通、护士非语言沟通。解释人际沟通的影响因素、护士的语言技巧、护士非语言沟通的形式。解析护士语言技巧对患者的作用，解读护士沟通的实践。追溯了语言美的形式，解读了沟通是通向心灵彼岸的桥梁，是语言艺术是温暖人心的魅力所在。详细讲述语言美，介绍了南丁格尔奖获得者吴欣娟的语言美的事迹，彰显了用职业精神传递力量的人文奉献

精神，弘扬了真抓实干、埋头苦干的良好风尚。

第一节　心灵的桥梁——人际沟通

1. 人际沟通——策略之美

2. 非语言沟通——无声之美

3. 语言沟通——语言之美

第八章　护理礼仪美

本章主要介绍护理人员的礼仪、职业礼仪、社交礼仪、求职礼仪。解释礼仪的概念、护士的礼仪、礼仪的基本要求。解析护士礼仪的重要性，解读护士仪表、服饰、体态、社交、求职的礼仪做法。追溯了礼仪的起源，解读了没有规矩不成方圆、行之有礼、举止有规的礼仪是护士职业精彩所在。详细讲述护士服务礼仪、护士体态礼仪、护士服饰礼仪，介绍了护士职业礼仪的要求，彰显了护士形象美。

第一节　人类文明的标尺——礼仪概述

1. 礼仪概述——文明之美

2. 护士职业礼仪——礼仪之美

3. 社交礼仪——社交之美

合璧之美

一、课程简介

本课程为中西医临床医学专业开设的专业美育必修通识课程。通过本课程的学习，能够让中西医临床医学专业学生欣赏和体验到中西医结合的理论之美与实质之美。通过学习中西智慧之魂融合实践之根，并学习中西医传承、发展与创新，聚名家巨擘之德，使学生能够认识中西医理论与临床、人文与创新等方面的价值意义，体验中西医结合在人类防病治病、养生保健等方面的优势，感受中西医的理论之美与实践之美、创新之美与人文之美，并将所体会和感知到的结合之美在理论与实践层面进行有效地传达，从而达成坚定中医职业信仰、践行"大医精诚"理念的教育目标。

二、课程目标

1. 知识目标：学生能够理解中医学、现代医学的哲学起源，理解哲学起源的不同是导致两种医学体现基础理论差异的主要原因，逐渐体会两种医学体系各自理论的魅力及融合发展的意义及必要性。

2. 能力目标：学生能够掌握基本的理论，融合实践识别"君主之官""相傅之官""仓廪之官"及"伎巧之官"的生理功能与临床意义，并进行辨证论治，服务于临床。强化中西医结合逻辑思维，提升思辨、实践及创新能力，能够运用两种体系中基本的理论知识对具体的疾病和症状提出合理的解决方法。

3. 美育目标：学生能够感受和理解东西方哲学之美、中医文化的博大精深之美、中西医逻辑思维之美，医学发展中对生命的认知之美、诊断思想之美、处方模式之美、治疗原则之美及中医人的人格高洁之美，唤醒学生在中西医临床专业学习中的审美趣味与审美能力，激发学生在中西医临床专业学习中的创造力。

4. 思政目标：学生能够深切体验到中医人的时代担当，认同中西医职业理想，树立"大医精诚"信念，坚定学习中西医临床专业和从事医学职业的信心。

三、课程美育目录

第一章　中西智慧之魂

本章从中国哲学、古希腊哲学诞生的地理环境及社会背景剖析两种哲学解决问题及思考问题方式的差异；从两种哲学对艺术表现形式的影响去领悟两种哲学对医学模式的影响；并进一步认识中西医两种医学模式的内涵，领略其中所蕴含的中西方智慧的光芒。通过学习，使学生了解中医学、现代医学的哲学起源，理解哲学起源的不同是导致两种医学

模式差异的主要原因，逐渐体会两种医学体系各自的魅力及融合发展的意义及必要性。在课程讲授过程中，应注意培养学生的文献检索能力、分析解决问题的能力；激发学生学习中西医结合专业的兴趣、热爱中国传统文化的情怀、投身中西医结合事业的热忱。

第一节　从道家思想看中国哲学之美

1. 儒道思想——仁爱和谐之美

2. 中国画中的"气象"——形神合一之美

第二节　从毕达哥拉斯学派思想看西方哲学之美

1. "数本源"思想——理性之美

第三节　中国医学的模式之美

1. 天人一体观、形神合一观、综合辩证观——和谐整体之美

第四节　现代医学的模式之美——精确验证之美

第二章　融合实践之根

本章主要介绍"君主神明之官""华盖流转之序""仓廪生化之功""水液蒸化之能"及"胞宫藏泻之奇"等脏腑、奇恒之腑的生理功能与临床意义，通过中西医两种医学体系对脏与器官的多维度认识，引导学生体会中医学、现代医学孕育的哲学基础及思辨方式；使学生能够强化中西医结合逻辑思维，提升思辨能力、实践能力及创新能力，能够运用两种体系中基本的理论知识对具体的疾病和症状提出合理的解决方法；让学生领略东西方哲学之美、中医文化的博大精深之美、中西医逻辑思维之美，医学发展中对生命的认知之美、诊断思想之美、处方模式之美、治疗原则之美及中医人的人格高洁之美，唤醒学生在中西医临床专业学习中的审美趣味与审美能力，激发学生在中西医临床专业学习中的创造力。使学生能够深切体验到中医人的时代担当，认同中西医职业理想，树立"大医精诚"信念，坚定学习中西医临床专业和从事医学职业的信心。

第一节　君主神明之官

1. "君主神明之官"的含义——传统文化之美

2. 心、脑与神明的关系——哲学形神之美

3. 融合中西之法——融合升华之美

（1）"脑心同治"的中医理论基础——古方哲理之美

（2）"脑心同治"的现代医学理论认识——科技规则之美

（3）"脑心综合征"与"心脑综合征"——融会贯通之美

第二节　华盖流转之序

1. 肺之形——肺为华盖，天幕之美

2. 肺之系——肺为诸脏之长，行气之美

3. 肺之能——金生水，源头活水之美

（1）肺主气，司呼吸——与天气沟通之美

（2）肺朝百脉，主行水——助地水循环之美

（3）肺主治节，主宣肃——升降相因之美

4.肺之病——五行生克失序，探究病因之美

5.肺之治——调和肺之阴阳，"家和万事兴"

第三节　仓廪生化之功

1.脾胃为仓廪之官，生化之源——古代文化美

2.脾胃之形——古代解剖传承美

3.脾胃之能——中医脏腑学说美

（1）胃主受纳、腐熟

（2）脾主运化

（3）脾主升清

（4）脾主统血

4.脾胃内伤，百病由生

5.脾胃之用——实践与养生之美

（1）病之治

（2）病之防

第四节　水液蒸化之能

1.带你走进肾

（1）肾的解剖——衔接之美

（2）肾的形态——对称之美

2.肾原来这么重要

（1）繁衍生殖——生命起源之美

（2）蒸化水液——气化之美

（3）呼吸吐纳——和谐之美

（4）辩证论治规律——思辨之美

第五节　胞宫藏泻之奇

1.胞宫之名

2.胞宫之形——宫殿之美

3.胞宫之系

4.胞宫之能

（1）经水之源——流水之美

（2）嗣育之室——孕育之美

5. 藏泻之奇——来去之美

6. 藏泻之用——生命之美

（1）孕育之用

（2）调经之用

第三章　结合探索之美

本章主要介绍中西医结合探索之路，包括中西医结合的发展简史、中西医能够结合的基础、结合的优势、存在的问题及展望，通过这些内容的学习，使学生对中西医结合的历史有所了解，体会到专业发展的艰辛、为专业发展做出贡献的学者们的不易，同时真切认识中西医在医疗过程中的优势，坚定专业的文化自信和为促进专业发展而努力奋斗的决心。

第一节　中西医结合的医学基础

1. 明代之前中外医学间的交流——文化交流之美

2. 明清时期西方医学的传入与传播——文化碰撞之美

第二节　中西医结合的探索之路

1. 中西医汇通思想的产生——文化碰撞之美

2. 中西医汇通派的产生及其代表医家的学术思想——创新之美

第三节　中西医结合的优势体现

1. 中医药与现代抢救技术——融合之美

2. 中医药与现代手术技术——融合之美

3. 中医药与现代制药技术——融合之美

第四节　中西医结合存在的问题及展望

1. 存在的问题——思辨之美

2. 展望——憧憬之美

第五节　名家巨擘之德概述

1. 仁善立业——道德之美

2. 师道传承——传道之美

3. 贵义贱利——大医之美

4. 精术显德——情怀之美

5. 名家巨擘之德经典案例

钱乙——儿科之圣；吴鞠通——温病大家——榜样之美

走近肿瘤，探寻生命之美

一、课程简介

本门课程属于医学肿瘤知识和生命教育相融合的专业美育课程，主要通过讲述与肿瘤疾病有交集的生命故事和生动案例，使学生从生命教育、生命思考、生命美学角度了解常见恶性肿瘤的特点，主要包括肿瘤的预防、诊断、治疗、预后和康养，寓精神于知识传递，寓美学于科普滋养，引起学生的共鸣，唤起情感的美育，进一步感悟生命之真，追溯生命之源，体味生命之美。

二、课程目标

1. 知识目标：人类健康是永恒的主题，通过讲解人体健康与肿瘤疾病的关系，使学生能够认识常见肿瘤疾病的类型和特点，主要涉及呼吸、消化、生殖、乳腺、淋巴造血、内分泌等系统肿瘤疾病，结合病理、影像、内外妇儿科等专业知识更好地解答一系列身体密码，从"谈癌色变"到"与癌共舞"，珍惜身体的健康之美。

2. 能力目标：能够持续更新知识、增强终身学习意识、养成自主学习的习惯。激发学生学习兴趣，培养综合分析和整合问题的能力，增强创新意识和合作精神，将专业特点和心理、教育、艺术、计算机等多学科巧妙融合，体现专业的医工融合之美。能够分析肿瘤疾病发生发展演变过程，建立临床思维诊疗模式，学会从医生的视角去认识疾病和生命，从预防、诊断、康养及心理等角度遵循疾病发展规律，学会用辩证唯物主义思想去解读生命美学现象，进一步增强对人生和生命的信心和感悟之美。

3. 美育目标：通过翻转课堂、主题讨论等互动方式和学生共同探讨生命教育之美，引导学生从微观视野审视肿瘤细胞的魅惑之美，从隐性教育角度参悟肿瘤给身体和心理上带来生命的厚度和宽度之美，体会生命的意义和价值，将感悟和心灵进行多维碰撞，追寻人生的顿悟和通透之美。

4. 思政目标：通过特定医学领域的生命美学教育，使学生能够具备医乃仁术、大医精诚的职业理想，爱岗敬业、恪尽职守的职业态度，救死扶伤、服务健康的职业精神，从而探寻对生命的尊重意识、对科学的追求精神、对医学的奉献精神和对患者的关怀精神。

三、课程美育目录

第一章 肿瘤细胞的魅惑之美

本章主要介绍肿瘤的形态学特点和良恶性肿瘤的区别，呈现多种多样的肿瘤标本和肿瘤细胞的图片，从艺术角度欣赏肿瘤的微观魅惑之美。初步认识肿瘤，从大体形态和镜下

特点中了解肿瘤的形态和生长方式对良恶性肿瘤判定的意义，从肿瘤扫描电镜的微观图片中欣赏肿瘤细胞的形态之美。在肿瘤的形与态中感受肿瘤对生命的影响，用辩证唯物主义思想去解读生命美学现象，进一步增强对生命的信心，感同身受地理解受肿瘤困扰的生命的顽强与坚持，增强学生对健康的生活方式和生活态度的探寻意愿。

第一节　带你初识肿瘤

1.肿瘤细胞的微观之美

第二节　肿瘤的生命美学

1.数据和信号的警惕之美

2.与癌相处的选择之美

第二章　"肺"常关爱的科学之美

本章主要介绍"第一大癌"肺癌的预防、诊断、治疗及预后，尤其是吸烟对肺癌的危害和肺癌治疗的前沿进展，系统地建立肿瘤医学思维诊疗路径，感受科学之美。从肺癌治疗领军人物吴一龙的科学贡献和"天眼之父"南仁东患癌坚守工作的震撼故事中，培养对科学的追求精神和高尚的社会责任感。从肺癌治疗的前沿进展介绍中，增强科学探索和理解能力，养成自主学习和终身学习意识。从生命美育素材渗透中，学习中国医生医乃仁术、大医精诚的职业理想和南仁东爱岗敬业、恪尽职守的高尚精神。

第一节　带你走近肺癌

1.第一大癌的缘由

2.吸烟与肺癌发生的辩证之美

2.良恶性肿瘤的鉴别之美

第二节　品读生命故事

1.肺癌治疗领军人物吴一龙的科学贡献

2."天眼之父"南仁东患癌坚守一线

第三节　探寻科学之美

第三章　隐匿肿瘤的抗争之美

本章主要介绍胰腺癌的预防、诊断、治疗及预后，尤其是胰腺癌为癌中之王的缘由，进而开启探寻癌中之王的抗争之美旅程。从胰腺癌发病的特定解剖学特点，认识胰腺癌发生发展演变过程，学会用辩证唯物主义思想去解读生命美学现象，提高与癌抗争的决心和动力，增强对肿瘤治疗正确合理方式选择的思考。感同身受地增强透过现象看本质的能力，学习中国医生大医精诚、服务健康的职业理想以及执着创新、探索创造的职业精神。

第一节　带你走近胰腺癌

1.癌中之王的缘由

2.胰腺位置的探索之美

第二节　品读生命故事

1. 苹果创始人乔布斯的患癌故事

2. 中国好医生的抗癌故事

第三节　探寻发现之美

第四章　癌从口入的规避之美

本章主要介绍消化道肿瘤尤其是胃癌和肝癌的预防、诊断、治疗及预后，幽门螺杆菌与胃癌的关系以及肝炎病毒与肝癌的关系，用健康之美的标准形成对不良生活和饮食习惯的规避之美。从多位诺贝尔获奖医学科学家身上获得学医的价值感，学习钻研医学的奉献精神和科学精神，增强运用辩证唯物主义思维解决实际问题的能力和科学探索能力，养成自主学习和终身学习意识。

第一节　带你走近胃癌

1. 打好身体保胃战

2. 诱发胃癌的元凶

第二节　带你走近肝癌

1. 打好身体护肝战

2. 诱发肝癌的元凶

第三节　品读生命故事

1. 幽门螺杆菌与诺贝尔奖的贡献之美

2. 肝炎病毒与诺贝尔奖的贡献之美

第四节　探寻规避之美

第五章　红颜杀手的防御之美

本章主要介绍乳腺癌和子宫颈癌的预防、诊断、治疗及预后，探讨健康的生活方式和肿瘤预防途径的防御之美。通过HPV病毒的发现在诺贝尔奖中的重大意义，增强科学探索精神。从复旦女教师的《生命日记》中认识疾病和生命，分析疾病发生的必然性和偶然性，用辩证唯物主义思想解读同病不同命运的生命美学现象。从女医学生遗体捐献的感人故事中，感受正能量，始终保持一种崇尚和敬畏之心，体会到生命的意义和价值，体味人间的大爱传递和生命的分享之美，领悟生命的厚度和宽度之美。

第一节　带你走近乳腺癌

1. 出镜率最高的红颜杀手

2. 早检诊治的防御之美

第二节　带你走近子宫颈癌

1. HPV病毒和子宫颈癌的亲密关系

2. 早筛手段的防御之美

第三节　品读生命故事

1. HPV病毒与诺贝尔奖的认定之美

2. 复旦女教师的《生命日记》的穿越之美

3. 女医学生遗体捐献的大爱之美

4. 探寻防御之美

第六章　淋巴系统的预警之美

本章主要介绍淋巴瘤的预防、诊断、治疗及预后，造血干细胞捐献和骨髓移植的意义，感受免疫系统对身体应答的预警之美。从筑梦者李开复向死而生和熊顿的乐观抗癌故事中认识疾病和生命，认识肿瘤恶性程度和精神因素的关系，探讨健康的生活方式和肿瘤预防途径，在科技之光的照耀下，在阳光心态的抚慰下，时刻反省自己的人生经历，增强机体身体和心理上的多重免疫力，不要为患癌埋下伏笔，提高积极向上、阳光乐观的生活态度，拥有直面困难和疾病的信心和勇气，用心感受顿悟之美和预警之美。

第一节　带你走近淋巴瘤

1. 不要被名字迷惑

2. 免疫系统的警示作用

第二节　品读生命故事

1. 筑梦者李开复向死而生

2.《滚蛋吧！肿瘤君》电影原型熊顿的乐观抗癌

3. 探寻预警之美

第七章　恶中有善的思辨之美

本章主要介绍甲状腺癌的预防、诊断、治疗及预后，心理健康和情绪好坏对甲状腺癌的影响作用，探讨恶性肿瘤善良预后转化的思辨之美。从奥运冠军王楠的抗癌之路中感受奥运冠军在赛场上的拼搏精神和与肿瘤抗争的顽强精神。从抗"疫"女英雄的抗癌故事中，感恩抗疫使者对新冠肺炎患者的关怀精神，弘扬抗疫英雄得知患癌后积极乐观的抗癌表现和大爱选择。以生命周期和生活质量为参考，选择合理的治疗方式和生活方式，增加心理健康，降低恶性肿瘤发生的概率。

第一节　带你走近甲状腺癌

1. 发病率与恶性度的答疑解惑

2. 碘量与度的平衡之美

第二节　品读生命故事

1. 奥运冠军王楠的抗癌之路

2. 抗"疫"女英雄的抗癌之旅

第三节　探寻思辨之美

健康之美

一、课程简介

《健康之美》为预防医学专业学生开设的专业美育必修通识课程。通过本课程的学习，培养本专业学生健康的审美意识和审美标准，提升审美修养和审美素质，使之树立崇高的审美理想，树立更好地为维护人类健康服务的理念。《健康之美》主要从美学角度阐述健康与美的关系，通过学习使学生理解躯体健康美、心理健康美和社会适应美的表现和塑造，掌握健康之美的理念及塑造方法，使学生建立起以维护人类身体上、精神上和社会适应能力完满、道德健康的审美标准，帮助学生树立美学健康观及大健康观，促使他们今后在保障人类健康的过程中，能够基于不同人群的审美需求，处理好一系列审美关系，提高人们的健康素养、预防疾病、维护和增进人类的身心建康，促进健康中国的建设。

二、课程目标

1. 知识目标：学生了解健康、健康美学的定义与特征，了解个体健康之美、膳食营养之美、环境健康之美等基本理论，了解美的本质与特征、美感及其特征与形成，领会健康与美的关系、健康审美的定义及其特点、健康审美的影响因素、健康教育工作者的审美素养。

2. 能力目标：提高医学生的审美情趣和能力，树立崇高的审美理想，应用健康审美中的艺术形象，健康审美的再创造，审美意识的调谐、指导和咨询功能等，维护人类的身心健康。明确健康工作者的审美对象是预防疾病、维护和增进人类的身心建康，帮助学生建立起以维护人类身体、精神、良好社会适应能力和道德健康的审美思维和审美标准，最终实现以维护人类健康，提高人的生命质量为审美的最高需求。

3. 美育目标：学生能够识别维护和促进健康过程中美的价值意义，既要体验人类维护和促进健康过程中自然美、社会美、艺术美、科学美等外在美的作用，又要体验心理美、行为美、气质内涵和文化底蕴等内在美的作用。

4. 思政目标：通过专业美学教育，以美引善，升华人的思想品德；以美导真，提高人的智力水平；以美怡情，促进人的身心健康。引导学生重视自身的美学修养与职业道德和社会责任与担当的联系和互补作用，本着救死扶伤、维护人类健康的原则，重视自身内在美和外在美的培养和协调统一，加强健康审美修养，以便更好地把健康审美同健康促进实践结合起来，为维护人类的健康做出贡献。

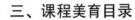

三、课程美育目录

第一章　专业美学概述

本章主要讲述健康的定义、健康的体现、正确的健康观与疾病预防；美学的起源与性质、美的本质与特征、美的范畴。让学生理解医学美学的定义、任务、研究对象、健康美学与美学的关系，健康与美的关系，帮助学生深刻领会健康教育工作者美学修养的重要性。躯体美是人类追求健康的一种表现，行为美的追求有益于人的身心健康，和谐美的追求促进社会健康，品行美的追求促进道德健康。

第一节　健康及健康观

1. 健康的定义

2. 健康的体现形式

3. 科学的健康观

第二节　美学基础与健康美学

1. 美的含义、范畴及形态

2. 健康美学的定义、健康美学的任务

3. 健康与美的关系

第三节　健康教育工作者应具有的美学修养

第二章　审美与健康审美

本章主要讲述美感的定义、美感的特征及其形成，让学生理解审美、健康审美的定义、健康审美的特点，掌握健康审美教育的内容及任务、健康审美的主体、健康审美评价、健康审美教育的内涵及实施、"优质生命"的审美思考。帮助学生构建健康审美的知识体系和应具备的能力和实践技能，深刻领会健康审美对于全生命周期健康促进、健康中国2030远景规划目标的实现的重要意义。

第一节　美感与健康美感

1. 美感的形成

2. 美感的特征

3. 医学美感的特点

第二节　健康审美

1. 审美

2. 健康审美

3. 健康审美的特点

4. 健康审美教育

第三节　"优质生命"的审美思考

1. 什么是优质生命

2. "优质生命"的审美客体特征

3. "优质生命"主体的审美需要

第三章　个体健康与美

本章主要讲述人体美、心理美、行为美、和谐美的定义，使学生理解美学在躯体健康、心理健康、社会适应良好以及道德健康等方面的重要意义，能够体验审美意识的培养和追求可以提升人的身心健康，从而提升社会和谐与健康。通过学习，使学生深刻领会躯体健康、容貌、形体、体态的外在美，品德优秀、情操高尚的内在美，人与自然和社会和谐的健康社会之美。

第一节　美的视觉基础——人体美

1. "人体美"的内涵

2. 真正的"人体美"

3. 追求"人体美"的原因

4. 获得"人体美"的方式

5. "人体美"的意义

第二节　美学的"领航员"——心理美

1. 真正的"心理美"

2. 获得"心理美"的途径

3. "心理美"的意义

第三节　美学的"执行者"——行为美

1. 真正的"行为美"

2. "行为美"的范畴

3. "行为美"的意义

第四节　美的社会升华——和谐美

1. 真正的"和谐美"

2. 追求"和谐美"的途径

3. "和谐美"的意义

第四章　饮食美学

本章主要讲述营养对健康影响的基本理论与核心内容：膳食平衡理论、"五味调和"的艺术精髓、"鼎中之变"的烹饪理念、"饮食合欢"的意境追求、"以和为美"的精神之道，让学生充分理解科学合理的饮食，应是享受、健康、文明与美学的理想结合，能够体验饮食的视、味、嗅三觉享受的是艺术美，饮食文化反映的则是精神与心理的感受美。使学生深刻领会饮食食材的绿色营养之美、配菜的多彩颜色之美、烹饪的独特气味之美、

唇齿之间的口感之美、餐具衬托的形态之美，进而培养学生的健康饮食理念和饮食行为，同时将中国五千年的饮食文化发扬光大，健康饮食、享受美食。

第一节 源远流长的中华美食——文化美

1.四时三餐演变中的发展美

2.饮食与生活融合下的民俗美

第二节 中华美食的"色香味意形"——形制美

1.风格多样的味道之美

2.四季更迭的时节之美

3.食指大动的色彩之美

第三节 中华美食的精神内涵——礼仪美

1.中华饮食选料做工之美

2.饮食在社会生活中的情感交流之美

第四节 广袤大地上的中华饮食——地域风味之美

1.菜系风格形成中的丰富之美

2.菜系特色中的多变之美

第五章 环境健康与美

本章主要讲述环境因素对健康的影响，环境美的来源，环境美学涵盖的内容；能够理解环境美感对人身体健康的影响，环境美与人和自然生态和谐相处的关系；能够体验现实生活中，环境保护对于《健康中国"2030"规划纲要》目标实现的重大意义——创造美的环境，有益于人类身心健康，有利于健康中国建设。通过学习，使学生深刻领会人与自然互动和谐，协助生态在朝着有利于自身方向发展的同时也适合人的生存与发展，实现人与自然生态双赢，进而感受环境给予的种种或物质或精神的愉快，即"乐居"之美。

第一节 环境与环境美学——自然美

1.人类的环境

2.环境美学

第二节 环境美学与健康——健康美

1.自然环境的物理、化学与生物因素对健康的影响

2.环境污染及其对人群的急、慢性危害

3.城市规划之美

第三节 环境保护与环境美学——生态美

1.环境的可持续发展

2.环境保护

3.绿水青山就是金山银山

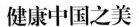

健康中国之美

一、课程简介

本课程为公共事业管理专业（卫生事业管理方向）开设的专业美育必修通识课程。通过本课程的学习，能够让公共事业管理专业学生欣赏和体验到卫生事业管理的形式之美与实质之美。学生通过学习卫生事业管理过程中的供需平衡理论、资金筹资策略、卫生政策制定以及卫生保障的经典案例，了解到卫生事业管理过程中的内在之美，培养学生发现美、感受美、体验美、欣赏美、创造美的能力。通过培养学生的专业审美能力，丰富学生的专业审美情绪，发展专业审美和美的创造力，使学生最终能够自觉与乃至自然地按照美的规律来挖掘公共事业管理专业的核心，以努力成为全面发展的自由的人为目标。

二、课程目标

1. 知识目标：学生能够通过观察卫生服务过程中的经济活动和经济关系，揭示其客观规律，以达到最优化地筹集、开发、配置和利用卫生资源，提高卫生服务的社会效益和经济效益。

2. 能力目标：学生能够在观察和处理卫生事业相关的社会问题时运用基本的管理理论和思维，使用相关知识和分析能力解决在计划、组织、协调、沟通、控制、评价等方面的复杂问题。能够基于社会背景和卫生健康事业的本质辩证分析问题的解决方案对社会、卫生经济、卫生政策、卫生法规等方面的影响。

3. 美育目标：学生能够识别卫生事业管理的价值意义，体验卫生健康事业对人类生活的关照，感受卫生事业的形式之美与实质之美，并将所体验和感知到的卫管之美进行有效和被他人认同的传达。

4. 思政目标：学生能够将卫生事业管理理论学习与党和国家关于健康中国建设的重大战略相结合，通过理论和实践教学相互结合的方式，让学生在学习实践中理解中国特色社会主义卫生政策体系，深入理解健康中国战略，增强道路自信、理论自信、制度自信和文化自信。

三、课程美育目录

第一章 医院品牌文化传播——文化精神之美

本章主要介绍医院品牌传播的理论和方法。通过学习，使学生了解随着传播技术和互联网技术的跨越式发展，传媒环境发生变革，全媒体的到来颠覆了传统传播的模式，影响着各行各业，也重塑了医疗服务市场和医院的运作方式；掌握全媒体时代医院品牌传播的新方法、新技术。通过医院品牌故事分析，体现故事的力量和人性的光芒，从而推进医院品牌传播。使学生感受医院品牌传播的形式之美与实质之美，并将所体验和感知到的卫管之美进行有效和被他人认同的传达。

第一节　全媒体时代医院宣传：讲好故事树品牌

1. 故事的力量之美——纪录片《急诊室故事》

2. 人性的光芒之美——纪录片《人世间》

第二节　全媒体时代医院品牌传播的技术之美

1. AI智能网站

2. 全媒体组合拳

第二章　卫生服务经济学分析——平衡之美

本章主要介绍用微观经济学基本理论和方法分析卫生健康领域中的核心问题。通过学习，使学生了解卫生服务需求与供给的特点和影响因素、卫生服务市场的特征，理解卫生服务的特殊性；使学生了解如何用经济学的理论和方法解决卫生资源稀缺性和需求无限性的矛盾问题；使学生从中体会到卫生服务的重点，了解我国卫生事业取得的成就和面临的挑战。进一步理解中国特色社会主义卫生政策体系，深入理解健康中国战略，增强道路自信、理论自信、制度自信和文化自信。

第一节　卫生服务需求

1. 卫生服务需求、需要与利用之间的关系

2. 卫生服务需求的特性

3. 卫生服务需求的决定因素

第二节　卫生服务供给

1. 卫生服务供给的特性

2. 卫生服务供给的决定因素

3. 卫生服务供给者行为分析

第三节　卫生服务供需平衡之美

1. 供给诱导需求分析

2. 最优要素投入组合

第四节　卫生服务市场之美

1. 卫生服务的特点

2. 医疗服务市场的特点

3. 卫生服务市场中政府的功能作用

第三章　卫生资源配置——公平与效率之美

本章主要介绍卫生资源配置和区域卫生规划。使学生了解卫生资源配置和区域卫生规

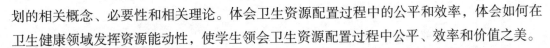
划的相关概念、必要性和相关理论。体会卫生资源配置过程中的公平和效率，体会如何在卫生健康领域发挥资源能动性，使学生领会卫生资源配置过程中公平、效率和价值之美。

第一节　绪论

1.卫生资源配置的概念

2.卫生资源配置的原则

3.卫生资源配置的理论

4.卫生资源配置的方式

第二节　卫生资源配置的标准之美

1.床位配置标准之美

2.人力资源配置标准之美

3.设备资源配置标准之美

第三节　区域卫生规划之美

1.区域卫生规划的概念与程序

2.区域卫生规划的布局之美

第四节　卫生资源配置的公平之美

1.卫生资源配置的水平之美

2.卫生资源配置的垂直之美

第五节　卫生资源配置的效率之美

1.卫生资源配置的技术效率

2.卫生资源配置的经济效率

第四章　卫生政策解读与制定　　政策之美

本章主要介绍政策、公共政策、卫生政策的概念、特征、要素和规律。通过学习，使学生了解卫生政策的重要意义，理解政策制定的逻辑思路和方法，能够将政策理论和方法用于政策分析和政策研究，增强学生发现、分析和解决实际卫生政策问题的能力，使学生领会卫生政策实现的公共精神与公共价值之美。

第一节　政策的基本概念和特征

1.政策的概念

2.政策的特征

3.政策的要素

4.政策的规律

第二节　高价值政策制定程序

1.高价值政策制定的基本框架

2.高价值政策制定的逻辑思路与操作步骤

第三节　卫生政策制定案例分析

第五章　卫生健康保障——制度之美

本章主要介绍医疗保障制度、医疗保障体系的构成和医疗保险支付方式，以及医疗保险制度的基本模式。通过学习，使学生能够全面掌握和分析医疗保险制度在健康中国建设中的作用和意义，并体会健康是身体、心理和社会适应的完好状态，也是社会的一种资源，不仅仅是个人的福利，也是社会的财富。使学生进一步体会到健康中国建设中的医疗保险制度之美，培养文化自信。

第一节　医疗保险制度之美

1. 医疗保险制度的内涵和特征

2. 医疗保险制度的发展历程

3. 医疗保障体系的构成

第二节　医疗保险助人之美

1. 健康与医疗保险

2. 医疗保险决策打动人心之美

口腔医学美学探索

一、课程简介

《口腔医学美学探索》是口腔医学专业的专业美育课，是以口腔摄影、口腔种植、正颌手术、牙齿和组织微观结构、牙体缺损修复、牙齿结构、口腔正畸矫治、牙齿缺失修复等内容为主线，以美学评价与治疗为核心，将口腔专业知识与美学教育相融合的一门课程。目的是让学生在学习口腔医学专业知识基础上，掌握必要的专业美学知识，培养美学鉴赏与美学创造能力，提升人文素质，并使之成为有良好职业素养，具备自主学习与创新能力，临床逻辑思维能力强，德才兼备的口腔医学人才。

二、课程目标

1. 知识目标：学生初步掌握口腔摄影、口腔种植、正颌手术、牙齿和组织微观结构、牙体缺损修复、牙齿结构、口腔正畸矫治、牙齿缺失修复等相关专业知识，同时，掌握与上述口腔医学知识相关的美学评价要素，熟悉相关美学治疗与美学修复的操作技能。

2. 能力目标：启发学生的临床逻辑思维，锻炼学生自主学习、自主分析问题和自主解决问题的能力，培养团结协作精神。

3. 美育目标：学生能够在口腔专业治疗中认识美、体验美、感受美、欣赏美和创造美，树立美的理想、美的情操、美的品格，提升美学素养，提高人文素质，培养具有岗位胜任力的"准医生"，为毕业后工作奠定良好基础，为社会培养专业能力强、综合素质高的口腔专业人才。

4. 思政目标：学生增强口腔医生的职业自豪感，充分调动专业创新活力和创业积极性，树立德才兼备、适应社会主义新时代需求的口腔医学人才的学习信念。

三、课程美育目录

第一章 口腔摄影之美——照相机下的口腔美学世界

本章主要以医学摄影的历史、特点及意义为先导，重点介绍了口腔临床摄影设备与器材，并对口腔美学摄影的基础知识与操作、口腔临床摄影规范做了详细讲授。讲授中以实际场景拍摄为参考，应用摄影器材进行实际操作展示，并对不同条件下实物、口腔场景的拍摄进行效果对比，强化授课内容。培养学生发现和欣赏身边存在的美学元素，塑造审美能力，掌握口腔医学摄影的理论知识和操作能力。

第一节 摄影技术概述

1. 摄影技术的诞生

2. 医学摄影的特点

3. 口腔临床摄影的意义

第二节　摄影的基本概念和基础知识

1. 光电传感器

2. 像素和分辨率

3. 曝光

4. 感光度

5. 景深

第三节　口腔临床摄影设备与器材

1. 机身与微距镜头

2. 微距闪光灯

3. 辅助器材

第四节　常见口腔临床摄影规范

1. 美国美容牙科学会（AACD）推荐口腔美学基本影像（标准）

2. 欧洲美容牙科学会影像标准（ESCD）

3. 中华口腔医学会口腔美学分会（SCED）美学影像标准

第二章　口腔种植修复之美

本章主要讲解种植修复的美学标准的各项指标，设计了美学标准在种植修复中应用的临床病例。课程由临床病例导入开始，在基本部分讲解中采用了大量的临床实际病例，通过对比种植修复效果的美与不美、美的要素评价、不同种植条件下的美学修复，培养学生以美学为导向，综合运用所学知识，将美学与种植修复内在统一，贯穿种植修复全过程的临床诊疗思维。通过学习，教会学生在临床工作中如何更多地从病人角度考虑，更好地为病人服务，树立医者仁心的情怀，提高医学生的职业自豪感。

第一节　种植修复美学标准

1. 红色美学

2. 白色美学

3. 轮廓美学

第二节　种植修复美学临床病例

1. 单颗牙缺失种植修复

2. 多颗牙缺失种植修复

3. 全口牙列缺失种植修复

4. 种植区软组织缺损修复

5. 种植区骨组织缺损修复

第三章 口腔正颌手术之美

本章核心教学目标是培养学生面部美学素养，提升面部美学评价与重塑能力，在初步了解牙颌面畸形及正颌手术相关专业知识基础上，构建专业美学与专业技能的内在联系及临床逻辑思维，为将来以美学为指导的专业实践提供支撑。通过面部畸形分析及X线头影测量，能够对畸形性质做出准确的诊断，并能够根据诊断正确选择正颌手术术式，实现面部各部分畸形的美学重建。提升自身美学素养，将美学欣赏、美学创造贯穿于职业生涯，具备美学评判与美学创造的能力。

第一节 面部美学的要素分析

第二节 牙颌面畸形、诊断和流行病学

第三节 正颌手术

1.正颌外科、术前模拟及正颌手术基本术式

2.上颌发育畸形正颌手术术式

3.下颌发育畸形正颌手术术式

4.颏部发育畸形成形手术术式

5.下颌角成形手术术式

6.颧骨成形手术术式

第四章 牙齿与组织微观之美

本章通过对牙体组织与其他人体组织在显微镜下的微观结构观察与美学鉴赏，初步掌握牙齿及骨等组织的微观基本结构知识。通过牙齿与组织微观结构的美学鉴赏，培养学生的视觉欣赏力，提升想象空间，将科学之真与艺术之美相结合，掌握组织微观美学的鉴赏要素；通过以显微镜的独特视角来悉心探究生命微像的艺术呈现，让学生在医学和艺术的融合与对话中汲取生命的感悟、培育生命的灵感，在专业知识获取中提升专业美学鉴赏能力，在美学鉴赏中促进专业发展。

第一节 显微摄影

1.定义

2.发展、方法

3.口腔组织病理学显微表现赏析

第二节 显微之美与专业之美

第三节 显微之美与生命之美

第五章 牙体缺损树脂充填之美

通过学习，让学生掌握牙体缺损树脂充填美学修复的评价要素，培养口腔专业美学素养及对牙体缺损树脂充填的美学鉴赏能力，将美学理念贯穿牙体缺损树脂充填修复之中。牙体病损是口腔临床较为常见的疾病，具有较高的发病率，无机质脱矿以及有机质分解是

该病主要的临床表现，随着病情的加重，会呈现发生色泽变化直至形成实质性病损的演变过程，对患者牙齿的美观、牙合功能等会造成一定影响。目前临床针对牙体病损主要给予材料填充及修复方式治疗，其中最为常见有银汞合金、玻璃离子以及光固化复合树脂。通过临床观察，对牙体缺损患者使用光固化复合树脂治疗具有显著疗效，其相较于其他修复体与牙体的契合度更高，进而提升了患者的舒适度，且不良反应发生率低，可改善预后，特别是对前牙的修复更佳。

第一节　牙体缺损美学修复的评价要素

1. 牙齿的形态

2. 牙齿的颜色

3. 牙齿的荧光性和乳光性

4. 牙齿表面纹理和特征

第二节　不同牙体病损美学修复的方法及对策

1. 龋病

2. 牙磨耗

3. 酸蚀症

4. 楔状缺损

第六章　牙齿结构之美

通过学习，让学生认识牙齿的立体感、层次感、比例协调的美感，培养牙齿结构美学鉴赏能力，同时养成理论联系实际进行牙冠美学修复的能力。使学生能够掌握牙齿解剖结构特点，并根据牙冠美学修复的要求，紧密联系实际，自主确定合适的美学修复方案，锻炼自主学习、自主解决临床问题的能力。

第一节　认识牙——牙齿解剖结构

1. 牙的组成

2. 中切牙的解剖特点

3. 上颌第一磨牙的解剖特点

第二节　牙齿解剖结构与临床美学修复的关系

1. 病例分析影响美学修复因素

2. 美学修复要素

第三节　个性化美学修复

第七章　口腔正畸之美——塑造甜美笑容的艺术

美丽的笑容是最吸引人的特征，富有魅力的微笑有利于人们的日常交往、社会行为和心理健康，微笑美学已成为现代人客观评价面部容貌的标准之一。微笑美学是面部美学的重要组成部分，微笑是整个面部的和谐运动，实现微笑美首先要考虑面部美学，帮助正畸医生建立全面的审美观。通过学习，让学生掌握口腔正畸颜面的美学要素和标准，培养口腔专业美学素养，将美学理念贯穿于对患者的治疗中。通过讲解数字化技术如隐形矫正技术，在口腔正畸中的应用现状和前景，充分调动口腔专业学生的创业积极性和创造活力，激发技术创新和美学创新潜能，对于其将来的职业发展规划有一定的指导作用。

第一节　口腔正畸学与美学

第二节　口腔颌面部的审美标准

第三节　正畸治疗的审美心理

第四节　正畸治疗的牙齿美学因素

1. 面中线与牙弓中线

2. 牙齿的大小

3. 牙齿的角度

4. 牙合平面的倾斜度

5. 笑线

第八章　牙齿缺失修复之美

本章由个人对美的认识导入开始，结合美学修复的影响因素，联系临床病例，培养学生以美学修复为主导、功能恢复为目标的临床思维能力。从单纯的牙齿、牙列修复扩展到修复、美学、心理、生活质量的整体评价；从单纯的牙齿、牙列修复扩展到形态、色泽、质地、软组织、面型等整体的美学评价；树立整体美学观念。

第一节　口腔修复的美学内涵

第二节　口腔牙齿修复之美

1. 形态和谐

2. 颜色美观

3. 协调一致

4. 红白柔和

5. 微小创伤

第三节　牙列缺失——全口义齿修复的美观及功能

第四节　口腔修复美学新进展

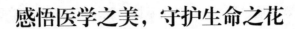
感悟医学之美，守护生命之花

一、课程简介

本课程为临床、麻醉、影像专业开设的专业美育必修通识课程。通过本课程的学习，能够让临床、麻醉、影像专业学生欣赏和领略医学的艺术美、人体美、中医药之美、机体和谐美、医患心灵美。学生通过浏览医学史，学习人体结构与功能调节，了解中医药，窥探医患内在美，能够欣赏艺术美与人体美，发现医学科技美与人文美，并将所感知到的医学之美内化于心、外化于行，从而达成注重传承、勇于创新、以人为本的教育目标。

二、课程目标

1. 知识目标：学生能够叙述西医简史，阐述基本的人体美标准，了解医学美容与整形的基本手段，能够比较正常与患病机体的本质差异，了解中医药的基本理论，知晓器官移植的技术关键，能够阐述医生的职业素质。

2. 能力目标：学生能够掌握基本的临床分析方法，识别健康问题，能够运用基础医学知识对临床问题进行初步的分析、检索、解释，并进行简单的医疗服务。能够形成临床思维，提升创新能力，重视人文关怀，强化文化自信，能够运用基本的医学知识对健康问题提出合理的诊治策略。

3. 美育目标：学生能够欣赏医学的艺术美与人体美，体会中医药的博大精深之美，领略医学的科技美，感受医患的人格高洁之美，唤醒学生在医学专业学习中的审美能力，激发其专业学习的热情与创造力。

4. 思政目标：学生能够深切体验到医务工作者救死扶伤的职业使命，树立大医精诚的职业理想，坚定学习医学专业和从事医生职业的信心。

三、课程美育目录

第一章　美术经典中的医学

本章主要介绍美术经典中的医学，在欣赏美术经典之艺术美的同时，以"文艺复兴时期最伟大的艺术天才"达·芬奇的旷世名画和"近代人体解剖学创始人"维萨里《人体的构造》的精美插图为切入点，讨论医学与美术的相辅相成关系。再以美术经典为媒介，介绍西医医学史，并分析一些画中的病人和病人画的画，启迪临床思维，锻炼分析能力。最后让美术经典中的人物讲述全新的医学故事，激发医学生对医学事业的热爱之情。

第一节　医学与美术相辅相成

1. 达·芬奇作品的艺术之美

2. 达·芬奇谈人体解剖

3. 维萨里《人体的结构》的艺术美

4. 医学美术概况

第二节　绘画中的医学史

1. 古典时代：希波克拉底与盖伦

2. 中世纪1：名画中的瘟疫史

3. 中世纪2：不会放血的理发师不是一名好医生

4. 近现代：美术经典记录医学进步

第三节　画中的医者仁心

第四节　诊断画卷

1. 画中的病人

2. 病人画的画

第五节　美术经典讲述全新的医学故事

1. 麻醉前的安慰

2. 实施麻醉

3. 手术物品清点

4. 苏醒期躁动

5. 尿量与预后

第二章　维护与修复人体美

本章介绍人体美的基本标准和美容、整形的主要手段，在欣赏人体美的同时领略医学的科技美，既要让爱美之人可以变得更年轻、更美丽，也要在治疗疾病时减少损伤人体美的医源性因素，并能够对缺陷与畸形进行修复再造，了解重建过程对改善患者心理健康和生活质量的重要意义，感悟医学的人文关怀。

第一节　人体美的标准与评价

1. 由雕塑经典看古希腊人体美标准

2. 中国传统体型审美变迁

3. 现代健美标准与评价

第二节　医学美容概述

1. 美容医学与医学美容

2. 医学美容患者的分度

第三节　容貌之美

1. "三庭五眼"与容貌美

2. 容貌美的个性特征

3. 面部轮廓与整形

4. 眼部审美

5. 鼻与耳的美

6. 唇、牙、颏之美

第四节　躯体之美

1. 胸部审美与隆胸

2. 体型雕塑

第五节　过度美容

第六节　修复重建人体美

1. 鼻再造术

2. 唇腭裂修复

3. 耳郭重建

4. 构建全脸面

5. 乳房重建

第三章　赏中医药之美，促中西医结合

中医药学源远流长，博大精深，是中华民族的瑰宝。本章主要介绍中医药之美，包括其理论美、语言美、药物美、方剂美、技艺美、艺术美、人格美，等等，难以尽数。对于主修西医的医学生，中西医结合也蕴含着科学美、技术美。从屠呦呦、钟南山、韩济生的科研历程中感悟中西医结合的重要性和医学先驱弘扬传统的爱国精神、勇于创新的科研精神。

第一节　中医理论之美

1. 天人合一

2. 阴阳五行

第二节　中医语言之美

1. 节律美

2. 以药叙事抒情

3. 以诗词咏经络

第三节　中医药物之美

1. 色彩美与形态美

2. 自然美与炮制美

第四节　中医方剂之美

1. 君臣佐使

第五节　中医技艺之美

1. 四诊

2. 六艺

第六节　中医艺术之美

1. 医学书籍插图

2. 针灸铜人

第七节　中医人格之美

1. 孙思邈《大医精诚》

第八节　中西医结合

1. 韩济生，针刺镇痛研究

2. 屠呦呦，发现青蒿素

3. 钟南山团队，中药治疗新冠肺炎

第四章　机体功能的和谐美

本章介绍机体功能的和谐美。首先介绍形式美法则及其在人体美中的体现，进而阐述中医学中的平衡与和谐之美，再从现代医学的角度讨论机体的稳态及其调节机制，以及疾病中广泛存在的病理过程的转化与平衡失调，最后介绍森林疗法、草原疗法、海滨浴疗法等自然美疗法和音乐疗法、诗词疗法、书法疗法等艺术美疗法对机体和谐美的重塑作用，探讨其潜在的调节机制。在欣赏形式美的同时，体会其中的平衡与和谐法则，增强医学学习与应用的整体观，思考临床治疗中重塑机体和谐美的手段与意义，注重人文关怀，激发医学生对医学事业的热爱之情。

第一节　形式美法则

1. 对称与均衡

2. 比例与匀称

3. 节奏与韵律

4. 多样统一（和谐）

第二节　中医学中的平衡与和谐

1. 崇尚"天人合一"的整体美

2. 强调"阴阳平衡"的中和美

3. 遵循"五行生克"的和谐美

第三节　机体的稳态调节

1. 稳态

2. 维持稳态

3. 重建稳态

第四节　疾病中的平衡与转化

1.病理过程的转化

2.病理过程的过犹不及

第五节　美学疗法重塑机体和谐美

1.自然美疗法

2.艺术美疗法

第五章　器官捐献，成人之美

本章主要介绍器官移植的发展历程，追溯医学先驱如何克服血管缝合、免疫排斥等难题，使患者重获新生。但在克服了技术难题之后，器官移植还面临着供体缺乏的困境。器官移植，是人类互助的巅峰，"捐献让生命精彩，移植让梦想成真"。供体缺乏的难题需要全社会广泛认识器官捐献的意义，感悟生命延续的成人之美，使更多人参与到器官捐献之中。

第一节　古人对器官移植的憧憬

第二节　器官移植，血管吻合

1.三点吻合法

第三节　器官移植，抑制排异反应

1.同卵双胞胎肾移植的成功

2.环孢素的发现

第四节　器官捐献的现状与未来

1.器官捐献的意义

2.人体器官捐献流程与现状

3.如何让更多人参与器官捐献

第五节　脑死亡的判定

1.由两个病例引入对死亡判断的思考

2.脑死亡的概念与判断标准

第六章　大医精诚的职业素质美

本章主要介绍医务人员的职业素质美，从解读孙思邈的《大医精诚》开始，联系《希波克拉底誓言》，学习古今中外名医的事迹，解读医务人员内在美与外在美的内容、表现与功能，讨论如何塑造医务人员的职业形象美，引导医学生在道德素质、心理素质、业务素质等多层面进行自我剖析，树立精湛医术与高尚医德的职业理想。

第一节　解读"大医精诚"

1.中医史上的大医

2.希波克拉底誓言的践行者

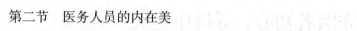

第二节 医务人员的内在美

1. 内在美的内容

2. 内在美的表现与功能

第三节 医务人员的外在美

1. 仪表美

2. 语言美

3. 行为美

第四节 塑造医务人员的职业形象美

1. 内在美的塑造

2. 外在美的训练

3. 内在美与外在美和谐统一

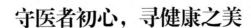

守医者初心，寻健康之美

一、课程简介

本课程为中医学专业开设的专业美育必修通识课程。通过本课程的学习，能够让中医学专业学生欣赏和领略到岐黄中医的无穷魅力。课程通过展现中医基础理论的博大之美，诊察辨治疾病的智慧之美，中药的自然之美、诗意之美、博爱之美、包容之美，方剂临证的变化之美，经络系统的和谐、统一流畅之美，大医的精诚仁爱之美等，使学生初步感受和理解中药文化的博大精深、树立文化自信和专业信心、提升专业学习兴趣和中医审美素养，培养学生勤学善思、精益求精、勇于创新和医学人道主义精神。

二、课程目标

1. 知识目标：学生能够初步了解中医的基本理论、诊断学、中药学、方剂学、针灸推拿学等基本知识，对今后将要学习的中医相关课程有基本的美学认识。

2. 能力目标：学生能够运用中医基本理论、中药、方剂、经络系统、针灸推拿的知识分析解决简单常见的健康问题。

3. 美育目标：初步了解中医的文化背景和艺术价值，引领学生敬佑生命、关注健康，陶冶道德情操、塑造美好心灵，弘扬中华美育精神，提高学生的中医专业审美和人文素养，培养学生对中医药文化的学习兴趣，使学生增强专业自信，增加对专业的热爱，为后续的专业学习奠定基础。

4. 思政目标：将中医之美与弘扬中华优秀传统文化相结合，实现思想政治教育与知识体系教育的有效统一，树立爱国意识、民族自信和文化自信，立志勤学精湛医术，勇挑时代担当，做好中医传承和创新，全面提升教学水平和育人效果。

三、课程美育目录

第一章 正常人体的微观之美

本章主要介绍在正常状态下人体内细胞和组织的微观形态学特点，在欣赏医学与艺术的结合图像中感受人体的健康之美。首先介绍探索人体微观世界的研究历程，体会医学科技的先进之美，详细讲述了人体内各种细胞的形态学特点及功能，感受人体内"繁荣壮观"之美，白细胞英勇无畏的行为之美；详细介绍了细胞所构成的组织及器官的微观形态学特点，领悟到人体的构建艺术之美、完整统一的生命之美，激发学医热情，提升学习兴趣，加强自身对生命的尊重与敬畏。

第一节　探索微观世界的工具

1. 医学科技的先进之美

2. 人类不断探索的求知之美

第二节　微观人体内的细胞

1. 白细胞英勇无畏的行为之美

2. 不同细胞数目的动态平衡之美

第三节　人体组织及器官的微观形态

1. 人体井然有序的结构之美

第二章　人体内微生物之美

　　本章主要介绍与人体共生存的微生物们，通过欣赏来自微观世界的视频和图片感受微生态的平衡之美。首先介绍探索人体内微生物的研究历程，其在人体内的数量与分布，并详细讲述了人体内微生物的形态学特点及功能，感受微生物纷杂有序的布局之美，形形色色的艺术形态之美；详细介绍微生物对人体的利弊之处，以及超级细菌的由来，深刻体会人与自然和谐共生的重要意义，加强学生未来从医的社会责任感。

第一节　人体内细菌的研究史

第二节　人体内细菌的分布与形态

1. 细菌纷杂有序的布局之美

第三节　细菌对人体的作用

1. 细菌双赢的行为之美

2. 人体内微生态的平衡之美

第四节　超级细菌

1. 抗菌药物使用的权衡之美

第五节　人体内的病毒的研究史

第六节　病毒的形态及生物特性

1. 形态的艺术结构之美

第七节　病毒对人体的影响及利用价值

1. 人类物尽其用的智慧之美

2. 人与自然和谐共生之美

第三章　疾病的微观之美

　　本章主要介绍在疾病状态下人体内细胞和组织发生的微观形态学改变的特点，通过大量的临床案例和图片感受人体在与疾病斗争过程后留下的"印记"，从而感受到生命的顽强与美丽。首先介绍具有代表性的细菌性疾病和病毒性疾病，通过学习，感受科学家们无私奉献的精神之美，中国在抗击病毒疫情中取得成就的辉煌之美，中华民族团结一心的东

方之美，详细讲述致病微生物的形态及致病特点，肿瘤细胞与组织的形态学特点，从而理解疾病出现的临床症状；详细介绍了对于感染性疾病与肿瘤的防治方式和诊疗新理念，领悟到医学诊断的精准之美，医学科技的创新之美以及研制疫苗历经艰辛的奋斗之美。

第一节　感染率高的细菌代表——幽门螺杆菌与疾病

1. 科学家无私奉献的精神之美

第二节　致死率高的细菌代表——结核杆菌与疾病

1. 免疫细胞与结核杆菌的博弈之美

第三节　耐药性强的细菌代表——金黄色葡萄球菌与疾病

1. 医学药物治疗的规则之美

2. 人体百折不挠的坚强意志之美

第四节　埃博拉病毒与疾病

1. 疫情下的大国担当之美

第五节　新冠肺炎病毒与疾病

1. 中国在抗击病毒疫情中取得成就的辉煌之美

2. 中华民族团结一心的东方之美

第六节　人乳头瘤病毒与疾病

1. 研制疫苗历经艰辛的奋斗之美

第七节　微观肿瘤细胞

第八节　肿瘤的生长及对机体的影响

1. 医学诊断的精准之美

2. 机体统一完整的生命之美

第九节　肿瘤治疗模式与理念

1. 医学科技的创新之美

2. 与时俱进的医学人文之美

隽美岐黄

一、课程简介

本课程为中医学专业开设的专业美育必修通识课程。通过本课程的学习，能够让中医学专业学生欣赏和领略到岐黄中医的无穷魅力。课程通过展现中医基础理论的博大之美，诊察辨治疾病的智慧之美，中药的自然之美、诗意之美、博爱之美、包容之美，方剂临证的变化之美，经络系统的和谐、统一流畅之美，大医的精诚仁爱之美等，使学生初步感受和理解中药文化的博大精深、树立文化自信和专业信心、提升专业学习兴趣和中医审美素养，培养学生勤学善思、精益求精、勇于创新和医学人道主义精神。

二、课程目标

1. 知识目标：学生能够初步了解中医的基本理论、诊断学、中药学、方剂学、针灸推拿学等基本知识，对今后将要学习的中医相关课程有基本的美学认识。

2. 能力目标：学生能够运用中医基本理论、中药、方剂、经络系统、针灸推拿的知识分析解决简单常见的健康问题。

3. 美育目标：初步了解中医的文化背景和艺术价值，引领学生敬佑生命、关注健康，陶冶道德情操、塑造美好心灵，弘扬中华美育精神，提高学生的中医专业审美和人文素养，培养学生对中医药文化的学习兴趣，使学生增强专业自信，增加对专业的热爱，为后续的专业学习奠定基础。

4. 思政目标：将中医之美与弘扬中华优秀传统文化相结合，实现思想政治教育与知识体系教育的有效统一，树立爱国意识、民族自信和文化自信，立志勤学精湛医术，勇挑时代担当，做好中医传承和创新，全面提升教学水平和育人效果。

三、课程美育目录

第一章 道法自然

本章主要介绍宏大深邃的中医基础理论之美。中医学是中国人从古至今的健康之道。道从何来？一言概之，道法自然。本章介绍中医学的理论基础，主要讲授天人合一、阴阳、五行理论。中国古代哲学认为世界是一个和合的整体，由一元之气构成，受阴阳、五行法则支配，人是自然的产物，依靠自然而生存，人与自然息息相通，一切人事均应顺乎自然规律，达到人与自然的和谐统一。本章通过解读天人合一整体美、阴阳对立统一美和五行制宜和谐美，使学生初步了解中医基础理论的精髓，感受民族智慧，强化辩证思维，树立中医文化自信和传承意识。

第一节　天人合一

1. 人体有机整体之美

2. 人与自然和谐之美

3. 人与社会融合之美

第二节　阴阳对立统一

1. 自然界和人体阴阳属性对称之美

2. 阴阳消长转化恒动之美

第三节　五行制宜

1. 五行生克制化动态平衡之美

2. 五脏（六腑）多样性统一之美

第二章　察辨之妙

本章主要介绍中医基本诊断方法和辨证论治原则之美。望、闻、问、切四法是中医收集病情资料、诊察疾病的基本方法，造诣精深之时分别有"神、圣、工、巧"之称；辨证论治是中医认识疾病和治疗疾病的基本原则。二者均是在长期的医疗实践中，逐步形成和发展起来的宝贵经验，美妙自在其中。本章通过阐释中医四诊方法和辨证论治原则，展现浓厚的审美心理，迷人的审美规律，体现了病情资料真实可靠、疗效好、预后良、技术和操作准确和优美，即真善美的高度统一。帮助学生建立专业学习兴趣，增强观察分析能力，培养实践意识和大国工匠精神。

第一节　四诊合参

1. 审察内外之全面之美

2. 四诊合参综合之美

第二节　辨证论治

1. 辨证求因多样性统一之美

2. 八纲辨证对应之美

3. 脏腑辨证表里协调之美

第三章　本草有灵

本章主要介绍中草药之美。本草有灵，果子成熟，鲜花盛开，清晨到黄昏，春暖到寒冬，众多本草经过种植、采摘、储存、收获、炮制等工序，最终完成丸散膏丹的转化。如同人生，经历孕育、降生、成长、遭遇，最终蜕变成蝶，或心如止水、或轰轰烈烈，最终都如微尘般，尘归尘、土归土，无论怎样一番经历，终将见证岁月的光辉。本章通过介绍展现中草药药性的灵动之美、命名的艺术美、形态的自然美以及炮制工艺的精美，引导学生热爱中医药文化，树立生态文明和保护环境的意识，培养本草一样的自强不息、坚韧不拔的品质和精益求精的大国工匠精神。

第一节　本草之名

1. 命名趣味之美

2. 命名艺术之美

第二节　本草之性状

1. 外形多样之美

2. 气味独特之美

第三节　本草之性能

1. 药性多样统一之美

2. 药性灵动之美

第四节　本草之采集炮制

1. 采摘天时地利自然之美

2. 炮制工艺技术之美

3. 炮制工匠精神之美

第四章　橘井生香

本章主要介绍中医方剂之美。杏林春暖绿华夏，橘井生香馥河山。药物方剂是中医治疗疾病的主要手段之一，自古至今，中药方剂的分类、命名、配伍以及型剂和包装等等，无不蕴藏着美学思想，并以之不断促进中医药的发展。一张优秀的处方，无处不洋溢着美的韵味，如辨之精准，用之得当，必获良效。本章通过介绍方剂命名的趣味智慧之美、君臣佐使组方精妙之美和流传经典处方的疗效之美，帮助学生提高专业学习兴趣和中医审美素养，树立民族自信、文化自信，培养勤奋拼搏、坚定传承、勇于创新的精神。

第一节　方剂命名

1. 命名趣味之美

2. 命名艺术之美

第二节　方剂配伍

1. 君臣佐使协调之美

2. 七情和合整体之美

第三节　方剂剂型

1. 丸散膏丹酒多样之美

2. 制剂工艺先进之美

第五章　周道如砥

本章主要介绍中医经络腧穴之美。经络腧穴学说是针灸学的理论核心。我国现存的最早医学著作《黄帝内经》中就已有关于"经络"的记载："夫十二经脉者，内属脏腑，外络于肢节"。经络作为人体的一种特殊的结构，是气血运行的通道，是脏腑与体表及全身

各部的联系通路。精微奥妙的经络腧穴系统如人体的"信息高铁"，若周道如砥，道路平坦通畅，则少病。本章通过介绍人体经络的组成循行分布规律之美和腧穴的命名及定位之美，展示人体结构和功能的整体和谐美，感受中华民族智慧之美，引导学生立勤学之志，培养服务群众、奉献社会的意识。

第一节　人体精巧微妙的"信息高铁"——经络系统

1.经络学说整体之美

2.经络分布对称之美

3.阴阳经脉表里运行均衡之美

第二节　人体"道路上的红绿灯"——腧穴

1.腧穴命名艺术之美

2.腧穴定位智慧之美

第六章　古法新生

本章主要介绍中医针灸推拿学之美。针灸推拿是中医药学的重要组成部分，2010年针灸被列为世界非物质文化遗产，目前世界上183个国家和地区在使用针灸推拿技术，其被赋予新的使命，成为传播中华优秀文化和服务人类健康的重要载体。针灸推拿学实用性强，在健康中国的国家战略中必将发挥重要作用。本章通过简要介绍针灸推拿中的器具设计之美和治病疗效之美，使学生体会到中医独特的魅力，增强学生对中医学的认同感和自信心，加强爱国意识，树立文化自信，勇挑时代担当，为针灸学在世界的传播和丰富世界医学宝库作出不懈努力。

第一节　器具夺目

1.针、灸、罐器多样之美

2.针、灸、罐器造型之美

第二节　用之有神

1.调整机体功能、维护机体平和之美

2.扶正气祛病邪，修复机体自然之美

3.疏通经络，再造机体健康之美

第七章　智慧摄生

本章主要介绍中医养生智慧之美。作为一个拥有五千多年历史的世界文明古国，相对于其他地区的养生文化而言，中医养生文化融合了儒、道、佛及诸子百家的学术精华，有着几千年的实践经验，是全方位的综合方案，堪称一棵充满浓厚东方神秘色彩的智慧之树。本章以《黄帝内经》为蓝本，从中医学的哲学原理出发，总结中医智慧摄生十要，即"法于阴阳、和于术数、饮食有节、起居有常、不妄作劳、精神内守、志闲少欲、避虚邪、治未病、善摄生"，而后详细解读中医养生顺应自然之美、形神共养之美、药食同用之美和体质养生之美，为达到形态美、机能美、心理美、社会适应能力美的结合提供动力，使学生懂得敬佑生命，树立健康意识，关注自身健康的同时，明确将全民大健康作为中医人的使命担当，培养全心全意为人民服务的意识与奉献精神。

第一节　顺应自然

1.顺时养生规律之美

2.三因制宜和谐统一之美

3.起居劳作适度之美

第二节　形神共养

1.养静藏神平和之美

2.动形怡神结合之美

3.移情易性变化之美

第三节　药食同养

1.天然安全之美

2.简便验廉之美

第四节　体质养生

1.体质九分辨证之美

2.未病先防预知之美

第八章　大医精诚

本章主要介绍大医精诚之美。厚德载物施仁术，大医精诚济苍生。大医精诚所提倡的仁医仁术教育，已经融入千百年来的中国医学实践，被认为是中医文化乃至中国文化的突出代表。中医美德随着中医医学实践活动始生与发展，从古至今不断得到继承和发扬。本章全面阐述精诚合一的医者道德观，通过介绍大医之楷模，使学生从精诚大医中汲取养分，补好中医人的精神之钙，激励学生树立苍生大医的理想，谨记大医精诚之信念，刻苦钻研、勤奋治学、精湛医术的同时收获心灵美、行为美、语言美、仪表美等，让医学人道主义精神在内心生根发芽。

第一节　药王孙思邈

1.医术至精之美

2.医德至诚之美

第二节　医圣张仲景

1.以人为本仁爱之美

2.精细辨治追求真理之美

第三节　医痴叶天士

1.乐善好施之美

2. 勤学谦逊之美

3. 勇于实践创新之美

第四节　人民英雄张伯礼

1. 甘于奉献之美

2. 勇于担当之美

3. 严谨求实之美

大美针灸

一、课程简介

本课程为针灸推拿学专业开设的专业美育必修通识课程。通过本课程的学习，能够让针灸推拿学专业学生欣赏和体验到针灸的大医之美，经典传承之美，中药的自然之美、诗意之美、博爱之美、包容之美，方剂临证变化之美，经络系统的和谐、统一流畅之美。通过体会中医之美，让学生更好地感受和理解针灸推拿文化的博大精深，促进学生更快更好地找到针灸推拿学习的方法，提升对针灸推拿学习的兴趣。

二、课程目标

1. 知识目标：学生能够叙述经络起源及针灸发展历程，描述针灸走向世界、普惠全球的成就，理解针灸机制研究的与时俱进，比较百花齐放的针灸方法的差异性，并能够阐释针灸对未来的贡献。

2. 能力目标：学生能够发现、辨析、质疑、评价针推专业及相关领域的现象和问题，表达个人见解。能够强化医学逻辑思维，提升思辨能力和创新能力，能够运用基本的针灸学视角、知识、理论对具体的健康问题提出合理的解决策略。

3. 美育目标：学生能够感受和理解针灸文化的博大精深之美、经络腧穴的平衡对称之美、 中医思维的逻辑思辨之美、针灸医家的人格高洁之美，唤醒学生在针推专业学习中的审美趣味与审美能力，陶冶高尚的道德情操、塑造美好心灵，弘扬中华美育精神，提高人文素养。

4. 思政目标：将针灸之美与弘扬中华优秀传统文化相结合，实现思想政治教育与知识体系教育的有效统一，增加学生的专业认同感和自豪感，坚定学习针推专业和从事医疗职业的信心。

三、课程美育目录

第一章 烧灼灸窍定经络

经络是古代医家通过长期的医疗实践，不断观察总结而逐步发现的。经过千年的临床实践，经络的存在毋庸置疑，然而，对于经络学说起源于何时、何地，是如何发展起来的，医史学家们一直致力于寻找其根源。本章主要从循经感传、主治归纳、气功内视（内经隧道）等角度，揭开经络起源的神秘面纱。通过本章节的学习，使针灸推拿学专业新生树立专业思想，崇尚经典之美，勇于探根寻源，长于技能实操。

第一节　循经感传定经络——动态美

1. 医史出疑惑

2. 考古寻根源

3. 感传定线路

第二节　主治归纳定经络——布局美

1. 早期针具的发现

2. 病理反应的刺激

3. 治疗效果的总结

第三节　内景隧道定经络——内视美

1. 返观者能照察

2. 周天明化开合

3. 导引蓄积行气

第二章　铜人腧穴针灸图

针灸学中的经络循行、腧穴定位和人体的体表形态、内脏定位等密切相关。准确表示出腧穴体表定位、腧穴与经络关系、经络循行规律，实现经络、腧穴内涵的可视化，十分关键。对此，古代医家发明了经络图谱，制作针灸铜人以便增强直观印象，加强针灸教学培训和临床操作的准确性。本章主要通过最早的彩色经络腧穴图，以及针灸教学模型针灸铜人的制作过程及其意义，将经络腧穴之美以彩图、模型形式呈现，使学生感受古典技艺之美，传承古代医家医教协同的智慧。

第一节　彩色明堂三人图——五色美

第二节　带你走进"铜人"——工艺美

1. 针灸铜人的制作——和谐整体之美

2. 针灸铜人的作用——精确验证之美

第三章　沉疴急症求金针

本章主要通过针灸临床过程中的古今医案医话，描述了针灸急救过程中的医疗技术、医德修养、人文素养等情景因素，讲述了针灸急救的神奇作用，并探讨了影响针灸疗效的主客观因素。通过学习，学生能够了解针灸急救的基本过程，理解针灸疗效的构成要素，体会古今医话故事中潜藏的行动美、速度美、求真美、细致美、思辨美、条理美、心态美、勇气美、传承美、合作美、精确美，逐步让学生感受到中华针灸的先进实用，领略到针灸名医的大医精诚，欣赏针灸临床之疗效美，体会针灸名家之德行美。

第一节　扁鹊过虢治"尸厥"——求真美

第二节　继洲三穴救两命——思辨美

第三节　"神针"凌云话传奇——行动美

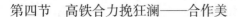
第四节 高铁合力挽狂澜——合作美

第四章 针刺镇痛与麻醉

本章主要追溯了针刺镇痛的历史渊源，讲述针刺麻醉发展的时代背景，详细介绍针刺镇痛与麻醉的作用及其临床应用。引领学生从针刺引发的神奇作用中感受针灸镇痛与麻醉的历史之美、取穴之美、效应之美，体会祖国医学的博大精深，以及中医学者的探索精神。

第一节 针刺镇痛

1. 针刺镇痛渊源——跨越千载之美

2. 针刺镇痛应用——效显力佳之美

第二节 针刺麻醉

1. 针刺麻醉历史——震惊世界之美

2. 针刺麻醉应用——历久弥新之美

第五章 百花齐放见微针

本章主要介绍微针的源流及其临床应用案例，从案例中欣赏、感受传承千年的微针之美。通过对微针故事的讲解，让学生欣赏到博大精深的微针创新之美，坚定中医信念，培养民族自豪感，树立"大医精诚"信念，加强学生学习微针文化的兴趣与对中国传统医学的认同感。

第一节 穿越千年——探微针源远流长之美

1. 砭石刺病——微针的起源之美

2. 伏羲制九针——微针的发展之美

第二节 走向世界——探微针神奇疗效之美

1. 头针——"聪慧"之美

2. 眼针——"精明"之美

3. 耳针——"全息"之美

4. 浮针——"气血"之美

第六章 大美针灸入非遗

本章主要介绍人类非物质文化遗产的含义及中医针灸的重要文化内涵，让学生在讲述中体会文化传承之美和针灸技艺之美。本章围绕针灸入选"人类非物质文化遗产代表作名录"这一重大事件，回顾了针灸入选非遗的过程，解读针灸入选非遗的重大意义，展示了针灸入选非遗之后的成就。通过学习，使学生能够从文化的角度认识针灸的文化之美，从精湛技艺传承的角度认识传承之美，从国际化重大事件中体会针灸推广之美，并从中体会针灸当前在国际文化交流、民心相通等过程中的重要作用，由此树立学生的专业自信、中华文化自信。

第一节　精湛技艺，入选非遗——针灸文化之美

1. 中医针灸的文化属性

2. 中医针灸"申遗"大事记

第二节　传承针艾，以应四海——针灸推广之美

1. 习总书记送给世卫组织的"青铜侠"

2. "一带一路"中医药针灸风采行

3. 中医针灸传承创新，全球抗疫命运与共

第三节　针灸非遗，未来可期——针灸传承创新之美

1. 传承是根本要义

2. 在实践中永葆活力

3. 挑战与机遇并存

第七章　针灸养生治未病

在日常生活中，如何不得病、少得病、得轻病？在临床实践上，怎样减少发病率、提高治愈率、降低复发率？这些都离不开中医倡导的"治未病"思想。"上工治未病"，中医学始终为维护健康、防治疾病提供方案、贡献智慧。本章从治未病思想形成入手，介绍治未病理论的体系架构，论述针灸治未病的基础研究概况，并以针灸养生保健和调理亚健康中常用的灸法和夹脊穴的应用为例，展现针灸对临床常见病的治疗之美、多发病的预防之美以及病后调节的康复之美。以期从文献中探寻古代先哲的智慧之美，在现代应用中领略现代针灸的大医之美，点亮中国文化的传承之光。

第一节　"治未病"之前世今生

1. 何为治未病？——重预防的思维之美

2. "治未病"之渊源——释情遣疾之美

第二节　针灸治未病之美

1. 逆针灸——扶正祛邪之美

2. 针灸治未病之特点——时间治疗之美

第三节　针灸治未病应用之美

1. 灸法延年之美

2. 夹脊"养生之美

第八章　自我保健上云端

本章主要介绍在现今信息时代背景下，从线上课堂、预约服务和互联养生三个方面展现自我保健与互联网的巧妙结合，让学生充分感受云端自我保健的快捷性、便利性和实用性，深化对云端自我保健的认识，增加对针灸推拿学专业的兴趣，同时也更加直观地展现出了新时代互联网文化与传统中医文化相融合的创新之美。

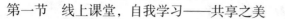

第一节　线上课堂，自我学习——共享之美

1. 线上资源齐共享

2. 自我学习借互联

第二节　预约服务，保健到家——便捷之美

1. 服务到家真便利

2. 规范标准需制定

第三节　互联养生，创新模式——云端医养之美

1. 云端养生在进行

2. 医养互联新模式

药研妙道

一、课程简介

　　《药研妙道》是药学专业的一门通识课程，主要讲授药物研发过程中，具有创造性的药物开发及设计密切相关的知识，使学生领略药学研发之美，介绍现代药学最基础的原理以及在生产、科研和生活中的重要应用，结合现代活跃的科研领域和生活实际，介绍现代药学的基本知识。学生通过对《药学之美》的学习，了解药学的特点及其在发展过程中与其他学科相互交叉渗透的特色，认识自然科学和社会科学的相互依存关系，了解药学在社会发展中的作用，学会用药学概念分析和解决社会生活与本专业中有关的问题，深刻而具体地认识到药学"无所不在，无处不用"，并掌握一定的实用技术，处理生活中碰到的简单药学问题，进而提高学生的科学素养。培养学生坚守科学和勇于创新的精神，使学生具有团结协作和积极进取的素质。

二、课程目标

　　1. 知识目标：掌握学习《药学之美》课程的目的、内容和意义，就药学的发展、药学前途及发展未来等问题具备与老师和同学讨论与交流的能力，具有以职业担当为己任的理想，坚守科学的精神。

　　2. 能力目标：了解纳米科学在药学领域的应用进展，掌握纳米药物的定义、类型、应用、优势和目前存在的问题。培养广阔、综合多领域、跨学科的视野，具有把现代新知识新技术应用于药学领域的能力。认识药物设计、合成和结构构建中的二维对称性、不对称性，从三维角度研究药物分子的手性与靶点的作用关系，从宇宙的不对称性到分子的不对称性这种"由宏观到微观"的大跨度提高世界观，建立对科学研究的兴趣，提高分析问题的能力，掌握本学科领域的学术评价思维，为创新发展奠定基础。

　　3. 美育目标：学生能够感受和理解药学合成设计的博大精深之美、纳米药物的应用之美、纳米药物研究的科研之美、药物合成的逻辑之美，唤醒学生在药学专业学习中的审美趣味与审美能力，激发学生在药学专业学习中的药物设计及纳米药物领域的创造力。

　　4. 思政目标：学生能够深切体验到药学领域的广泛应用，激发专业兴趣，树立专业自信，坚定为中国药学贡献的信念。

三、课程美育目录

第一章　美学的常识

本章主要介绍美学的基本常识、美学的发展史、美育教育和《药学之美》课程的设置。通过对基本知识的介绍，使学生认识到《药学之美》课程学习的必要性。使学生了解以习近平新时代中国特色社会主义思想为指导，全面贯彻党的教育方针，坚持马克思主义指导地位，坚持中国特色社会主义教育发展道路，坚持社会主义办学方向，坚持明德引领风尚，落实立德树人根本任务，引领学生树立正确的审美观念、陶冶高尚的道德情操、塑造美好心灵，切实改变高校美育的薄弱现状，遵循美育特点，弘扬中华美育精神，以美育人、以美化人、以美培元，培养德智体美劳全面发展的社会主义建设者和接班人。

第一节　古典阶段

第二节　美学学科的建立与成熟

1. "美学"作为一门独立理论学科正式建立

2. 德国古典美学趋于成熟，完成系统化、形态化理论建构

第三节　德国古典哲学的终结

第四节　马克思主义美学的诞生

第五节　现代西方美学的崛起

第六节　美育教育

第七节　药学之美

第二章　纳米药物之美

本章从两个方面介绍纳米药物之美，药物制剂中的纳米技术和纳米粒制备技术，将物质加工成纳米尺度大小、用纳米粉体制成纳米材料、用纳米材料加工成相关器件，从本质上仍是传统的显微加工技术——"由大到小"的技术。使学生认识到纳米药物制备中的美的形貌、美的结构，纳米药物应用到临床中效果好于传统药物的优越性，体现出其强大的应用价值。

第一节　药物制剂中的纳米技术

1. 纳米脂质体的自然制备之美

2. 脂质纳米粒的性能之美

3. 聚合物纳米囊和纳米球构造之美

4. 纳米混悬剂结构之美

第二节　纳米粒制备技术

1. 超临界流体技术的速度之美

2. 熔融分散法的温度之美

第三章　药物合成之美

本章主要介绍药物设计合成中的美。化学合成药物仍然是最有效、最常用、最大量及最重要的治疗药物。人类基因组学的研究成就、中药现代化的巨大吸引力为我们带来了美好的前景，引起了包括政府部门、企业家以及媒体的关心与兴趣，将之作为重点科学事业

给予支持与鼓励，这是值得赞赏的。了解有机药物合成中结构设计中蕴含的美学知识，手性合成的美学，应用于药品生产过程中的美学。

第一节　药物设计基本知识（孪药、烯基插入等）

第二节　手性药物与手性靶点

第三节　合成药物和有机化合物（笼形、结型等）

第四节　手性药物的合成方法

1. 手性药物概述

2. 手性药物的药理学之美

3. 合成工艺简洁之美

4. 结构确证比较之美

5. 制剂处方及工艺综合之美

6. 质量研究与质量标准

7. 稳定性研究确定之美

8. 手性分析方法对称之美

第五节　药物分子设计策略的基本原理。

1. 药物分子设计的精巧、逻辑和简洁之美

心灵护航

一、课程简介

《心灵护航》是精神医学专业的专业美育课，属于专业必修课。课程旨在通过美在发展、美在人性、美在品德、美在仁术四部分内容，深入挖掘精神医学之美，即医术与艺术、医学与心灵、医学与健康、医学与美丽的完美结合。在知识层面，使学生了解精神医学的发展历史和研究领域，初步掌握治疗理念和治疗技术，为以后专业知识的深入学习奠定基础；在能力层面，通过专业之美，激发学生的学习兴趣和创新意识，培养科学的思维方法和知行合一的学习精神；在思想层面，引导学生树立正确的世界观、人生观和价值观，使学生谨记医学生誓言——献身医学，热爱祖国，忠于人民，恪守医德，竭尽全力除人类之病痛，助健康之完美，维护医术的圣洁和荣誉，救死扶伤。最终实现本课程的总目标：培养德智体美劳全面发展的社会主义建设者和接班人。

二、课程目标

1. 知识目标：使学生了解医学，特别是精神医学的发展历史和研究领域，初步掌握治疗理念和治疗技术，为以后专业医学知识的深入学习奠定基础。

2. 能力目标：在能力培养上，通过专业之美，激发学生的学习兴趣和创新意识，培养学生科学的思维方法（基础和临床的科研思路）和知行合一的学习精神。

3. 美育目标：学生能够理解精神医学之美，即医术与艺术、医学与心灵、医学与健康、医学与美丽的完美结合，激发学生的学习兴趣和创新意识。

4. 思政目标：引导学生树立正确的学习观、职业观、人生观和价值观，使学生学好医学和献身医学，投身国家的精神卫生事业。热爱祖国，忠于人民，恪守医德，竭尽全力除人类之病痛，助健康之完美，维护医术的圣洁和荣誉，救死扶伤。

三、课程美育目录

第一章　发展之美——救死扶伤的医学殿堂

本章主要介绍医学的起源和发展、现代医学的特点以及现代医学模式的转变。通过讲解古代医学、近现代医学的发展、特点及启示，展现医学救死扶伤的神圣之美。通过介绍医学模式的变迁，引导学生开拓创新，全面提高医学技能，矢志投身伟大的医学事业。

第一节　医学发展之奋斗美

1. 人类与疾病的长期斗争史

2. 古东方医学之妙手回春

3. 古西方医学之求实创新

4. 科学助力近代医学发展

5. 现代医学之体系美

第二节　医学模式之变迁

1. 医学模式的发展完善

2. 综合医学模式之整体美

第二章　发展之美——抚慰心灵的精神家园

本章主要介绍精神医学的过去、现在和未来。运用视频和案例介绍精神医学的起源及艰难的发展历程、精神医学发展现状及未来发展趋势；运用具体数据介绍大众对精神心理健康的高度注度、精神心理疾病的高发性、精神医学人才的稀缺性和光明的发展前景等方面的知识。引导学生感受精神医学专业抚慰心灵的崇高美，帮助患者重建精神家园的成就美。

第一节　精神医学创业史

1. 筚路蓝缕创新路

2. 自立门户建家园

第二节　熠熠生辉的当代精神医学

1. 精神疾病治疗不同阶段的发展之美

2. 机遇与挑战并存的中国精神医学发展现状

第三节　精神医学的未来

1. 精神病学科发展趋势

2. 精神医学未来畅想

第三章　人文之美——以患者为中心

"医者仁心"，心理精神科医生应高度重视人的情感与身心需要，对患者常怀怜悯之情，对生命抱有敬畏之心。本章主要介绍精神医学从业者所具有的敬畏生命、尊重患者的意识，构建和谐医患关系等内容，培养学生以患者为中心的思想意识，立志做一个有良知、有温度的"最美的人"。

第一节　敬畏生命，尊重患者

1. 精神疾病患者的身心需求

2. 仁心仁术除病患

3. 一切为了患者

第二节　构建和谐医患关系

1. 医患沟通技巧

2. 特殊时刻的自我保护

第四章　人文之美——培养大健康理念

进入新时代，在构建全球人类命运共同体的需求下，对人体健康、医学本质和价值的探索，根本目标是深化对人类健康内涵的认识。本章主要介绍新时代的生命与健康观、中医与精神医学及践行大健康理念等内容，引导学生在精神疾病诊疗中传承发扬中医药传统文化、关注全生命周期，树立大健康观念。

第一节　生命的完美——大健康观

1. 中国美学——天人合一

2. 中医——精神医学的新宠

3. 人类医学的东方回归

第二节　大健康

1. 何为大健康

2. 精神医学给大健康插上翅膀

3. 知行合一践行大健康理念

第五章　品德之美——做专业的精神科医生

精神医学从业者，首先是人品、修养的模范，其次才是妙手回春的医者。本章主要介绍精神医学职业内涵和社会角色、临床医生的责任与义务等内容，指导学生充分认识精神医学卫生人员应具备的基本职业技能、职业素养，立志做一个技术、思想都过硬的合格精神科医生。

第一节　持证上岗，专业保障

1. 权责分明之承担美

2. 技艺高超之实力美

3. 互相支撑之团结美

第二节　精于钻研，争创一流

1. 聚焦专业方向——终身学习

2. 投身科学研究——突破瓶颈

第六章　品德之美——做廉洁的精神科医生

当前，医生违规违纪事件时有发生，这不仅损害了患者利益，也给整个医疗行业造成了严重的负面影响。本章主要介绍医学相关法律法规，医学从业者加强政治思想学习、增强法治意识等知识，提高学生的廉洁自律意识，崇尚廉洁担当之美。

第一节　医学法律大于天

1. 医学法律法规概述

2. 案例警醒

第二节　廉洁医生的养成

1. 不忘初心，牢记使命

2. 打铁还需自身硬

第七章　仁术之美——精神医学基础科研筑根基

本章主要介绍精神医学基础科研设计的目的、意义、重要性和科研创新。通过介绍精神疾病动物实验的建模方法、实验设计、数据处理及科技论文写作等，提高学生重视基础研究的意识。基础研究是创新的源头活水，是精神医学大厦的稳固根基。

第一节　动物实验准备之未雨绸缪

1. 理论指导——行动指南

2. 实验材料——粮草先行

3. 做预实验——先行先试

第二节　实验设计之创造美

1. 影响因素——统筹兼顾

2. 实验原则——有章可循

3. 设计方法——随机配对

第三节　数据统计之规律美

1. 实验记录——有一写一

2. 数据存储——狡兔三窟

3. 统计分析——差异之美

第四节　论文写作之思维美

1. 阅读文献学思路

2. 谋篇布局搭框架

3. 妙笔生花出佳作

第八章　仁术之美——精神医学临床诊疗结硕果

本章通过介绍精神科医生参与各类突发事件心理危机干预的典型案例，充分展示心理精神治疗技术的价值和重要性，培养学生感受从事精神和心理疾病咨询与治疗的收获之美。

第一节　精神医学中的心理治疗之实践美

1. 心理之内涵

2. 理心之妙用

3. 分析之意境

第二节　精神医学专业技能提高之成长美

1. 历史文化的准备

2. 学术思想的发展

3. 精神医学的实践

第三节　精神心理疾病治愈之成就美

1. 个人的心理分析历程

2. 专业的心理分析训练

3. 理解与体验中的发展

春晖本草

一、课程简介

春晖本草，美在自然，美在诗意，美在博爱，美在包容。本课程为中药学专业开设的专业美育必修通识课程。通过本门课对春晖本草的学习和了解，使学生了解古代的中药故事，知道中医药文化的博大精深之美，学习并传承中华民族精益求精、乐于助人的精神，激励学生刻苦学习，弘扬中药传统文化，希望学生能从中受启发，也希望学生能励志成为中药事业的传承者。

二、课程目标

1. 知识目标：使学生了解中药名称的来源、和中药本身的关系以及蕴含的文化内涵。掌握一些代表性中药特定的颜色，了解中药相关的古诗词，中药开花到果落的经历，让学生在学习中药知识的同时体会中药的魅力。

2. 能力目标：使学生掌握中药的发展及其文化背景、药性和应用，能够解读中药美丽传说背后的真相，将中药的知识性、实用性、争议性直观形象地、生动活泼地展现出来。使学生具有终身学习的意识、较强的自学和创新能力。

3. 美育目标：使学生学习并感受中药美丽传说之美、中药自然之美，弘扬中医药优秀传统文化，引领学生树立正确的审美观念，以美化人、以美育人。

4. 思政目标：学习并传承中华民族精益求精、乐于助人的精神，激励学生刻苦学习，弘扬中药传统文化，希望学生能从中受启发，也希望学生能励志成为中药事业的传承者。

三、课程美育目录

第一章　中药传说之美

本章主要介绍枸杞、当归、人参、使君子的植物形态、历史传说、药用价值之美，从中药传说之美感受自然之美，中药生于自然，回归自然，中药绝大部分都来自天然的植物、动物、矿物。无论是中药与生境、四时气候的关系，还是动物药的应用，都需要尊重自然、尊重生命，才能收获最好的药性，这是天人相应、和谐统一的整体观。

第一节　东方神草——枸杞

1. 植物形态之美

2. 历史传说之美

3. 功效之奇——灵丹妙药

第二节　妇科神药——当归

1.植物形态之美

2.历史传说之美

3.功效之奇——女之要药

第三节　百草之王——人参

1.植物形态——形如人，有神

2.植物学史之美

3.化学成分之妙

4.功效之奇——大补元气，功参天地

第四节　花中君子——使君子（留球子）

1.植物形态之美

2.历史传说之神

3.化学成分之妙

第二章　中药色彩之美

本章详细讲述玄参、黄芪的植物形态、来源、产地、采收加工、药理作用、功效等，带你运用中药所学知识，认识了解玄参、黄芪，掌握玄参、黄芪的药理作用和颜色之间的关系。本章重点是玄参、黄芪等传统中药的颜色特征，难点是玄参、黄芪等传统中药的颜色背后包含的相关知识，通过学习了解中药色彩之美，感受中药发展过程中科研工作者的孜孜不倦和奉献精神。

第一节　五脏之肾——玄参

1.植物形态之美

2.药材性状之奇

3.颜色之美——五行之水

4.功效之神

第二节　五脏之脾——黄芪

1.植物形态之美

2.药材性状之奇

3.颜色之美——五行之土

4.功效之神

第三章　中药文化之美

中药文化是历经千年洗礼一代一代传承下来的，古有"神农尝百草，始有医药"的说法。中药文化是中医药事业的根基和灵魂，亦是世界医药林中一颗璀璨的瑰宝。本章通过讲授中药文化发展历史及中药文化的特点，使学生正确掌握中药文化的内涵，仔细琢磨，认真思考，在学习中不断取得进步，从中体会中药文化之美。

第一节　中药的文化发展历史

1. 中药的千年文化之奥

2. 现代中药发展之奇

第二节　引药入诗——药诗相伴

1.《卜算子·苦恋》——相思之苦

2.《长相思·功臣》——敬畏之情

3.《集药名次韵》——爱国之情

4.《满庭芳·静夜思》——相思之情

第三节　科学传承——道地药材

1. "华药"之美——四大怀药

2. 浙江之心——浙八味

3. 天府之国——川药

4. 东北三宝——关药

5. 南药之美——广药

6. 药物宝库——云药

7. 生态之州——贵药

8. 北药之都——北药

9. 药中黄金——华南药

10. 丝绸之国——西北药

11. 植物黄金——藏药

第四节　中药贮藏之奥秘

1. 人参——封存之美

2. 鹿茸——花椒相伴永不变

3. 藏红花与三七——遮光，密闭，冷藏之奇

4. 冬虫夏草——软黄金之神

5. 牛黄——牛宝贮存之妙

6. 燕窝——冷藏之美

7. 蛤蚧——樟脑、花椒保品质之奇

8. 麝香——低温隔空之美

第四章　中药回归自然之美

本章主要介绍来源于自然的各类中药的植物形态、性状特征、化学成分、功效，体现了中药与自然的天人合一，人和自然达到和谐，和谐程度越高，就越接近于圣人们所追求

的"至善"。让中药回归自然之法，回到山野之中，闻闻药材的清香，聆听大自然之美。

第一节　母子连心——川乌与附子

1. 植物形态之美

2. 川乌性状之奇

3. 附子性状之怪

4. 化学成分之妙

5. 功效之神

第二节　仙草——赤灵芝

1. 植物形态之美

2. 化学成分之妙

3. 功效之特

第三节　花中皇后——芍药

1. 植物形态之美

2. 功效之奇

第四节　双花——忍冬

1. 植物形态之美

2. 功效之神

第五节　神草——野山参

1. 植物形态之美

2. 功效之妙

第五章　中药功效之美

本章重点介绍常见传统中药的功效，在学习每个中药的同时，掌握中药功效与中药本身的关系，以及其中蕴含的中药传统文化内涵。在中西医并存的当下，应继续发扬中医药文化中的包容精神，并赋予其新的时代内涵，推动中医药事业的发展，从而让中医药更好地为国民健康事业服务，书写新时代中医发展的绚烂篇章。

第一节　东方传奇珍宝——冬虫夏草

1. 性状之奇

2. 功效之神

第二节　"野鸡膀子"——绵马贯众

1. 性状之怪

2. 功效之特

第三节　巴叶——枇杷叶

1. 性状之美

2. 功效之奇

第四节　中药功效分类法

1. 综合分类之美

2. 举例之特

第六章　中药炮制之美

本章主要介绍中药炮制的发展史、目的、作用及注意事项，将中药炮制的方法细化便于学生领会中药炮制过程中的工匠精神、中药炮制之美，以立德树人为导向，将工匠精神付诸实践当中，使学生感受古今圣贤高尚的医德，潜移默化中提高自身道德品质的修养，真正做到"以一颗赤诚之心"对待中药事业。本章围绕中药炮制知识传授与价值引领相结合，发挥中药炮制技术的工匠育人精神，使得思想政治理论教育与中药炮制专业协调同步，相得益彰，真正实现在课堂教学主渠道中全员、全过程、全方位立体化育人，实现立德树人、润物无声。

第一节　中药炮制的概念——辨证施治之美

第二节　中药炮制的历史发展渊源

1. 中药炮制的起源——人类智慧的结晶之美

2. 中药炮制的发展——千年文化的传承之美

第三节　中药炮制的目的——保证用药安全、增强临床疗效

1. 降低或消除药物的毒性或副作用——用药之妙

2. 改变或缓和药物的性能——用药之奇

3. 增强药物疗效——用药之神

4. 改变或增强药物作用部位和趋向——用药之特

5. 洁净药物，利于储藏保管——用药之奥

第四节　中药炮制的基本工序

第七章　中药鉴定之美

本章首先讲授中药鉴定学发展历史的相关内容，使学生了解中医药历史；其次，引入具体事例和典故，使学生了解中药鉴定学是一门应用型学科，需要结合现代科学技术和知识，本着古为今用、去粗存精的原则，对我国古代本草中丰富的中药学史料进行分析、考证，使之正本清源，这样才能促进中药鉴定学学科的不断与时俱进，才能传承守正创新。

第一节　中药鉴定学的发展史——人类智慧之美

第二节　王连——黄连

1. 来源——味雅云之美

2. 产地——道地之美

3. 采收加工——品质保障之美

4.性状鉴别——个性之美

5.显微鉴别——微观之美

6.化学成分——多种多样之美

7.功效——清热泻火之美

第三节　中华九大仙草之一——何首乌

1.来源之专

2.产地之特

3.采收加工——品质保障之美

4.性状鉴别——个性之美

5.显微鉴别——微观之美

6.化学成分——多种多样之美

7.功效之奇

第四节　名贵药材鉴定——真伪鉴别之美

第五节　冬虫夏草真伪鉴别

1.概述——冬虫夏草之美

2.冬虫夏草药材及其替代品、混淆品、伪品——真伪优劣之美

第六节　阿胶真伪鉴别

1.概述——阿胶之美

2.阿胶及其伪品——真伪优劣之美

第八章　中药化学之美

从古至今，中药可谓与人类生活息息相关，但你是否想过人类是如何开始使用中药的？中药这个概念是怎样形成的？药物究竟是如何萌芽起源的呢？人类对中药的使用又是怎样在这个劳动过程中发展的呢？本章将带领你从中药的起源及发展过程来深刻了解中药文化，并初步探讨中药化学与人类健康休戚与共的内在之美。

第一节　中药化学的发展渊源——人类智慧之美

1.中国古代药物的萌芽时期——萌芽之美

2.中国古代药物的奠基时期——奠基之美

3.中国古代药物的发展时期——发展之美

4.中国国代药物的成熟时期——成熟之美

5.中国在近现代时期的发展成果——成果之美

第二节　中药的化学成分

1.生物碱——止痛良药

2.糖和苷类——能量源头

3. 醌类——苯萘菲蒽四美

4. 苯丙素类——C6—C3之美

5. 黄酮类——C6—C3—C6之美

6. 萜类——青蒿壮举

7. 甾体化合物——强心之奇

8. 有机酸——成盐之美

9. 鞣质——极性之美

10. 氨基酸——组成有限，结构无穷

第三节　中药化学的神奇药效

1. 神奇的中药——大黄

2. 神奇的中药——黄连

3. 神奇的中药——美商陆

探寻病毒奥秘，守护健康之花

一、课程简介

《探寻病毒奥秘，守护健康之花》课程为医学和生命科学等专业的专业美育课程。本课程主要讲授病毒的生物学特性、致病机制、机体抗感染免疫、特异性检测方法、病毒相关感染性疾病的防治措施、转化应用及病毒学前沿热点问题等内容。在当前新冠疫情背景下，学生牢固掌握病毒学的基本理论和基本知识，了解病毒的基本特性及其在工、农、医等方面的应用，在面对病毒相关性疾病时，就能够独立从病毒的致病特点以及疾病的临床表现出发，采取正确的诊断方法进行病历分析，培养学生独立思考的能力，为学生今后的学习及工作实践打下坚实基础。

二、课程目标

1. 知识目标：以病毒学基础知识、联系临床病毒科学前沿模块式教学为基础，以线上线下混合式教学为手段，使学生掌握病毒的生物学特性、致病性、免疫性、微生物学检查方法和防治原则，认识疾病的本质和发生发展规律，强化最新科研成果学习，拓宽知识面。

2. 能力目标：通过临床案例讨论、分析等方法，剖析导致疾病的病毒学基础及临床表现，评估疾病的致病机制、病毒学检查方法和防治原则，培养学生分析问题、自主学习、团结协作、批判思维及探寻病毒之美的能力。牢固掌握病毒学的基本理论和基本知识，在面对病毒相关性疾病时，能够独立从病毒的致病特点及疾病的临床表现出发，采取正确的诊断方法进行病历分析，为今后的学习及工作实践打下坚定基础。

3. 美育目标：学生能够感受和理解神秘的病原微生物世界之美、病毒分类的多样性之美、显微镜下病毒结构之美、病毒彩图的危险之美，唤起学生在生物医学领域学习中的审美趣味和审美能力，激发学生在生物医学专业中的创造力。

4. 思政目标：将课程思政融入课堂教学，培养学生的家国情怀，树立大医精诚、厚德怀仁的职业观，心怀持之以恒的匠人精神，打造"有温度"的应用型高级医学人才。

三、课程美育目标

第一章 神奇的生命体——病毒

本章介绍病毒及病毒体的概念、结构及特点，病毒的分类原则，病毒的大小与测量单位及病毒的复制周期，病毒灭活及亚病毒的概念，病毒对理化因素的抵抗力及对药物、抗生素的敏感性，观察电镜下各类型病毒形态结构，发现病毒微观形态之美。通过学习，认知病毒的分类，理解病毒对人类和社会环境等的双重作用，培养分析问题的能力，提高自主探究能力，逐渐掌握病毒的结构、功能，机体的免疫机制，疾病发生时的病理生理变化，病毒的防治原则等知识内容，解决病毒防治中的实际问题，激发学生的职业认同感，保障人们身体健康。

第一节　病毒的概念及特点，病毒与人类疾病的关系

第二节　病毒的生物学特性

1.病毒的大小与形态

2.病毒的结构和化学组成

3.病毒的增殖与遗传变异

4.理化因素对病毒的影响及病毒的分类

第二章　病毒的感染与免疫

本章介绍病毒致病作用：病毒感染的传播方式、致病机制、免疫逃逸，病毒感染的类型，病毒与肿瘤。抗病毒免疫：固有免疫、适应性免疫、抗病毒免疫持续时间。通过案例讨论加深学生对课堂内容的理解，满足学生可以早日接触临床的愿望，激发职业认同感，促使学生主动地参与到课堂学习中，提升学习效果。

第一节　病毒的致病机制、感染的传播与感染的类型

第二节　病毒感染的防治原则

第三章　病毒感染的检查方法

本章介绍病毒感染的检查方法：标本的采集、送检，病毒分离培养与鉴定，诊断。病毒感染的特异性预防：人工自动免疫常用生物制品与人工被动免疫常用生物制品。病毒感染的治疗：抗病毒化学制剂、干扰素和干扰素诱生剂、中草药、治疗性疫苗、治疗性抗体及基因治疗。通过案例讨论加深学生对课堂内容的理解，满足学生可以早日接触临床的愿望，激发职业认同感，促使学生主动地参与到课堂学习中，提升学习效果。

第一节　病毒感染的检查方法

1.标本的采集

2.标本送检

3.病毒分离培养与鉴定

4.诊断

第二节　病毒感染的特异性预防

1.人工自动免疫常用生物制品

2.人工被动免疫常用生物制品

第三节　病毒感染的治疗

1.抗病毒化学制剂

2. 干扰素和干扰素诱生剂

3. 中草药

4. 治疗性疫苗、治疗性抗体及基因治疗

第四章　呼吸道病毒

本章介绍呼吸道病毒的概念、种类；呼吸道病毒引起的常见疾病及流行特点；流感病毒的形态结构与抗原分型、复制周期；基因变异机制、抗原变异与流行的关系及特异性预防。麻疹病毒、腮腺炎病毒和风疹病毒的形态结构与抗原分型及特异性预防；冠状病毒的形态结构与抗原分型、复制周期；基因变异机制、抗原变异与流行的关系及特异性预防。以讲授和举例相结合的形式，使学生认识到人类和众多生物一样构成了地球生态系统，为了保证和促进人与自然和谐发展，必须从我做起，推动形成绿色发展方式和生活方式。

第一节　呼吸道病毒分类

第二节　流行性感冒病毒

第三节　冠状病毒和SARS冠状病毒

第四节　副流感病毒、腺病毒及其他一般特性

第五章　肠道病毒

本章介绍肠道病毒的分类及其共同特性；脊髓灰质炎病毒的形态结构、致病性与免疫性、微生物学检查法、防治原则；柯萨奇病毒、埃可病毒及新型肠道病毒的致病性。通过讲解本课内容，让学生加强卫生观念，树立健康意识，关注公共卫生问题。通过专业知识中思政元素的融入，使学生形成科学严谨、不断探索的学习精神。

第一节　肠道病毒的分类

第二节　主要生物学特性

第三节　肠道病毒的相关疾病

第六章　肝炎病毒

本章介绍人类肝炎病毒的种类，甲型肝炎病毒的主要生物学性状、致病性及免疫性、微生物学检查法、特异性预防；乙型肝炎病毒的形态结构、基因结构与功能、复制特点、抵抗力、传染源、传播途径、致病机理、免疫性、HBV与原发性肝癌的关系、微生物学检查法及防治原则（基因工程疫苗）；丙型肝炎病毒、丁型肝炎病毒及戊型肝炎病毒的生物学性状、致病性与免疫性、流行病学特点。通过介绍我国在肝病防治方面的努力及与各国的交流合作，使学生树立正确世界观，并认识到构建人类命运共同体的重要性。

第一节　肝炎病毒的分类

第二节　甲肝病毒

第三节　乙肝病毒

第四节　丙肝病毒

第五节　丁肝病毒及戊肝病毒

第七章　逆转录病毒

本章介绍逆转录病毒的主要特性；人类免疫缺陷病毒的生物学特性、致病性与免疫性、微生物学检查法、防治原则；人类嗜T细胞病毒的生物学特性、致病性与免疫性、微生物学检查法、防治原则。结合HIV相关知识，引导学生树立正确的人生观、世界观，远离毒品，珍爱生命。鼓励学生身体力行，正视艾滋病问题，消除歧视，学习和掌握关于艾滋病的基本知识，积极参与抗击艾滋病工作。

第一节　逆转录病毒分类

第二节　人类免疫缺陷病毒

第三节　人类嗜T细胞病毒

第八章　改造和利用病毒

本章介绍病毒在人类生产生活中的应用并探讨其安全性和有效性；探讨病毒与人类的对立统一；经基因工程改造的溶瘤病毒在癌症治疗中的应用，病毒在基因工程中作为目的基因表达载体的应用，病毒疫苗及病毒杀虫剂的应用。培养学生的创造性思维和求异思维，探讨病毒与人类的对立统一。结合相关知识，引导学生树立正确的人生观、世界观，具有家国情怀，积极参与抗击相关病毒引起的疾病。

第一节　改造和利用病毒

第二节　病毒改造后的安全性和有效性

第三节　病毒在生物医疗领域的应用

第四编
人文艺术
之美

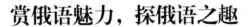

赏俄语魅力，探俄语之趣

一、课程简介

本课程为全校各专业开设的专业美育必修通识课程。通过本课程的学习，能够让学生们全方位了解并融入世界著名的战斗民族——俄罗斯，帮助学生探索俄罗斯的文化、历史及其他因素造就这个国家和民族的原因，全面客观地了解俄罗斯及对俄交流有现实意义的文化常识，拓宽国际文化视野，欣赏俄罗斯美丽的城市、唯美的建筑、高雅的音乐、著名的绘画等无处不在的美。

二、课程目标

1. 知识目标：学生能够叙述俄罗斯的文化、历史上的关键事件和成就，描述俄罗斯不同历史时期的文化、艺术、生活特征，能够比较中俄文化的差异，理解中俄文化和艺术的时代特征，并能够阐释中俄文化与艺术的关联性。

2. 能力目标：学生能够在研究中俄文化和艺术问题时运用基本的艺术理论和文化对比思维，能够使用文化、艺术的相关知识和分析能力鉴赏具体的文艺作品。强化逻辑思维，提升思辨能力，增强对中俄文化、艺术差异的理解、判断、分析、综合、论证的能力。

3. 美育目标：学生能够识别俄罗斯文化的价值意义，体验不同国家的文化以及文化对人类生活的影响，感受文化、艺术的形式之美与实质之美，并将所体验和感知到的文化艺术之美进行有效和被他人认同的传达。

4. 思政目标：学生能够深切体验到文化学习中的中国立场，通过学习，拓宽学生的文化视野，陶冶审美情操，增强民族文化自信。

三、课程美育目录

第一章 你眼中的俄罗斯

本章主要介绍俄罗斯的地理位置、历史发展，伴随着人类社会发展，其建筑、绘画等艺术文化是如何在历史的长河中出现、发展，并能够体会到文化艺术和人类历史的进步的统一性，以及文化艺术发展的历史和现实意义。在感受俄罗斯建筑之美的同时，欣赏中国历史上有名的古建筑，体会中国文化的博大精深。

第一节 俄罗斯地理

1. 俄罗斯的自然之美

2. 俄罗斯的资源之美

第二节　俄罗斯历史

1. 俄罗斯的历史之美

2. 俄罗斯的文化之美

第三节　俄罗斯各时期的建筑

1. 俄罗斯的建筑之美

2. 中国的古代建筑之美

第二章　莫斯科不相信眼泪

本章主要介绍俄罗斯首都莫斯科的历史发展、莫斯科的建筑特点、莫斯科著名的旅游景点，能够理解俄罗斯文化对各时期的绘画艺术的影响，能够体验到俄罗斯绘画艺术的独特魅力及其在世界取得的辉煌成就。通过俄罗斯和中国绘画艺术作品的对比，帮助学生理解中俄绘画艺术文化的差异。

第一节　莫斯科的建筑

1. 莫斯科的巴洛克之美

2. 克里姆林宫的文化之美

3. 红场不可复制的美

4. 莫斯科剧院的艺术之美

第二节　莫斯科的绘画

1. 莫斯科的绘画艺术之美

2. 中国国画的艺术之美

3. 特列季亚科夫画廊的人文之美

4. 莫斯科博物馆的文化之美

第三章　情迷圣彼得堡

本章主要介绍俄罗斯历史文化名城——圣彼得堡的发展及形成，著名的涅瓦河和冬宫，引人入胜的皇家花园，震撼的亚历山大柱，直至今日仍给俄罗斯人民带来信念和希望的喀山圣母大教堂。

第一节　"我"为圣彼得堡"代言"

1. 冬宫之美

2. 彼得保罗要塞之美

3. 皇家花园之美

第二节　喀山圣母大教堂

1. 圣彼得堡的教堂之美

2. 俄罗斯民族的希望之美

第四章 俄罗斯传统婚礼

本章主要介绍俄罗斯的传统婚礼习俗、民族节日、传统服装、传统美食，能够理解文化对人民社会生活的基础性意义，对家庭关系、民族服装的改变、民族习俗的发展等方面的重要意义，能够体验到文化在生活、民族、习俗饮食等方面的特殊地位。通过中国民间故事、中国传统美食的引入，对比了解中、俄民间文化、饮食文化的差异。

第一节 俄罗斯传统婚礼和民间节日

1. 俄罗斯民间传统之美

2. 俄罗斯的礼仪之美

第二节 俄罗斯传统服装

1. 俄罗斯传统手工艺之美

2. 俄罗斯的服装之美

第三节 俄罗斯民间故事

1. 善良之美

2. 友爱之美

3. 勇敢之美

第四节 中国民间故事

1. 勤劳之美

2. 善良之美

3. 勇敢之美

第五节 俄罗斯的传统美食

1. 俄罗斯的"舌尖"之美

2. 俄罗斯民间生活之美

第六节 中国传统美食

1. 中国的"舌尖"之美

2. 中国的民间传统之美

第五章 我们心中的白天鹅

本章主要介绍俄罗斯的芭蕾舞，柴可夫斯基世界闻名的芭蕾舞剧《天鹅湖》《睡美人》《胡桃夹子》，了解俄罗斯音乐艺术的历史和现状及其发展，能够理解音乐艺术给俄罗斯人民带来的美好和希望，能够体验到音乐展现出来的律动之美、治愈之美，特别是在净化心灵、调节心理状态、抒发感情等方面的重要意义。古琴在中国音乐发展历史上具有举足轻重的地位，通过欣赏古琴曲，帮助学生了解、认识我国传统乐器的旋律之美。

第一节 俄罗斯的音乐发展

1. 俄罗斯的音乐之美

2. 希望之美

第二节　柴可夫斯基的《天鹅湖》《睡美人》

1. 俄罗斯的芭蕾舞之美

2. 俄罗斯传统舞蹈之美

第三节　古琴名曲欣赏

1. 伯牙子期《高山流水》知音之美

2.《梅花三弄》高尚情操之美

汽车文化鉴赏

一、课程简介

《汽车文化鉴赏》是车辆工程专业的专业美育课。课程宏观简要介绍了世界汽车的发展历史，各个汽车品牌的标志及世界经典名车，现有的汽车赛事种类和现代汽车科技。使学生掌握汽车发展历史，了解汽车现代科技以及常识。

二、课程目标

1. 知识目标：学生能够理解汽车发展的历史，掌握汽车发展历史的相关科技的发展，熟知世界经典名车的车标及基本参数，熟知汽车产品，初步了解汽车历史文化，初步建立良好的驾驶习惯和安全驾驶专业知识，初步了解世界顶级车辆赛事，熟知各赛事基本规则。

2. 能力目标：学生具备分析复杂交通状况的能力，具备分析各种汽车的性能及美学选车的能力，具备用美学文化分析实际问题的能力。

3. 美育目标：学生能够了解汽车设计中的工程美、设计美、舒适美、速度美，能够理解汽车运行中的安全之美、流畅之美、速度之美、效率之美，能够对汽车的历史和汽车的科技产生审美上的认同和共鸣。

4. 思政目标：培养学生认真负责、严谨细致的工作态度，培养交通安全和驾驶安全的法制观和安全观，对车辆工程专业产生强烈的专业认同感，并树立牢固的专业职业伦理观。

三、课程美育目录

第一章　世界汽车的诞生与发展

本章主要介绍世界汽车的诞生过程及后期发展之路，其从独轮车发展到现在常用的乘务车、货车等经过了崎岖坎坷之路。汽车工业是20世纪对人类生活影响最大的产业。汽车技术经过一百多年的发展，通过前人不断的改进与创新，才使其成为今日这样具有多种外形、不同性能，并广泛用于社会生活多个领域的交通运输工具。学习本章能够让学生体会到任何技术的发展都是来之不易的，都要经过无数人的艰苦奋斗。

第一节　汽车诞生前夜

1. 远古之美

2. 劳动之美

3. 创新之美

4. 价值之美

5. 人类不断求真的学术之美

6. 发明之美

7. 内燃机工作的动态之美

8. 凸轮轴旋转的灵动之美

第二节　内燃机汽车的诞生

1. 人文之美

2. 和谐之美

3. 汽车外观设计之美

4. 内燃机车辆刚柔之美

5. 汽车发展之美

6. 美系肌肉车之美

7. 法国浪漫设计之美

8. 意大利技术精湛之美

第三节　战后新发展

1. 贴近民众汽车之美

2. 凯迪拉克标新立异之美

3. 丰田的崛起之路带给人们的奋斗之美

第四节　百花争艳的年代

1. 911发展之路带给人们的经典之美

2. 工业自动化发展带给人们的包容之美

3. 英国汽车工业没落输出的艰辛创新之美

第五节　石油危机以后的汽车世界

1. 汽车行业转型之美

2. 不断创新的工匠之美

第二章　中国汽车工业的创业与发展

新中国成立后，中国人民在日本侵华时留下的细菌工厂的残垣上建立起了第一汽车制造厂，逐步建立了自己的民族汽车工业。改革开放以来，我国汽车工业迅速发展，民族汽车品牌不断涌现。面对日益严峻的市场竞争，中国正开始走向自主创新的汽车强国之路。

第一节　中国汽车工业的创业

1. 劳动之美

2. 人类不断创新的工匠精神之美

3. 先驱者的艰苦奋斗之美

第二节 中国主要汽车（集团）公司发展历程及其品牌

1. "红旗"引领的大国工匠之美

2. 自主品牌发展之美

3. 工业自动化技术带来的工业之美

第三章 车标赏析

车标鉴赏系统收集了世界各国的著名车标及其含义，每辆汽车都有车标，这其中，蕴含了企业文化以及品牌价值等一系列的因素。尤其是名车，很多时候，彰显了主人的身份以及实力。

第一节 欧洲主要汽车公司车标

1. 车标蕴意之美

第二节 美洲主要汽车公司车标

1. 美洲汽车车标预示的经济活跃之美

2. 美洲文化之美

3. 粗犷胸怀之美

第三节 亚洲主要汽车公司车标

1. 中国发展工业之美

2. 社会文明之美

3. 民族底蕴之美

4. 民主自由之美

5. 美好生活之美

6. 创新创业之美

7. 中华民族灿烂的民族之美

第四章 世界经典名车

本章从汽车文化经典名车出发，以文化的视角，系统、全方位地论述了经典汽车文化的各种表现形式：经典名车、名人与品牌、造型美学与艺术等，同时引导学生领略经典汽车之美。

第一节 古董老爷车

1. 先驱之美

2. 设计之美

3. 文化底蕴之美

第二节 经典跑车

1. 速度之美

2. 运动之美

3. 澎湃动力之美

4. 空气动力之美

5. 艺术表现之美

第三节　现代超级跑车

1. 经典"艺术产品"欣赏之美

2. 技术进步之美

3. 创新创业之美

第四节　世界主要汽车公司名牌轿车

1. 经典名车之美

2. 工匠之美

3. 奋进崛起之美

第五章　汽车运动

汽车运动是指以风冷或水冷型内燃机、电动机为动力，四个或四个以上轮子在地面行驶，至少以二个轮作为转向的方向盘式机动车辆作为器材进行的国际和国内竞争、训练、培训以及带有竞技性质的汽车旅游、探险、娱乐和表演活动，使用汽车在公路和野外比赛速度、驾驶技术和车辆性能的一种运动项目。19世纪80年代，在欧洲大陆出现了汽车的雏形，汽车运动也随着汽车工业的发展而兴起。起初，汽车比赛的目的是检验车辆的性能，宣传使用汽车的安全性和可靠性，因此，汽车厂商对此积极资助，以期推销其产品。1894年在法国举行了第一次汽车比赛，经过一个多世纪的发展，汽车运动已在全世界范围内大面积兴起。

第一节　汽车运动概述

1. 汽车运动发展的艰辛之美

2. 汽车运动兴盛的辉煌之美

3. 高端汽车运动的技术之美

第二节　方程式汽车赛

1. 顶级赛事的极限运动之美

2. 汽车技术进步之美

3. 汽车外观设计之美

4. 团队合作之美

第三节　非方程式汽车场地赛

1. 野外运动欣赏的自然之美

2. 团队合作之美

第四节 汽车拉力赛

1.人与自然和谐之美

2.理性之美

3.经验之美

第六章 汽车科普之美

汽车的定义为：由动力驱动，具有四个或四个以上车轮的非轨道承载的车辆。主要用于：载运人员和/或货物；牵引载运人员和/或货物的车辆；特殊用途。本章主要阐述汽车的科普之美、汽车的类型、汽车国际组织、世界车城、车展、汽车收藏、汽车公害与环保，汽车召回制度等汽车相关知识

第一节 汽车的分类

1.规则之美

2.汽车行业标准之美

3.汽车编号之美

第二节 概念车

1.设计之美

2.大胆前卫表现之美

第三节 汽车国际组织

1.国际组织制度之美

2.创新精神之美

第四节 世界车城与车展

1.车城建设之美

2.车展表现之美

第五节 汽车公害与环保

1.人与自然和谐之美

2.环保之美

第七章 现代汽车科技概览

汽车是改变世界的机器，汽车电子是改变汽车的机器，一百多年以来，汽车极大地推动了经济和社会的发展，汽车电子化等汽车科技的出现改变了汽车行业的发展走向。本章将重点介绍汽车科技电子系统等相关知识，引领学生掌握技术革新对人类社会发展的重要作用。

第一节 汽车电子化

1.技术进步之美

2.电气之美

3. 线束布置之美

4. 系统之美

5. 规则之美

6. 和谐之美

7. 设计之美

8. 团队合作之美

第二节　汽车网络化

1. 车联网络之美

2. 电气之美

3. 计算之美

4. 线控技术之美

第八章　智能网联汽车技术综述

智能网联汽车是汽车未来发展的重点方向，集成了汽车、机械、电气及自动化多学科的技术于一体，是汽车行业创新技术的核心内容。本章将重点介绍汽车智能网联系统、智能网联汽车技术的组成、智能网联行业的发展潜力、智能网联汽车的发展现状等相关知识，引领学生掌握技术革新对人类社会发展的重要作用。

第一节　智能运输系统与汽车智能化

1. 智能网联汽车之美

2. 北斗卫星定位之美

3. 车载技术之美

中国古今"造物之美"

一、课程简介

设计是一门艺术学科，从古至今，东方和西方文化体系中都存在对"设计"的认知、研究和发展的美学传递过程。它是一门综合性极高的学科，涉及社会、文化、政治、经济、市场和科技等多重领域的融合。本门课程通过对中国传统文化中古典美学艺术珍品的鉴赏、古代设计思维的挖掘以及传统设计美学的探究，来为工业设计专业的学生奠基传统美学理论基础，拓展设计美学的鉴赏能力，弘扬传统文化，传承并发展传统艺术美学的设计精髓。同时启发学生将传统美学理论、技艺、风格、内涵有效地与现代工业设计进行融合，从而加强新一代设计师的文化自信、民族自信及美学修养。

二、课程目标

1. 知识目标：使学生认识和了解中国传统工艺作品的产生和发展，了解传统设计技能。

2. 能力目标：形成开拓的设计思维，提升书法绘画的相关艺术技法，实现将传统融入现代产品设计。

3. 美育目标：奠基传统美学理论基础，拓展设计美学的鉴赏能力，弘扬传统文化，传承并发展传统艺术美学的设计精髓，使学生体验爱国主义、中国立场的文化背景，建立更好的美学设计认知体系。

4. 思政目标：学生强化对传统"工匠精神"的价值理解和认同，坚定学习设计专业和从事设计职业的信心，开拓对传统文化中设计元素的认知和理解。

三、课程美育目录

第一章 中国古代器物之美

本章重点介绍中国古代青铜器的演变和发展史，鉴赏青铜文物的过程中，逐步解构其设计元素，针对具有代表性的作品深入挖掘其文化背景和设计内涵；瓷器产生和发展的历史及基本分类，学习从瓷器艺术的烧制工艺、器型设计，图案纹样等方面来欣赏了解瓷器艺术的特点；家具艺术的历史及基本分类，在欣赏家具艺术的过程中，感受古人对生活环境的改造意识，提升审美素养，并体会其对现代家具设计的影响。

第一节 青铜器纹样之美

1. 青铜器的壮丽历史

2. 经典作品美学赏析

第二节　陶瓷器型之美

1.汉唐瓷器的"青白"风骨

2.宋明瓷器的"意蕴"华彩

第三节　木器榫卯结构之美

1.秦汉时期的开天辟地

2.唐宋时期的素雅洁净

3.明清时期的华美巅峰

第二章　服饰之美

本章重点介绍了中国古代服饰的演变和发展史，并在鉴赏服饰文物的过程中，逐步解构其文化背景、艺术风格、使用人群和社会科技发展等相关知识，使学生在宏观了解的同时，打开对细节和设计思维的深入思考，留出更多课下探索的空间。运用混合式教学法，从而更生动地展示传统文化的魅力，拓展学生对传统美学的认识和理解。

第一节　传统服装设计的华彩之美

1.秦汉服饰之样式美

2.唐宋服饰之优雅美

3.明清服饰之自然美

第三章　甲骨文的演变之美

本章重点介绍了甲骨文演变和发展史，并在鉴赏文字演变的过程中，逐步了解其所承载的华夏民族的物质文明和精神文明，使得学生全面且深刻地了解汉字的历史价值，提升民族自豪感，并从其演变中寻找艺术创作思路，为自己未来的设计学习打下基础。

第一节　汉字演变之美

1.甲骨文的内涵之美

2.金文小篆的结构之美

3.隶楷行书的线条之美

第四章　书画之美

本章重点介绍了书法和绘画的发展史，并在鉴赏书法绘画艺术的过程中，逐步了解其所承载的文化内涵，使得学生全面且深刻地了解汉字的历史价值，感受中国传统文化精髓，并从其演变中寻找艺术创作思路，为自己未来的设计学习打下基础。

第一节　书法的演绎

1.秦汉书法的肃穆之美

2.隋唐书法的丰韵之美

3.宋元书法的飘逸之美

第二节 绘画的变幻

1. 写意的豪放疏朗之美

2. 工笔的细腻温润之美

第五章 文创产品之美

本章重点介绍了文创的发展史、当下文创市场现状及设计思路，探索文创产业未来的发展空间，了解文创艺术的概念和形式。学习文创艺术的表现手法，掌握一定的设计技巧，探索如何将文化内涵与产品进行有机结合。在学习文创的过程中，充分展示大国文化的独有特色，发扬对中国传统艺术的传承精神。

第一节 现代博物馆文创产品之美

1. 故宫文创的复古与新奇之美

2. 大英博物馆的现代与变化之美

方言之魅

一、课程简介

本课程是汉语国际教育专业的专业美育课，也是通识必修课。课程通过民歌民谣、方言词汇、民谚、地方戏、地方曲艺、女书等内容的讲授，展示汉语方言及方言文化概况，培养学生进行基本的方言文化调查的摄录、剪辑等音视频制作能力。通过欣赏、收集、体验、互动等多种方式，增加课程体验性，增强学生的视觉、听觉感受能力，提升专业自豪感，培养创造力和审美力，进而更好地领悟汉语方言的博大精深，感受以汉语方言为载体的文化现象的美学之美，不忘乡音，铭记乡愁，增强文化自信，最终实现以德树人、以美育人、以文化人，实现全面提高学生人文素养的育人目标。

二、课程目标

1. 知识目标：理解、分析、评价以民歌民谣、方言词汇、民谚、地方戏、地方曲艺、女书为基本内容的汉语方言及方言文化概况。

2. 能力目标：能够根据不同的方言文化调查对象选择合适的摄录方法，根据不同的表现目的，组合、修正、编辑音视频资料。具备对方言及方言文化基本的分析、评价能力。通过案例分析，提升思辨能力，增强对方言文化价值的理解、判断、分析、推理、综合、论证的能力。

3. 美育目标：学生能够通过欣赏、收集等多种方式，恰当描述、高度认同汉语方言及文化的价值，感受、理解汉语方言的文化之美，热爱自己的母语及母语文化，并将所体验和感知到的汉语方言之美进行有效和被他人认同的传达。

4. 思政目标：通过表演、展示、体验、互动等多种方式，增强视觉、听觉感受能力，培养创造力和审美力，回答"人从何处来"的问题，不忘乡愁，增强文化自豪感，树立文化自信。

三、课程美育目录

第一章　汉语方言与文化概述

本章从方言分区入手，介绍了人们对方言分区的探索过程，体现了人们认识不断深化的过程。从对传统文化和汉语方言中的文化的介绍，引导学生注意到方言与文化的密切关系，进而认识到方言文化的重要性，增强文化自信心和自豪感。从方言文化调查程序和手段入手，引导学生动手调查记录方言文化，增强文化责任感。

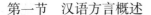
第一节 汉语方言概述

1. 汉语方言分区简史

2. 各方言的基本特征

第二节 传统文化概述

1. 文化

2. 中国传统文化

3. 非物质文化遗产

第三节 汉语方言中的文化

1. 方言与文化

2. 方言也是文化

3. 方言文化

第四节 方言文化调查

1. 调查程序

2. 调查工具

第二章 民歌民谣之美

本章介绍民歌民谣的种类、基本特点，进一步介绍方言和民歌的关系，帮助学生理解民歌民谣的基本情况，帮助理解民歌民谣的丰富性、多彩性以及艺术特色。要求学生通过搜集母语方言中的民歌民谣，理解民歌民谣的生命力和艺术魅力，引导学生增强文化自信心和对地域文化的热爱。

第一节 民歌民谣概述

1. 概述

2. 民歌民谣与方言

3. 民歌民谣与方言研究

第二节 "好一朵美丽的茉莉花"

1. 流传最广的一首民歌民谣

2. 记录乡愁和欢乐

3. 记录拼搏和亲情

第三节 歌声咏流传

1. 民族的就是世界的——方言与移民

2. 歌声依旧嘹亮——活力依然

3. 民歌民谣的保护

第三章 方言词汇之美

本章重点介绍方言词汇。在语音、词汇、语法三要素中，词汇与社会生活关系最为密

273

切，也最能反映社会的发展变化。由于各地地理、历史、社会等因素的不同，各地方言词汇除了共同性之外，还会有或多或少的差异。正是这种词汇差异，可以帮助我们较为直接地体会到方言特色。

有些方言词汇，是过去的遗留，看似很"土"，原来也是"雅"的。方言词汇，蕴含着历史的积淀，也反映着不同方言（或语言）之间的接触与交往，还附有饶有情趣的表达效果。

第一节　方言词语概述

1. 词形差异

2. 音节数量差异

3. 词义差异

第二节　方言词的词源考证

1. 考求本字

2. 字义问题

3. 考证之力

第三节　方言词汇与文化

1. 方言地域文化

2. 对外汉语与方言词汇、地域文化

3. 词汇中的文化之美

第四章　民谚之美

本章介绍了汉语方言民谚的概况，帮助学生理解各地民谚知识。通过案例分析，介绍二十四节气歌和新民谚，帮助学生理解方言民谚蕴含的古人智慧、哲理。介绍饮食、气象、卫生、农业、养生、忠孝、爱国、爱乡类的谚语，帮助学生理解方言民谚蕴含的传统道德和方言音律之美。

第一节　民谚概述

1. 概述

2. 方言与民谚

3. 民谚之美

第二节　"春雨惊春清谷天"

1. 各地民谚诵读

2. 新民谚

3. 民谚与文化

第三节　科学、智慧与道德

1. 科学之真

2. 智慧之善

3. 道德之美

4. 民谚传播

第五章　地方戏之美

本章介绍地方曲艺基本情况，帮助学生了解曲艺现状。通过展示各类戏曲视频，帮助学生理解地方曲艺体现的传统文化之美（唱腔、道德、艺术等）、方言与戏曲的关系。通过案例比较，理解地方戏的魅力、活力。

第一节　地方戏概述

1. 概述

2. 戏曲与方言

第二节　"刘大哥讲话理太偏"

1. 地方戏欣赏

2. 地方戏的艺术之美

3. 戏曲与方言案例

第三节　唱上两句家乡戏

1. 保护与传承

2. 戏曲元素再展活力

3. 走向海外

第六章　地方曲艺之美

本章介绍地方曲艺基本情况，帮助学生了解曲艺现状。通过展示各类曲艺视频，帮助学生理解地方曲艺体现的传统文化之美（唱腔、道德、艺术等）、方言与曲艺的关系。通过案例比较，理解地方曲艺的魅力、活力。

第一节　地方曲艺概述

1. 概述

2. 曲艺和方言

第二节　"姑娘叫大莲"

1. 地方曲艺欣赏

2. 新曲艺的时代力量

3. 曲艺的回归

第三节　永久的"丑末寅初"

1. 爱国之情

2. 保护与传承

3. 传统曲艺与现代传媒的结合

第七章　女书之美

本章介绍现在世界上唯一存在的性别文字——女书。女书文字呈长菱形，笔画纤细均匀，似蚊似蚁，民间称它为长脚蚊字或蚂蚁字，因其专为妇女所用，学术界便将其称为"女书"。江永女书是一种古老文字，已为专家学者们所共识，但因女书没有古代文物，又未载于史志，故不能确定其起源时间。

女书记录的语言是女书流行地的与众不同的永明土话，它标记语言的手段和方法奇特，可以同音借代，用仅有的四百多个字符可以写出千余字的七字韵文来。女书采取家传、亲朋相教的方式世代相传，它和妇女特有的婚嫁、岁时节日、庙会等民俗活动紧紧融合在一起，充分表现了自身的功能和价值，因此女书对语言文字学、历史学、考古学、人类学、妇女学、民俗学、社会学、美学以及民族文化史和民间文学等多学科领域都具有重要的研究价值。

第一节　女书概述

1. 概述

2. 女书与方言

第二节　唯一的女性文字

1. 女书的识读

2. 女书之美

3. 女书构字法

第三节　传奇的继续

1. 女书保护

2. 女书传承

第八章　乡愁与乡音

本章总结升华了前面的章节内容，意在帮助学生认识到方言是民歌民谣、民谚、地方戏曲、曲艺等的载体，是值得保护和继承的优秀传统文化的重要组成部分。通过梳理，进一步理解乡音的魅力与价值、理解乡愁的社会意义、思考如何在铭记乡愁中保存、保护乡音。

第一节　乡村振兴中的"乡愁"

1. 乡愁

2. 乡音

3. 乡情

第二节　"乡音无改鬓毛衰"

1. 方言与人口迁移

2. 方言与代际传承

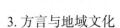

3. 方言与地域文化

第三节 "十三亿分贝"

1. 方言之美

2. 方言之力

3. 方言之妙

4. 客从何处来

5. 回看"方言"

《专业之美》课程美育目录集萃

日语语言之趣

一、课程简介

本课程为日语专业开设的专业美育必修通识课程。通过本课程的学习，能够让日语专业学生欣赏和体验到日本文化的魅力。学生通过学习日本的风土文化、衣、食、住、行、节日、祭祀活动以及传统文化，能够理解和感受日本文化生活在各个层面体现的形式之美与精神之美，激发学生对日本文化问题的关心和研究欲望，提升学生专业素养及审美情趣。同时，日本文化在很多方面最初来自中国，通过学习日本文化并追根溯源与中国文化进行比较，激发学生对中国文化产生民族自豪感，对中国文化产生自信，引导学生坚定"中国文化走出去"信念，为弘扬中国文化贡献自己的力量，最终实现立德树人及美育的育人目标。

二、课程目标

1. 知识目标：学生能够叙述日本的风土、衣、食、住、行等生活文化及茶道、花道、歌舞伎等传统文化内容，描述日本文化构成及特色，比较中日文化的差异性，能够阐述并理解日本文化的美意识，并在理解日本文化表象的基础上，探索并把握日本文化的精髓及特质。

2. 能力目标：学生能够以日本文化为桥梁，提高中日间跨文化理解及交际能力，利用所学知识成为涉日事务的从业者、中日问题的研究者、沟通中日文明的践行者、语言服务的提供者。提高人文素质、增强对中日文化关系的思辨能力，增强批判及独立探索日本文化特质及其成因的能力，增强创新能力，具备国际化思维及视野，具备世界公民意识，面向世界。

3. 美育目标：学生能够从形式上全方位感受日本的风土文化之美、和食之美、服饰之美、建筑之美、交通工具之美、传统文化之美、祭祀活动之美，从精神上感受日本文化中的物哀、侘寂、幽玄等美意识以及崇尚自然之美、礼仪之美、匠人精神之美、创新之美等，从而提升学生发现美、感受美的审美情趣，激发日语专业学生对专业学习的兴趣与向往。

4. 思政目标：学生能够深切体验到中国文化的博大精深和对邻国日本深远的影响，认同中国文化，坚定中国文化自信，坚定传播中国文化以及为中日间文化交流而做出贡献的信念。同时，日本民族对外来文化的接受、学习、发展和创新精神，值得我们认真研究和学习借鉴。

三、课程美育目标

第一章　日本风土文化之美

本章主要介绍日本风土自然文化之美，赏析日本风土中富有代表性的樱花之美、富士山之美、温泉文化之美以及京都之美，从日本风土的角度领略日本文化之美。系统讲解了日本樱花的美学形象变革、赏樱习俗等樱花文化、富士山文化象征以及温泉文化、京都城市的变革和人文文化等，在感知日本风土文化的自然美的基础上，理解"物哀"的美意识及日本人的无常观，了解中国古代唐文化对京都的影响，探索中日文化差异，坚定中国文化自信，为中国文化的传播与发展以及中国与世界的文化交流贡献自己的力量。

第一节　樱花之美

1. 樱花美学文化形象的历史追溯

2. 赏樱习俗

3. 跟着"樱花前线"去赏樱

第二节　富士山之美

1. 富士山概述

2. 富士山的文化活动

第三节　温泉文化之美

1. 温泉的历史和发展

2. 温泉的宗教、饮食和景观文化

第四节　京都之美

1. 唐风遗韵——古城京都的历史与变迁

2. 现代京都城市文化

第二章　日本饮食文化之美

本章主要介绍日本饮食文化之美，带领你领略日本饮食中最具特色和代表性的寿司、新年料理、日式点心和便当文化之美。追溯了日本寿司的发展历史及做法，新年料理的构成和寓意，和果子的分类、做法、材料、季节以及便当的种类、构成和车站便当等。在了解日本饮食文化的构成的基础上，感知日本饮食文化崇尚的自然之美，理解"侘寂""粹""以小为美"的美意识，理解日本的工匠文化，了解中日两国饮食文化的渊源，对中日饮食文化的差异进行辩证性思考，在拓展国际视野的同时坚定中国文化自信，成为沟通中日饮食文化的践行者。

第一节　寿司之美

1. 寿司的起源和历史

2. 寿司的分类和流派

3. 从寿司制作观日本的"匠人精神"

第二节　新年料理之美

1. 新年料理的历史

2. 新年料理的构成和寓意

第三节　日式点心之美

1. 日式点心的历史与发展

2. 日式点心的"调和"之美

第四节　便当文化之美

1. 便当的起源和历史

2. 便当文化的特点

第三章　日本服饰之美

本章主要介绍日本服饰之美，赏析日本的传统服饰——和服，以及极具特色的校服文化。系统讲解了日本和服的历史、种类、花色、结构、穿法等，介绍了校服的演变。在领略日本服饰文化之美的基础上，感知和服文化中崇尚自然、以和为贵、亲近自然等审美意识，了解中国唐文化对和服的影响，感知校服文化中体现的集团主义等文化因素，对中日服饰文化差异进行探索和思辨，拓展国际视野，坚定中国文化自信，为中国文化的传播与发展以及中国与世界的文化交流贡献自己的力量。

第一节　和服之美

1. 和服的起源和发展

2. 和服的种类

3. 和服与日本文化

第二节　日本校服之美

1. 校服的发展和基本特征

2. 校服与"集团主义"

第四章　日本建筑之美

本章主要介绍日本古代建筑的历史、类型、特点、代表建筑，中国对日本古代建筑的影响，日本现代建筑特点，日本著名建筑师及代表，感知日本古代建筑之美。同时引导学生思考中国古代建筑对日本建筑的影响，激发探索中日文化差异的热情，从而能够坚定中国文化自信，为中国文化的传播与发展以及中国与世界的文化交流贡献自己的力量。

第一节　日本古代建筑之美

1. 日本古代建筑类型

2. 日本古代建筑代表

3. 中国对日本古代建筑的影响

第二节　日本现代建筑之美

1. 日本现代建筑的特点

2. 日本现代著名建筑师及代表作品

第五章　日本电车文化之美

日本的"电车"和国内"电车"的概念不同，更应该称之为轨道交通。日本轨道交通非常发达，因此电车成为人们日常出行的基本手段。电车的普及也衍生出了很多电车文化。本章主要介绍日本的铁路历史、电车文化、车站和车辆、电车和旅行等知识，感知日本电车之美。在此基础上，引导学生文明乘坐交通工具，遵守社会公德，激发探索中日交通文化差异的热情，从而能够坚定中国文化自信，为中国文化的传播与发展以及中国与世界的文化交流贡献自己的力量。

第一节　日本交通概况

第二节　日本轨道交通与电车文化

1. 日本轨道交通概说

2. 独特的电车文化

第三节　车站和车辆之美

1. 日本最美车站

2. 各式各样的电车线路与电车

第四节　电车和旅行

1. 坐火车游日本

2. 铁道列车博物馆

第六章　日本传统义化之美

本章主要介绍日本传统文化中的茶道、花道艺术，歌舞伎、能、狂言等戏剧，以及相扑、柔道、空手道、剑道等传统体育运动，这些传统文化是日本文化的载体，是我们领略日本文化魅力的窗口。追溯了日本传统文化的历史，讲述其具体内容、表现形式、流派、分类等，并在此基础上揭示其中蕴含的日本美学思想，从中感受日本茶道的"侘寂"之美，花道的"如花在野"之美，歌舞伎、能及狂言等戏剧之美，日本传统体育运动的礼让之美、力量与智慧结合之美、拼搏奋斗精神之美，进而追根溯源从日本传统文化的历史发展过程体会中国传统文化对于邻国日本的影响，从中感受中国传统文化的强大魅力和影响力，增强学生对中国传统文化的自信，启发学生热爱祖国灿烂的传统文化。

第一节　日本传统艺术之美

1. 茶道之美

2. 花道之美

第二节　日本传统戏剧之美

1. 歌舞伎之美

2. 能和狂言之美

第三节　日本体育运动之美

1. 相扑之美

2. 空手道、柔道、剑道之美

第七章　日本传统节日及祭祀文化之美

本章主要介绍成人节、儿童节等法定节日，新年、偶人节、盂兰盆节等日本民间节日和祇园祭、天神祭、神田祭等地方祭祀活动，追溯其历史，详细讲述节日活动和祭祀活动的时间、地点、内容、形式、习俗、仪式和礼节等，挖掘其精神层面的信仰，从中感受日本传统节日和祭祀活动的仪式之美，并从日本传统节日的历史发展过程体会中国传统节日对于邻国日本的影响，从中感受中国节日文化的光芒，增强学生对于祖国传统节日的文化自信，启发学生努力传承和坚持中国传统节日文化遗产。

第一节　日本传统节日之美

1. 法定节日

2. 民间节日

第二节　日本地方祭祀活动之美

1. 日本三大祭祀活动

2. 其他地方代表祭祀活动

图形设计之美

一、课程简介

本课程为视觉传达设计专业开设的专业美育必修通识课程。通过本课程的学习和训练能够让视觉传达专业学生欣赏和体验到图形创意表现方法与规律之美、形式之美与实质之美。学生通过学习和欣赏优秀图形创意设计经典案例，能够感受和理解作品中所蕴含的博大精深的文化之美、丰富的思想之美以及勇于探索的创新实践之美。使学生掌握创造图形新形式和有效传达信息的视觉语言的基本技能，促进创新性思维，培养现代设计的艺术观和审美观。

二、课程目标

1. 知识目标：掌握图形设计之美的相关理论知识，培养学生对视觉元素的联想与想象能力，认识各类图形的表现方法与规律，以便于形成独立的视觉资源库。熟悉中国特有的图案纹样之美，博大精深的文化之美，丰富的思想之美以及勇于探索的创新实践之美。在此基础上学习国外优秀图形设计案例，扩展视野。

2. 能力目标：引导学生思考优秀案例中的设计方法与表达内涵，驱动学生自主学习，提升独立思维能力，建立视觉想象与呈现的手段培养学生创作图形想象的能力，锻炼学生的创新思维和实践能力，从平面载体到立体载体、从静止图形到动画图形，多角度地展现图形创意的可能性。培养学生的创造性思维，学习如何在面对问题时通过恰当的思维过程多方位地解决问题。

3. 美育目标：将美学与国家社会相结合，努力提升家国情怀在学生心中的情感价值，加强文化自信，达成老师与学生之间的情感共鸣。将图形设计课程与"工匠精神"完美融合，提升图形设计鉴赏能力，提升审美修养，拓宽学识，提升未来生活品质。

4. 思政目标：让学生在图形鉴赏中受到德育教育。图形是一种视觉艺术，通过人的视觉感官而产生某种情绪化的作用。优秀的艺术作品能影响学生对生活的态度和看法，培养美好的情操，激励学生奋发向上。通过课程传达老师不忘传道受业解惑的初心，使学生牢记勤恳学习的使命，共同为实现中国梦而奋斗。

三、课程美育目录

第一章　理论之美

本章主要介绍了图形发展历程及图形创意的特性。图形已成为现代社会生活中人们交流思想、传播信息的重要载体，作为创造视觉形象的主要语言，广泛运用于视觉传达艺术设计中，它的时代性、功能性、审美性已渗透到我们生活的每个角落，并以此作为开发学生的创意能力、锻炼学生设计思维能力的主要课程和训练手段。在教学中围绕知识传授、能力提升和价值引领相结合的整体目标，结合课程的特色和优势，以设计理论为基础，构建创作意识，展示设计风格；以设计项目为主线，提升实践能力，坚守工匠精神；以学科交叉为手段，培养创新思维，彰显设计魅力，使文化与产品巧妙结合，拓展设计思维，践行以人为本。

第一节　图形的发展历程

1. 质朴的原始图形之美

2. 文字的历史演变之美

3. 纸张和印刷术的发明之美

4. 科学技术手段的发展应用之美

第二节　图形创意的特性

1. 大众性

2. 通用性

3. 鲜明易感性

4. 象征性

5. 独创性

第二章　图形创意的形态要素之美

本章主要介绍了图形的形态要素构成及图形设计中各种视觉元素构成的审美关系，即形式美法则。形式美法则是人类情感的体现，点、线、面按某种形式美法则组织起来，就会给人以丰富多彩的情感和信息，并能给人带来众多的想象空间，从中学会感受美、欣赏美。

第一节　形态的种类

1. 点——位置存在之美

2. 线——点的延伸之美

3. 面——线的移动之美

第二节　图形创意的形式语汇

1. 和谐之美

2. 对比之美

3. 动势之美

4. 对称与均衡之美

5. 比例与尺度之美

6. 节奏与韵律之美

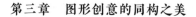

第三章 图形创意的同构之美

本章主要介绍了图形创意的表现方法与规律，运用不同的图形创意表现方法，就能带给受众不同的视觉感受。掌握不同的图形创意表现方法和规律、丰富设计手段，是培养学生设计能力和审美能力的有效途径。优秀的艺术作品能影响学生对生活的态度和看法，培养美好的情操，激励学生奋发向上。传达老师不忘传道受业解惑的初心，使学生牢记勤恳学习的使命，共同为中国梦而奋斗。

第一节 图形创意的思维方法之美

1.联想——图形创意的核心

2.想象——图形创意的起点

第二节 图形创意的表现方法与规律之美

1.置换图形的"偷梁换柱"之美

2.共生图形的"虚实相生"之美

3.异影图形的"形影不离"之美

4.正负图形的"图底转换"之美

5.渐变图形的"延异异变"之美

第四章 图形创意的创造体验之美

本章主要围绕图形创意的创造体验之美展开训练，从而有效地提升学生掌握知识的能力。任何知识或技能的培养都可以借助于有效的方法，图形创意也不例外，通过由浅入深的系统训练，便能逐步建立创意思维的概念，拓展解决问题的思路，丰富视觉的表现语言。图形创意的教学始终是动态的、多元的，并保持着必要的灵活性和开放性，借助心理学理论知识，通过联想想象的方法，启发学生的创造性思维，引导学生建立"创意"的观念，训练学生有意识地捕捉生活中的视觉形象，并创造新的视觉形象，来表达创意灵感。

第一节 思想的激情之美——图形设计方法训练

第二节 有形的妄想之美——图形形态联想训练

第三节 移情到别恋之美——图形想象训练

第四节 有情变有意之美——创意产品训练

第五章 图形创意的赏析之美

本章主要介绍了图形创意的欣赏之美，选取典型的、优秀的图形设计作品建立自己的视觉资料库，培养学生随时留心优秀设计、积极比较和思考的良好习惯。学以致用是教学的目标，如何将学习到的基本知识、技能与社会、市场、生产等因素相融合，是教学关注的问题，也是必须完成的任务。当今时代是一个高度现代化、信息化的社会，经济快速发展的同时人类又面临着诸多的问题和困惑：地球变暖、自然环境的恶化、能源枯竭、战争频发……身为地球人，这些问题与我们息息相关，作为当代大学生有责任、有义务用自己的行动，唤起更多的人的关注与重视。鼓励学生积极参与公益环保设计赛事活动，在特定的主题要求之下，图形能够准确传达信息、给人以思想启迪、体现时代精神，又能给人以美的享受。

第一节　国外设计师图形创意作品赏析

1. 冈特·兰堡

2. 金特·凯泽

3. 福田繁雄

4. 龟仓雄策

5. 埃舍尔

6. 佐藤晃一

第二节　国内设计师图形创意作品赏析

1. 靳埭强

2. 陈幼坚

3. 陈放

第三节　图形创意设计大赛作品赏析

1. 全国大学生广告艺术大赛作品赏析

2. 靳埭强基金奖获奖作品赏析

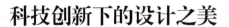

科技创新下的设计之美

一、课程简介

本课程是视觉传达设计、产品设计和环境设计专业开设的专业美育必修通识课程。通过本课程的学习，能够让相关专业学生欣赏和体验到设计的形式之美与功能之美。本课程紧密结合艺术设计相关专业的特点，以科技发展为背景，系统介绍各种设计学派、设计风格、著名设计师经典作品以及当代设计发展的趋向。使学生了解设计发展的脉络，对于吸取历史文化精华，借鉴已往的设计经验，正确把握专业设计的未来都有积极的意义。培养学习能力、设计能力和创新理念，提高分析问题和解决问题的能力，使学生感受和理解科学技术与艺术设计的关系以及科技创新之美、艺术设计之美，从而崇尚创新、坚定设计以人为本目标、践行艺术设计。

二、课程目标

1. 知识目标：学生能够叙述工业革命的历程及其带来的科技创新成果，描述不同时期主要设计风格和流派的特点、产生原因、影响，能够比较中西方艺术设计的道路差异性，理解中国艺术设计发展的不足和特点，并能够阐释艺术设计的路径和要求。

2. 能力目标：学生能够在分析和处理艺术设计问题时与新兴科学技术相结合，运用创新思维，能够使用艺术设计的相关知识和分析能力解决具体的设计问题。能够强化逻辑思维，提升创新思维，增强对现实中的艺术设计问题的分析、理解、解决、处理的能力。

3. 美育目标：学生能够识别优秀的艺术设计的价值意义，体验科技创新及艺术设计对人类生活的影响，感受艺术设计的形式之美与功能之美，并将所体验和感知到的设计之美进行有效和被他人认同的传播。

4. 思政目标：学生能够深切体验到"第四次工业革命""实现中华民族伟大复兴"中的中国艺术设计的发展方向和设计师的时代担当，认同"中华民族伟大复兴"理想，树立"技术—生产力—设计"信念，坚定学习设计专业和从事艺术设计职业的信心。

三、课程美育目录

第一章　第一次工业革命中的设计之美

本章主要介绍第一次工业革命完成前的工艺美术及建筑现状；第一次工业革命产生的科技成果；新技术、新材料的产生对于现代艺术设计产生的作用及英国的工艺美术运动。揭示了科学技术的发展和创新带来了新的艺术设计思想、范例、风格，逐渐形成了现代艺术设计之美。通过学习，学生能够了解第一次工业革命带来的科技创新及社会变革，伴随

着科技的进步、生产力的发展，能够理解生产力、科学技术和艺术设计之间的关系，并能够体会到艺术设计风格的演变和科学技术进步的统一性，以及近代艺术设计的产生和作用。

第一节　第一次工业革命与工艺美术运动

1. 水晶宫博览会的"美"与"丑"

（1）水晶宫的工业之美

（2）水晶宫博览会展品的工业之丑

2. 莫里斯与工艺美术运动

（1）拉斐尔前派的艺术之美

（2）红房子的设计之美

第二节　自然美的探索——新艺术运动

1. 法国的新艺术运动

（1）自然美与家具设计的融合

（2）平面设计师中的民族英雄——穆卡

2. 比利时的新艺术运动

（1）新艺术运动中的建筑之美

3. 德国的"青年风格"

4. 奥地利的"维也纳分离派"

（1）分离派总部大厦建筑与艺术结合之美

5. 英国的新艺术运动

（1）格拉斯哥四人集团的设计之美

6. 西班牙的新艺术运动

（1）高迪的建筑之美

（2）甘做平民的建筑大师

第二章　第二次工业革命中的设计之美

本章主要介绍第二次工业革命产生的科技成果；新艺术运动在不同国家的表现形式；装饰艺术运动及现代主义艺术设计。揭示了新艺术运动中的自然之美，装饰艺术运动中的工业之美，现代主义艺术设计中的功能之美。通过学习，学生能够了解第二次工业革命带来的科技创新及社会变革，能够理解新艺术运动、装饰艺术运动、现代主义艺术设计产生的原因、特色及影响，能够体验第二次工业革命使人类社会进入到电气时代后，对于艺术设计风格的演变产生的巨大影响以及科技创新与艺术设计结合的魅力所在。

第一节　第二次工业革命与装饰艺术运动

1. 法国装饰艺术运动的奢华之美

（1）华美的家具设计

（2）有力的平面设计

2.美国装饰艺术运动的建筑之美

（1）好莱坞风格的设计之美

（2）加利福尼亚装饰艺术风格中的融合之美

第二节　第二次工业革命与现代主义艺术设计

1.现代主义设计的功能之美

（1）荷兰风格派的抽象美

（2）俄国构成主义的构成美

2.包豪斯

（1）现代设计教育的缔造者——格罗庇乌斯

（2）现代艺术设计教育的摇篮

第三章　第三次工业革命中的设计之美

本章主要介绍第三次工业革命产生的科技成果；后现代主义艺术设计及二战之后主要发达国家艺术设计的发展。揭示了后现代主义艺术设计的形式之美，美国工业设计的商业之美，意大利艺术设计的文艺之美，德国艺术设计的理性之美，英国艺术设计的波普之美，日本艺术设计的传统之美。通过学习，学生能够了解第三次工业革命带来的科技创新及社会变革，能够理解后现代主义艺术设计产生的原因、特色及影响，能够体验第三次工业革命对于艺术设计风格的演变产生的巨大影响以及科技创新与艺术设计结合的魅力所在。

第一节　美国的现代艺术设计

1.美国职业设计的兴起

（1）罗维——商业和设计的融合者

（2）提格——照相机设计的创新者

2."流线型"设计和"有计划的废止制度"

（1）"流线型"设计

（2）有计划的废止制度

第二节　战后德国与意大利的艺术设计

1.乌尔姆设计学院

（1）设计中的理性思考

（2）包豪斯精神的继承

2.现代文艺复兴——意大利设计的兴起

（1）科技与艺术兼具的意大利设计

（2）意大利设计大师——吉奥·庞蒂

第三节　北欧设计之美

1.丹麦的设计

（1）灯具设计大师——汉宁森

2.芬兰的设计

（1）芬兰设计大师——阿尔瓦·阿图

3.瑞典的设计

（1）瑞典的家具设计之美

第四节　后现代主义艺术设计

1.后现代主义的建筑设计

（1）后现代主义设计的波普风格

（2）结构主义和高科技风格

2.后现代主义的产品设计

（1）产品设计中的娱乐精神

（2）产品设计中的创新精神

第四章　第四次工业革命中的设计之美

本章主要介绍第四次工业革命的发展方向；人工智能、3D打印、虚拟现实、纳米技术、新能源等新兴科技的产生对于艺术设计的影响及中国当代艺术设计的观念、思想及未来发展趋势。揭示了中国艺术设计的时代之美，人工智能运用到艺术设计中的AI之美，虚拟现实运用到艺术设计中的虚拟之美，3D打印运用到艺术设计中的打印之美。通过学习，学生能够了解第四次工业革命将会产生哪些科技变革，能够理解第四次工业革命将会对于"实现中华民族伟大复兴"产生重要影响，能够体验第四次工业革命对于艺术设计风格的演变产生的巨大影响以及中国艺术设计未来的发展趋势及在"实现中华民族伟大复兴"中的所起的作用。

第一节　我们身边的设计之美

1.多元化设计

（1）极简主义风格

（2）微电子风格

（3）非物质性设计

（4）新现代主义

第二节　艺术设计使世界更美好

1.设计改变生活

（1）环境设计让生活更舒适

（2）产品设计让生活更便利

（3）视觉传达设计让生活更多彩

2. 设计助力民族复兴

（1）设计助力科技创新

（2）设计扩展国际市场

（3）设计提升国家实力

中国古代图案之美

一、课程简介

本课程目的是使学生掌握图案设计的基础理论知识，了解传统图案的发展概况，赏析各主要历史时期的代表作品，并通过传统图案的临摹、图案的写生、图案的变化以及平面图案纹样的设计几个实践教学环节，促使学生逐步掌握图案设计形式美的规律及法则，掌握图案变化及设计的基本表现技法，掌握设计的多种视觉表现形式。开拓学生创造性的设计思维能力，培养审美能力，提升图案设计鉴赏能力，提升审美修养，拓宽学识，提高综合能力。

二、课程目标

1. 知识目标：学生能够提升图案鉴赏能力，提升审美修养，拓宽学识，提升未来生活品质。描述不同时期主要图案设计风格和流派的特点、产生原因、影响，能够比较不同种类图案的差异性，理解中国图案艺术设计发展的不足和特点，并能够阐释艺术设计的路径和要求。

2. 能力目标：开拓学生创造性的设计思维能力，培养审美能力。学生能够强化逻辑思维，提升创新思维，增强对现实中的图案设计问题的分析、理解、解决、处理的能力。

3. 美育目标：学生能够识别优秀的古代图案艺术设计的价值意义，体验科技创新及艺术设计对人类生活的影响，感受图案艺术设计的形式之美与功能之美，并将所体验和感知到的设计之美进行有效和被他人认同的传播。

4. 思政目标：学生能够深切体验到"中国古代图案之美""实现中华民族伟大复兴"中的中国艺术设计的发展方向和设计师的时代担当，认同"中华民族伟大复兴"理想，树立"理念—生产力—设计"信念，坚定学习设计专业和从事艺术设计职业的信心。

三、课程美育目录

第一章　传统图案的和谐美

第一节　图案表现之美

在我国古代文化艺术宝库中，传统图案纹样丰富多彩，璀璨夺目。它既代表着中华民族的悠久历史、社会的发展进步，也是世界文化艺术宝库中的巨大财富。五、六千年以前，我们的祖先创造了彩陶文化，其后的各个时代都曾产生过许多的工艺品，从那些变幻无穷、淳朴浑厚的各类装饰图案纹样里，我们可以看出各个时代的工艺技术水平和中华民族一脉相承的文化传统。这些是我们研究民族发展史、民族美学、民族心理学、民风民俗学等极有价值的依据，同时，也构成了发展现代工艺美术的重要先导。许多传统图案经久不衰，至今仍在沿用，保持了旺盛的生命力，为此，我们在进行学习时，不可忽视从中国古代传统图案中汲取宝贵的营养。

1. 古代图案表现上的和谐之美

传统图案中的一种构图上的和谐就是"满"。"满"指的就是构图上的饱满，将想要表达的美好寓意和希望都融合在一幅图案中，以饱满的构图传达关于粮满、衣满、生活美满的美好愿望与期许。

2. 古代图案构图形式的和谐之美

构图指的是将传统图案中所需要的元素进行合理有序的组合与排列，以期获得和谐圆满的布局形式。构图的主要目的是解决部分与整体、变化又协调的对立统一关系，是一种从对立中产生统一与和谐的艺术形式。

第二节 图案内容上的和谐统一

传统图案的和谐之美还体现为图案内容与形象表现上的和谐统一。和谐不仅仅指的是视觉中图案所创造的美学形式，还有更深层次的图案蕴含的深刻含义，达到图案形式与内涵的统一。中国传统的图案样式的装饰性通常也反映了一定的象征性和愿望性，以朴素的形式表达出中华民族深刻的文化与内涵，这种和谐以传统吉祥图案为最具有代表性的图案样式。

1. 自然界内部的和谐

在进行传统吉祥图案的设计与创造时，最常用的就是借助汉字读音的谐音将两种看似毫无联系的事物进行组合，增加趣味性的同时也增添了美好的寓意，体现了自然界的和谐统一。例如将莲花和鲤鱼两种不同的生物种类进行组合，形成"连年有余"的自然界的和谐统一。

2. 人与自然的和谐

传统吉祥图案中，除了自然生物的结合体现自然内部的和谐之外，还有许多人物与自然生物组合产生新形象的图案。例如，明代时期创造的"皆大欢喜"则是人与自然和谐共存的典型画面，这个吉祥图案中三罗汉坐于树荫下，一罗汉手托钵迎向喜鹊，另外两个罗汉仰首观看。站立在钵上的喜鹊正低下头啄食钵中食物，一只喜鹊盘旋于空中，而另外三只喜鹊于树枝上休息，罗汉面带喜色，神色平和，整幅图案透露出的是皆大欢喜之情，构造了一个完美的人与自然的和谐气氛。

第二章 装饰图案的表现之美

本章通过传统图案的临摹、图案的写生及图案的变化以及平面图案纹样的设计几个实践教学环节，促使学生逐步掌握图案设计形式美的规律及法则，掌握图案变化及设计的基本表现技法，掌握设计的多种视觉表现形式。

第一节　表现自然之美

1. 表现形式上抽象与具象的自由转换之美

传统图案中的卷云纹和云雷纹，就是具象形式抽象表现的极好典范，马王堆汉棺上灵动的卷云纹铺满四壁，自由婉转、酣畅淋漓，张扬着"离骚""天问"般的浪漫情怀。装饰图案的这种具象形式抽象化表现，表现出中国人艺术思维的活跃与宽泛。

2. 善于运用对称与均衡之美

在自然界中，到处都可以发现对称与均衡的形式，比如人和动物的形体、昆虫的翅膀、对生的树叶等。从心理学角度来讲，对称满足了人们生理和心理上对于平衡的要求，容易使人产生稳定与安全的感觉。

第二节　写生时主要的方法：图必有意，意必吉祥

1. 五瑞图

竹，号称君子，不刚不柔，凌霜雪而不凋。除与松、梅组成"几寒三友"外，还与松、萱、兰、寿石组成"五瑞图"。

2. 福寿双全

桃，多称仙桃、寿桃，有寿之意，常与蝙蝠组成"多福多寿"，或与蝙蝠、双钱组成"福寿双全"，是常见的图案。

3. 事事大吉

橘与吉音近，常以橘喻吉。橘与柿子合用。

4. 四季平安

月季，因其四季花开不断，称长春花，又称月月红。常以瓶插月季寓意"四季平安"。

第三章　古代图案的联想与借喻

吉祥图案表达了人类对美好生活的企盼，因而在日常生活中被广泛应用，出现在陶瓷、漆器、建筑画、雕刻、织锦、刺绣；地毯、年画、剪纸、首饰、服装等工艺美术日用品上，在装饰性和实用性方面为其他美术形式所不能比拟。吉祥图案着重于寓意吉祥的内涵，因而有别于一般的装饰图案，而吉祥的内涵是一个抽象的概念。《辞海》云："吉祥，亦作吉羊。"《庄子·人世间》曰："虚室生白，吉祥止止。"

第一节　联想与创意

1. 图案联想之美

2. 图案创意之美

第二节　借喻与变化之美

1. 图案借喻之美

借助可视的有寓意或象征性的事物来比喻吉祥。

2. 图案变化之美

变化法：是将适当的汉字直接变化成图案，再陪衬其他借喻的动、植物图案，如"福""寿""万字图"等。

五福捧寿：用蝙蝠谐音"福"，将"寿"字变形，然后用五只蝙蝠加上寿桃组成。蝙蝠的造型在我国传统装饰艺术中是一个创造，中国人用自己丰富的想象和大胆的变形手法，把蝙蝠原本丑陋的形象变得翅卷祥云、风度翩翩。

第四章 传统装饰图案纹样的创新之美

我国先人在主观认识、理解生活与憧憬美好生活的过程中采用谐音、比喻等手法创造出富有情感表达的装饰纹样的图案。现代人可通过传统图案理解中国传统文化，获取灵感、素材来设计服装。人们将对生活的憧憬与希望寄托于传统的图案之中，传统图案在首饰、装饰、服装等各个领域中得到普遍应用。中国传统图案博大精深、历史悠久，堪称中华民族文化的奇葩，其重要性不言而喻。随着时代的变迁，人类的生活、生产方式和生产力等各个方面均已经发生了巨大的变化，而这些又赋予中国传统图案丰富的内涵，中国传统图案不仅可以充分体现民族风情、民族特色，且风格迥异、造型优美。

第一节 传统装饰图案的寓意之美

1. 丰富的题材之美

2. 写意之美

3. 变形之美

第二节 传统图案引入服装之美

现代服装设计不可直接运用传统图案，而是需要结合当代民众的审美需求进行适当的变形与整理。通常使用简化、归纳等手法变形整理传统图案，进行简化处理，提取传统图案中象征性的元素，并尽量以简洁的图案说明其内涵。现代服装设计一般通过如下三种方式变形运用传统的图案。

1. 归纳变形之美

通过归纳整理现有传统图案，在保留主体特征的情况下舍弃复杂图案设计元素，提炼出其中淳朴大方的复古元素，并使之形成新的形态，引导人们。

2. 抽象变形之美

以不改变传统图案为基础，强力抽象主题，形成更具装饰性的效果。

3. 夸张变形之美

以不改变传统图案为基础，强力夸张主题，形成更具装饰性的效果。

解析油画艺术之美

一、课程简介

本课程为绘画专业开设的专业美育必修通识课程。通过本课程的学习，能够让绘画专业学生欣赏和体验到油画艺术之美，认识形成美的表层因素与内在本质因素。通过学习，解析古今的经典油画作品，了解油画艺术的解读方法，能够自主分析油画艺术在审美中各个层面的内容。分析油画艺术发展中审美观念的变迁、时代变迁形成的艺术形式的变化以及在动态的历史演变中，如何鉴赏不同时期的油画艺术之美。通过学习感受艺术美与真善美的关系，分析人类关于美的共性，树立正确的审美观念，在纷繁复杂的艺术观念中辨识艺术的个性与共性，逐步完善自己的审美观念。

二、课程目标

1. 知识目标：使学生了解油画定义，油画的产生历程，油画发展历史脉络的基本阶段，以及各阶段发展情况，不同时期的审美观念。能够从不同时代文化背景的角度理解油画艺术、审美发生变化的源头。了解西方文化观念以及中西方审美差异，从中西方美学理论差异中来理解当代中国油画艺术的审美变化。

2. 能力目标：学生能够掌握油画鉴赏的基本方法，理解鉴赏油画艺术时应具有的基本态度。了解解析油画艺术所具有的难度，能综合不同的历史观念发展、艺术审美取向、艺术家艺术手法来分析油画作品。能够以开放、包容的态度，来了解不同时期不同文化背景下的审美变化。能够运用多方面、多角度对比的观察方式来审视历史和现在的艺术现象，从中找到各自的美的内涵。能够运用基本绘画原理解读油画艺术手法和审美取向。

3. 美育目标：学生能够感受不同历史时期的油画艺术时代之美，不同审美观念影响下的油画艺术思想之美。能够从人类情感与思想的共性与个性中来认识不同艺术家的油画艺术个性之美，感受艺术世界的丰富与博大之美，感受油画艺术的创造之美。使学生在学习中能全面地审视自我所处的时代、自我所具有的审美态度，决定自己的审美取向。

4. 思政目标：在学习中学生能够深切体会到自己的文化身份、文化背景，能够在油画这一舶来画种之中不迷失自我，不丧失自我的文化身份，能够认识中国文化美学的深厚底蕴，同时从真善美的角度出发观察西方艺术，不排斥、不拒绝接受外来的优秀思想，创造属于自己时代，属于自我独特认知的新时代艺术作品。

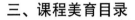

三、课程美育目录

第一章　油画艺术概述

通过本章学习，使学生能够了解油画这一画种的起源，油画产生时所处的时代背景，文艺复兴时期政治经济思想文化的变动如何影响了油画的产生，油画这一材料为什么会普及。了解油画发展过程中的不同历史阶段和分期，不同分期中产生的流派。能够深入理解不同时期油画艺术所具有的审美依据，以及审美发生变化的原因。要求学生具有动态的历史观念，能综合认识油画艺术美产生的原因。

第一节　油画的起源

第二节　油画艺术发展的历程和分期

第三节　油画艺术审美观念的演变

第二章　油画艺术之美的解析方法

通过学习，使学生能够了解油画艺术作品之所以传达给人美的感受，原因在于其构成具有复杂性，作品是多层面因素的复合，复杂多向的因素最终使作品形成内涵丰富、具有时代特有审美特征的油画艺术作品。学生应该了解到解析油画艺术所具有的难度，尝试从多角度解析油画作品，掌握一定方法后，要不断积累相关历史文化知识，树立正确的历史观、审美观。

第一节　油画艺术鉴赏所需的基本态度

第二节　多层面解构——油画艺术之美的构成

1. 从题材与主题来解读油画艺术之美

（1）题材的概念——审美的创造性选择

（2）主题的概念、主题的表现性与审美取向的影响

2. 从油画形式语言来解读油画艺术之美

（1）油画形式语言的概念——视觉之美的来源

（2）油画形式语言不同层面的解析——形式之美的构成

第三章　西方不同时期油画艺术之美的解析

通过学习，使学生了解到油画在不同历史时期的审美特点，了解油画艺术发生时代转向的成因、不同时代的审美特点、不同时代艺术家的艺术追求。要求运用多角度分析方法，解析不同时代经典艺术家的艺术作品，从中感受不同历史时期的时代印记，了解油画艺术世界的丰富与博大之美。

第一节　文艺复兴时期油画艺术之美的解读

1. 文艺复兴时期审美思想转变及成因——人文之美的塑造

2. 文艺复兴时期代表画家作品解析

第二节　启蒙时代西方油画艺术之美的解读

1. 启蒙时代审美的发展——人文之美的发展

2. 启蒙时代代表画家作品解析

第三节　十八、十九世纪油画艺术之美的解读

1. 十八、十九世纪审美变化的新发展——理性之美与感性之美的交织

2. 十八、十九世纪代表画家作品解析

第四节　十九世纪中叶至二十世纪上半叶巨变中的西方艺术

1. 十九世纪中叶至二十世纪上半叶——人的主体之美的极致发展

2. 十九世纪中叶至二十世纪上半叶代表画家作品解析

第五节　二十世纪后半页西方油画艺术的处境

1. 二十世纪后半页艺术思想的转化与影响——油画的边缘化与艺术的拓展

2. 二十世纪后半页代表画家作品解析

第三章　中国油画艺术的发展

通过学习，学生能够了解油画艺术舶来中国的经历，了解中国时代演变对中国油画艺术发展的深刻影响。同时分析中西文化的差异、中国传统文化美学的特质，了解不同时代画家所做的油画民族化的尝试。要求学生自觉反思自我的文化身份，了解自身所处的文化背景，了解中国传统文化艺术在当代的演变。要求学生了解人类共有的思想感情、审美情趣，以此为基础思考自己的审美方向。

第一节　油画艺术舶来的历程

第二节　中国油画艺术的发展变化

1. 时代发展对油画艺术的影响——现实主义美学的呼唤

2. 二十世纪八十年代之后审美思想的转变——历代美学的回顾

第三节　油画的民族化——中西艺术之美的融合历程

1. 油画民族化简述——审美思想的碰撞与融合

2. 中西审美文化的差异——交融之美与对立之美

3. 油画的民族化代表画家作品解读

第四章　综述

通过学习，使学生能够了解当下的时代变化，新时代的文化艺术审美倾向，国家层面对艺术发展方向的倡导，同时以真善美为基础，结合人类共性的审美认知，观察西方艺术形式的变化，确定自己的审美取向与艺术追求。

第一节　二十一世纪对中国艺术之美的自省与文化身份的重新认定

第二节　对当代的艺术现象所应持有

中国古代陶瓷器物之美

一、课程简介

本课程以中国古代陶瓷发展史为主线，以史论讲解与论述方式相结合，基于各类代表案例赏析，旨在提升学生对中国古代陶瓷器物的认识，从而认识中国古代的造物观、设计观、价值观，提升学生的审美修养。

课程主要通过理论讲解和观看影像资料进行教学，如果具备条件，可以展示相应的实物供学生观摩。

二、课程目标

1. 知识目标：了解中国古代陶瓷发展历史，认识中国古代典型陶瓷器物，认识中国古代的造物观、设计观、价值观，具备基本的历史的造物观。

2. 能力目标：提升中国古代陶瓷鉴赏能力，掌握中国古代陶瓷相关知识。

3. 美育目标：提升陶瓷鉴赏能力，提升审美修养，拓宽学识，提升未来生活品质。

4. 思政目标：通过了解古人造物的智慧和理念，激发理想，借此启发树立专业目标，立志"陶冶成器"，贡献社会。

三、课程美育目录

第一章　陶器与先人生活

第一节　概说

第二节　陶器的诞生（介绍新石器时代陶器诞生的条件原因，早期陶器的面貌等）

第三节　原始时期陶器的种类

第四节　神秘的彩陶之美（分析彩陶的工艺特点、装饰图案特色、装饰图案的寓意）

第五节　优雅的黑陶之美（黑陶的艺术特点，黑陶工艺的社会背景，造型与装饰的意义）

第六节　原始陶器的文化与宗教意义

第七节　结语（分析原始陶器造型的象征意义，分析实用与审美统一的造物特点以及其反映的先人的生活思想状况）

第八节　思考题

第二章　陶与瓷的演变

第一节　概说（介绍从商周到战国时期由陶到瓷的演变）

第二节　白陶与灰陶

第三节　从原始瓷器的出现到原始青瓷（论述原始青瓷的意义及其艺术特点）

第四节　印纹的形式之美（分析几何印纹陶的审美特点，几何纹的运用与生活的关系）

第五节　结语（早期艺术源于生活的总结）

第六节　思考题

第三章　瓷器时代

第一节　概说（汉代瓷器成熟后，到六朝时期中国进入瓷器时代的发展脉络，陶与瓷交相辉映的面貌出现）

第二节　瓷器的成熟（汉代成熟瓷器的出现，陶与瓷的异同）

第三节　生活万象——来世的祈祷（汉代陶瓷明器的审美特点，明器反应的当时生活）

第四节　砖瓦的乐章（汉及六朝画像砖，瓦当的题材，纹饰的寓意，纹饰的艺术特点）

第五节　优雅的青瓷——刻画的时光（六朝时期青瓷的艺术特点、工艺与审美）

第六节　彩色的探索（六朝时期对陶瓷色彩的探索，点彩的艺术特点和意义）

第七节　结语

第八节　思考题

第四章　大唐气魄

第一节　概说

第二节　南青北白（唐代陶瓷南越窑北邢窑为主的分布面貌，白瓷和青瓷的艺术特点，瓷器与当时的生活）

第三节　唐三彩与大唐气魄（唐三彩的艺术特点，唐三彩反映的大唐气象）

第四节　长沙窑——诗画意趣

第五节　《茶经》与饮茶方式（陆羽对陶瓷的影响，瓷器与饮茶方式的改变）

第六节　结语（总结唐代陶瓷感性、奔放、热烈的艺术特点及其产生原因）

第七节　思考题

第五章　宋瓷与文人风雅

第一节　概说

第二节　绚丽的宋瓷面貌（介绍宋瓷遍地开花的繁荣面貌、社会原因）

第三节　宋代各窑口的艺术特色（分析宋瓷各窑口的艺术特点）

第四节　宋三彩——别有洞天

第五节　宋瓷的理性之美（分析宋代理学、美学、造物观对陶瓷器物审美的影响）

第六节　结语

第七节　思考题

第六章　彩色的乐章

第一节　概说（自元代青花瓷和釉里红工艺成熟后，中国瓷器到明代进入彩瓷阶段）

第二节　青花绽放（青花瓷的历史，青花瓷的艺术特点，青花与釉里红的意义）

第三节　彩瓷——华丽的语言（明代典型彩瓷的艺术特点，造型和装饰的审美特点）

第四节　清瓷——工艺的绽放（清代典型彩瓷的艺术特点，造型和装饰的审美特点）

第五节　彩瓷的审美（从审美角度分析彩瓷，彩瓷与历代白瓷青瓷等的艺术对比）

第六节　结语

第七节　思考题

第二部分　中国古代陶瓷器物的审美

第七章　中国传统的造物观（介绍各时期与陶瓷美学相关的典型重要工艺书籍如《考工记》《天工开物》《陶说》等，分析论述各时期工艺著作的造物观和审美观，站在当下的角度对古代造物观及其审美观念进行辨析）

第八章　陶瓷器物的审美特点

第一节　陶瓷器物的材料语言与审美

第二节　陶瓷器物的造型之美

第三节　陶瓷器物的装饰之美

第四节　陶瓷器物的技术之美

第五节　陶瓷器物的人文美

第六节　结语

第五编
社会生活
之美

乘语言之舟，品世界文化之美

一、课程简介

本课程为全校各专业开设的专业美育必修通识课程。本课程通过对中国、日本、俄罗斯、英国、美国、法国、德国、意大利、丹麦、匈牙利、澳大利亚、新西兰共12个国家标志性语言文化现象的剖析和讨论，以美育人、以文化人，使学生体验到世界各国文化中美的元素，培养学生对美的认识与理解，提高学生的审美和人文素养，使学生更加深刻地体会到家国情怀，坚定文化自信，帮助学生树立正确的人生观、世界观。

二、课程目标

1. 知识目标：学生能够掌握所讲国家文化相关的语言表达，能够描述所讲国家的文化概况，能够阐释所讲国家的典型文化特征。

2. 能力目标：学生能够灵活运用所讲国家的语言表达和相关知识，能够分析所讲国家文化的深层表征，能够比较我国和其他国家的相关领域文化的差异性，能够对所讲国家文化相关事件进行理性评价，增强学生对世界文化相关事件的理解、判断、分析、推理、综合和论证的能力。

3. 美育目标：学生能够感受世界国家文化的精髓和底蕴，体验世界文化的多样美，让学生能够品味世界文化之美，珍惜身边的美好。

4. 思政目标：学生能够更加深刻地体会到家国情怀，坚定文化自信，能够树立正确的人生观、世界观。

三、课程美育目录

第一章　澳新语言文化之美你了解吗？

本章主要介绍澳大利亚、新西兰的典型语言文化特征，深入解读澳新文化的表现与内涵，剖析我国人们生活方式与澳新多元文化及生活方式的异同。通过具体事例的展示，让学生理解澳新国家和中国人民在不同文化环境下的生活状态和价值观，从而更好地理解文化的差异性。

第一节　澳新基本概况

1. 澳新自然风光之美

第二节　澳新语言文化及国家发展史

1. 语言之美

2. 历史之美

第三节　澳新特色文化精选

1. 本土文化之美

第四节　澳新国家人们生活方式的多元之美

1. 生活方式的多元之美

第二章　德国语言文化之美你了解吗?

本章主要介绍德国典型语言文化特征,深入解读德国文化中的时间观及德国文化背景。通过学习,让学生能够理解德国人的各种时间行为且能予以正确解读,并从中体会到中德文化中有关时间观的差异性。通过事例,让学生能够认识和理解守时和合理规划时间之美,并能从责任意识的高度出发,做一个遵守时间、珍惜时间、合理规划时间的人。

第一节　价值观与时间观

1. 时间观的定义

2. 时间观的特征

3. 时间观的功能及其实现途径

第二节　西方文化对德国时间观的形成影响

1. 线式时间观——惜时之美

2. 单向时间观——守时之美

3. 未来取向观——创新之美

第三节　德国文化对德国时间观的形成影响

1. 时间是对别人的尊重——品格之美

2. 时间是良好社会秩序的保障——责任之美

3. 时间是避免不确定性的保障——智慧之美

第四节　时间意识与中国传统审美方式

1. 中华文化中的时间意识及其演变

2. 时间意识模塑的中国传统审美方式

3. 坚定文化自信,提升跨文化理解力和交流能力——民族之美,包容之美

第三章　英国语言文化之美你了解吗?

本章主要介绍英国典型语言文化特征,深入解读英国绅士文化的表现与内涵,剖析我国君子文化与英国绅士文化的异同。通过事例,让学生理解绅士和君子之美在于绅士和君子的道德品质和社会责任感。

第一节　英国语言文化典型特征

1. 地理、历史、社会等方面的常识

2. 语言文化的典型特征

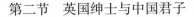
第二节 英国绅士与中国君子

1. 品格之美

2. 责任之美

第四章 日本语言文化之美你了解吗?

本章主要介绍日语典型特征及日本传统文化,客观、全面地分析理解日语、日本传统文化的显著特征,从而对日本传统文化有概括性的把握,能够理解和感受日本文化生活在各个层面体现的形式之美与精神之美,激发学生对日本文化问题的关心和研究欲望,提升学生的专业素养及审美情趣。同时,日本传统文化是在中国古代文化的影响下经过消化和创新而形成的,通过学习日本文化并追根溯源与中国文化进行比较,激发学生民族自豪感,对我国文化产生自信,引导学生坚定"中国文化走出去"信念,为弘扬中国文化贡献自己的力量,最终实现立德树人及美育的育人目标。

第一节 日语概说

1. 日语的历史与中国汉字

2. 日语中的词汇与语言意境

3. 日语中的敬语与社会礼仪

第二节 日本的传统文化与中日文化的同根同源

1. 茶道与献茶礼法

2. 花道与三大流派

3. 传统服饰与和服艺术

第五章 俄式美食——俄罗斯语言与文化的魅力载体

本章主要介绍俄罗斯美食的历史与发展进程,体会俄罗斯的人文、美食文化及语言之美,通过对比中俄两国饮食文化的异同性,使学生认识到在跨文化交际中,应当理解、尊重他国文化,同时,厚植爱国主义情怀,增强学生对中华民族优秀的美食、语言文化的自信心,深化作为对中国文化传承和传播者的民族责任感。

第一节 俄罗斯美食的历史与发展

1. 俄罗斯美食文化之美

2. 当今俄罗斯经典美食之美

3. 中俄美食文化对比

第二节 俄餐中的语言文化之美

1. 与俄餐相关的传统节日

2. 与俄餐相关的童话和谚语

第六章 匈牙利文化之美

本章内容分为三部分,一是介绍匈牙利国家的几个象征,例如国旗、国徽、国花等,

二是介绍匈牙利人和他们的语言，三是匈牙利文化中的遵循传统之美和仪式之美，深入解读匈牙利文化的表现与内涵。通过事例，让学生理解尊重传统和尊重仪式感的重要性。

第一节　匈牙利的国家象征

1. 匈牙利国旗、国徽、国花

2. 象征之美

第二节　匈牙利人和他们的语言

1. 马扎尔人

2. 匈牙利语

第三节　匈牙利文化之美

1. 遵循传统之美

2. 仪式之美

3. 中国文化中的传统与仪式

第七章　汉英语言对比及中西文化互鉴

本章旨在了解汉英语言的发展及特点，树立汉英思维对比、汉英词汇对比意识，在继承中国文化的基础上，能够古今参照、中西比较，针对当前社会的语言文化现象进行客观清醒的思考与认知，并为翻译技能的提高打下基础，形成双语及双文化意识。

第一节　汉英语言的发展及特点

1. 汉语演变一脉相承之美

2. 英语演变多元融合之美

第二节　汉英思维对比

1. 整体性与分析性之美

2. 归纳性与演绎性之美

3. 具象与抽象之美

4. 主体意识与客体意识之美

第三节　汉英词汇对比

1. 构词法对比之美

2. 词类对比之美

3. 词义对比之美

第八章　意大利语言文化之美你了解吗？

本章主要介绍意大利典型语言文化特征，深入解读意大利语言、历史、普遍价值观的表现与内涵，剖析我国与意大利在历史、饮食、家庭、社交文化中的异同。通过对比、互鉴，让学生理解中国和意大利在东西方文化中的地位和影响力。

第一节　意大利之初探

1. 意大利语言之美

2. 意大利人眼中的美好生活

3. 意大利人文习俗之美

第二节　意大利——欧洲的中国

1. 历史文化

2. 饮食文化

3. 家庭文化

4. 社交文化

良法善治的智慧

一、课程简介

本课程为法学专业开设的专业美育必修通识课程。通过本课程的学习，能够让法学专业学生欣赏和体验到法治的形式之美与实质之美。学生通过学习精妙的制度设计和古今的经典名案，能够感受和理解法制文化的博大精深之美、法律思维的逻辑思辨之美、法律语言的严谨理性之美、法律制度的平衡精妙之美、法律行为的秩序流畅之美、法律职业者的人格高洁之美，法治精神的良法善治之美，从而能够崇尚法治精神、坚定法治信仰、践行法治理念。

二、课程目标

本门课程的课程目标为：

1. 知识目标：学生能够叙述法治理论和中国法治建设的历程和成就，描述法律体系的不同部分的基本内容及其对于法治的支撑作用，能够比较中西方法治的道路差异性，理解中国法治的重点难点和时代特征，并能够阐释法治中国的法治建设路径和要求。

2. 能力目标：学生能够掌握基本的法律分析方法，识别法律问题，运用基本法律职业技能对法律问题进行调研、检索、解释、论证，并进行基础法律服务。强化法学逻辑思维，提升思辨、创新能力，能够运用基本的法学视角、法律知识、法治理论对具体的法律问题和案件提出合理的解决策略。

3. 美育目标：学生能够识别法治宏观和微观层面的价值意义，体验法及法治对人类生活的关照，感受法治的形式之美与实质之美，并将所体验和感知到的法治之美进行有效和被他人认同的传达。

4. 思政目标：学生能够深切体验到法治建设中的中国立场和法律人的时代担当，认同法治理想，树立法治信念，坚定学习法学专业和从事法律职业的信心。

三、课程美育目录

第一章　历史中的法治之美

本章主要介绍法的历史及演进的重要阶段及其特征，中国古代有代表性的法律思想和重要法律制度，法治思想的起源，法治理论的内涵及其发展，世界法治实践的重要历史事件及其意义。揭示了中国特有的法律思想和制度之美，博大的法治文化之美，丰富的法治思想之美，精妙的法治理论之美，勇于探索的法治实践之美。通过本章学习，学生能够了解法这种社会现象伴随着人类社会的产生而产生，伴随着人类社会发展而进步，能够理解法治思想和法治理论是如何在历史的长河中被提出、逐步完善并变成实践，并能够体会到法治和人类历史进步的统一性，以及法治的历史和现实意义。

第一节 历史上的法治观

1. 人类历史之美

2. 人类思想之美

3. 中国古代语言之美

4. 人类社会文明与进步之美

第二节 当代国际社会的法治观

1. 人类社会文明之美

2. 人类生活智慧之美

3. 人类政治治理之美

第三节 当代中国法治的基本要义

1. 良法善治之美

2. 大国重器之美

3. 人民中心之美

4. 厉行法治之美

第四节 法治与法制

1. 制度之美

2. 价值之美

3. 动态之美

第五节 法治与人治

1. 民主之美

2. 人权之美

3. 自由之美

4. 平等之美

第六节 法治与德治

1. 和谐之美

2. 活力之美

第二章 中国法治之美

本章主要介绍中国法治的实践历史，中国法治取得的辉煌成就，中国法治的中国立场及特色模式和路径，法治中国的内涵，法治中国的全面推进。揭示了中国法治建设探索历程艰辛的奋斗之美，中国法治在世界上取得成就的辉煌之美，中国立场和中国特色的法治建设路径的东方之美，全面推进法治中国的追求之美。通过本章学习，学生能够了解中国的法治探索和实践历程，中国法治的成就，中国特色法治建设模式和路径，能够理解中国法治历程的艰辛和中国法治在世界取得的辉煌成就，能够体验到中国全面建设法治国家的决心和中国法治的独特魅力。

第一节　中国法治的探索之美

1. 大国治理之美

2. 经济活跃之美

3. 民主自由之美

4. 社会文明之美

5. 党的执政之美

6. 长治久安之美

7. 美好生活之美

第二节　中国法治的成就之美

1. 法治历程的艰辛之美

2. 法治成就的辉煌之美

第三节　中国法治的特色之美

1. 民主法治的精神之美

2. 良法善治的内核之美

3. 宪法至上的权威之美

4. 公平正义的规则之美

5. 人权保障的力度之美

第四节　推进全面依法治国的大国方略之美

1. 理性之美

2. 经验之美

3. 历史之美

4. 反思之美

5. 人民之美

第三章　宪法——万法之母

本章主要介绍宪法的基本理论与核心内容，对典型案例中的宪法保障制度和具体规范进行识别和基本分析。揭示了宪法作为国家的根本法的尊崇之美，作为依法治国的核心的基石之美，作为人民权利的宣言书的神圣之美，作为国家权力之源和万法之源的泉源之美。通过本章学习，学生能够了解宪法的基本理论与核心内容，能够理解作为宪法对人民主权、党的领导、民主价值、依法治国、人权保障保障等方面的重要意义，能够体验到中国的伟大、中国人民的伟大、中国政府的伟大，理解党和国家通过宪法实现中华民族伟大复兴的中国梦的信心和决心。

第一节 宪法序言与总纲

1. 人民主权之美

2. 党的领导之美

3. 中国特色社会主义之美

4. 依法治国之美

5. 宪法权威之美

第二节 公民的基本权利和义务

1. 权利保障之美

2. 基本人权之美

3. 民主自由之美

第三节 国家机构

1. 权力在民之美

2. 权力为民之美

3. 司法独立之美

第四章 公法——公民权利的捍卫者

本章主要介绍作为公法的刑法、行政法、诉讼法的基本理论与核心内容，对典型案例中的公法保障制度和具体规范进行识别和基本分析。揭示了公法中的控权精神之美，保障公民权利的国家责任之美，公权运行中的权力谦抑之美，国家结构的刚性秩序之美。通过本章学习，学生能够了解公法中的刑法、行政法、诉讼法的基本理论与核心内容，能够理解作为公法对人民主权、民主价值、公民权利保障等方面的重要意义，能够体验到国家通过公法控制国家公权力，对公民基本权利和其他权利的全面完备的保护。

第一节 刑法——铁血保卫者

1. 人性之美

2. 逻辑之美

3. 严谨之美

4. 安全之美

第二节 行政法——公民服务者

1. 控权之美

2. 均衡之美

3. 为民之美

第三节 诉讼法——秩序维护者

1. 秩序之美

2. 效率之美

3. 公平之美

第五章　民法的市民社会之美

本章主要介绍民法的基本理论与核心内容，对典型案例中的民事权益保障制度和具体规范进行识别和基本分析。揭示了民法在社会生活中的柔性之美，保障抽象民事权利的温度之美，促进美好生活的诚信自治之美。通过本章学习，学生能够了解民法的基本理论与核心内容，能够理解作为私法的民法对社会生活的基础性意义，对人格尊严、物权等的保障性价值，对解决私人纠纷、安定社会关系及家庭关系、促进市场经济下的物的流转及增值等方面的重要意义，能够体验到民法良法善治中的人民中心、权利宣言的价值地位。

第一节　民法的概念

1. 民法的柔性之美

2. 民法的温度之美

第二节　民法的意义之美

1. 中国之美

2. 中国人民之美

3. 中国人民的生活之美

4. 中国人民生活中的权利之美

第三节　民法的基本原则之美

1. 社会秩序之美

2. 交易安全之美

3. 生活理性之美

4. 诉求正义之美

5. 交往平等之美

6. 自然和谐之美

7. 人权崇高之美

8. 经济效率之美

9. 个体权利之美

10. 行为自由之美

第四节　民法的体系之美

1. 生命之珍贵的美

2. 人格之庄严的美

3. 财产之富足的美

4. 创造之自由的美

5. 家庭之和谐的美

6. 交易之活跃的美

7. 救济之公平的美

第六章　商法的商事活动之美

本章主要介绍商法的基本理论与核心内容，对典型案例中的商事权益保障制度和具体规范进行识别和基本分析。揭示了商法促进经济的发展质量的灵动之美，划分政府的行为边界的尺度之美，促进社会富足的人文关怀之美。通过本章学习，学生能够了解商法的基本理论与核心内容，能够理解作为私法的商法对经济生活的基础性意义，对财富积累和交易公平等的保障性价值，对解决商事纠纷、安定经济关系、促进市场环境下的经济交往与融通交流等方面的重要意义，能够体验到商法促进盈利过程中的人文关怀价值。

第一节　商法的概念

1. 盈利之美

2. 人文关怀之美

第二节　商法的作用

1. 积累社会财富的价值之美

2. 追求公平交易的正义之美

3. 实现国际交往的融合之美

第三节　商法的理念之美

1. 诚信之美

2. 公平之美

3. 开放之美

4. 安全之美

第四节　商法的体系之美

1. 活跃之美

2. 融通之美

第七章　社会中的法律之美

本章主要介绍了环境与资源保护法、劳动与社会保障法、国家宏观调控经济法等的基本理论与核心内容，对典型案例中的社会法保障制度和具体规范进行识别和基本分析。揭示了社会法中的社会责任之美，环境与生态保护中的绿色之美，劳动与社会保障中的关切之美，国家宏观调控中的均衡之美。通过本章学习，学生能够了解社会法领域中的环境与资源保护法、劳动与社会保障法、经济法的基本理论与核心内容，能够理解社会法对社会主体实现社会责任的重要意义，能够体验到国家通过社会法控制实现社会公共价值追求，从而对社会成员，特别是弱势社会成员进行公共意义上的全面保障。

第一节　国家宏观调控经济的经世济民之美

1. 自由竞争之美

2. 宏观调控之美

第二节　劳动与社会保障法的扶弱济困之美

1. 扶弱之美

2. 济困之美

第三节　环境与资源保护法的绿色发展之美

1. 绿色之美

2. 和谐之美

3. 公益之美

第八章　科技中的法律之美

本章主要介绍了法与医疗技术、人工智能、生命科学、数据信息等科技发展的互动关系，新科技发展对法的挑战，法的发展的未来趋势。揭示了法在与科技互动中的现代之美，法在科技发展促进中的创新之美，法在应对新技术带来的新风险中的审慎之美，法对科技进步中的人的终极地位保障的人性之美。通过本章学习，学生能够了解随着社会发展和科技进步，法治也在医疗、人工智能、生命科学、数据信息等范畴拓展着边界，能够理解科技给法治带来的新契机、新挑战、新机遇和新天地，能够体验到法在科技的互动中展现出来的现代之美、复合之美、技术之美，特别是促进科技发展、保障科技成果、推动国家创新能力和创造能力水平的重要意义。

第一节　法与医疗技术发展

1. 幸福的展开

2. 人格的尊重

3. 人性的恪守

第二节　法与人工智能发展

1. 人类智能之美

2. 人工智能之美

3. 目的与手段的界限之美

第三节　法与生命科学发展

1. 人性的捍卫和呵护

2. 生命的尊重和敬畏

3. 个体自由和尊严的终极关怀

第四节　法与数据信息发展

1. 信息融汇之美

2. 数据安全之美

第五节　新科技发展对法的挑战

1. 科技的发展之美

2. 制度的保障之美

3. 法律的创造之美

健康心理之美

一、课程简介

《健康心理之美》为应用心理学专业的专业美育课，主要面对大一新生开设。本课程旨在培养学生对专业的兴趣以及体会健康心理之美的能力，同时，培养学生乐观积极的人生观、世界观、价值观。具体而言，本课程主要讲授包含心理学历史、统计、心理测评以及设计在内的心理学相关知识，通过这些知识的讲授，要求学生理解心理学的发展历史，并能从发展历史中感受到心理学家对人类心灵的探索之美；理解心理与教育统计、测评在个体社会生活中的重要作用，感受到心理统计与测量的有序、精确之美；理解心理学在设计中所起到的作用与原则，激发运用设计相关知识发现美、创造美的能力。

二、课程目标

1. 知识目标：学生能够叙述心理学诞生的标志性事件和中国心理发展史的节点和成就，描述不同心理流派诞生的社会背景，能够比较不同流派的主要思想的差异性，能够阐释社会心理服务体制建设的路径。能够理解大数据的意义，掌握数据图表的制作，能够理解概率的定律。能够了解心理测评的基本理论与核心内容，熟练掌握测评量表施测方法，能够结合具体数据进行分数合成、解释并报告分数。能够了解审美过程中的心理机制和心理要素，掌握设计心理学的相关概念以及用户的相关心理过程。

2. 能力目标：学生能够区分不同的数据类型，使用恰当概率分布进行数据分析。能够使用焦虑、抑郁量表进行自测和指导他人自测，并对常见的心理障碍及对应的测评量表有科学的大致了解，能够理解心理健康测验的实际意义。能够通过学习掌握新的设计思考的角度和敏锐的观察能力，将审美能力从感性认识提升到理性认识，并且运用相关知识在设计中广泛拓展思路，提高创新能力。能够强化逻辑思辨能力，培养解决问题能力，能够运用基本的心理学视角、知识分析具体的现实问题存在的原因，提供合理的解决策略。

3. 美育目标：学生能够感受和理解人类对心理的探求之迫切，心理作为一门学科的独立之艰辛，心理学家们对人类心理的研究之丰富，当今人们对心理健康的关注之热切，提高学生作为未来心理服务从业人员的专业热情，塑造无私奉献的专业精神，在心理学专业学习过程中发现心理探索之美，社会心理服务的助人之美、守护之美，心理测验统计的有序之美、精确之美，心理知识应用生活之美。能够将心理学知识与审美有机结合，拓展自身的审美心理能力，使学生能够发现美，理解美。

4. 思政目标：学生能够深切体验到心理学的发展离不开社会的需求，需要立足中国立场，树立科学精神，勇担时代担当，认同治疗人的精神或心理疾病的职业任务，树立帮助

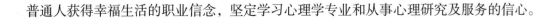

普通人获得幸福生活的职业信念，坚定学习心理学专业和从事心理研究及服务的信心。

三、课程美育目录

第一章　历史发展中的心理探索之美

本章主要讲述心理学的诞生、流派更迭以及近代心理研究在研究方法、研究工具、研究被试、研究对象上的演变，以及中国心理学的发展，使学生了解到人类对心理的探求之迫切，心理作为一门学科独立之艰辛，心理学家们对人类心理的研究之丰富，进而激励学生主动思考，自主对心理学流派更迭进行思考、探究，在追寻人类对心理探索所经历的历程中发现人类对自我的探求、对人性善恶的思考、对幸福人生的追求，进而内化心理学专业美育教育。

第一节　心理学的诞生

1. 心理的谜思之美

2. 科学心理学之美

第二节　心理学的流派更迭

1. 整体与部分的矛盾之美

2. 行为与精神的冲动之美

3. 人本主义精神之美

第二章　中国心理发展中的自强之美

本章主要讲述中国心理发展的历程、现状以及幸福中国的社会心理服务体制建设，使学生掌握中国心理学发展的历史，并能从心理学的历史发展过程中感受到中国心理学家对心理学的使命感及奋斗之美。

第一节　中国心理学的诞生

1. 先哲们的思想之光

2. 西方心理学的引进

第二节　中国心理学的发展与现状

1. 中国心理学的发展之路

2. 中国心理学的现状

第三章　数据之美

本章主要讲述数据的相关概念，大数据时代，数据的分类与图表的制作，通过举例讲解使学生获得用数据对客观事物进行表达的能力，并从中感受到数据的测量之美、精确之美、严谨之美。

第一节　数据

1. 伟大的发明

2. 多彩的数据

3. 大数据时代

第二节　图表

1. 数据的变化之美

2. 图表的简洁之美

第四章　概率之美

本章主要讲述概率的相关概念，概率的加法定律与乘法定律，以及概率分布，通过举例讲解，使学生掌握概率及概率分布的使用并感受到概率的秩序之美、预测之美。

第一节　概率

1. 电子的迷思

2. 三门问题

3. 概率的预测之美

第二节　概率分布

1. 二项分布之美

2. 正态之美

3. 受欢迎的t分布

4. 卡方分布的简单之美

第五章　带你走进心理测评的发展简史

本章主要以心理测评的发展简史、类型和功能为主，讲解中西方心理测评发展的历史，了解到心理测评在不同文化背景下的交融之美，介绍心理测评相关理论、类型和功能，了解到丰富的测评理论之美。同时将心理测评与其他网上的测验区别开来，深刻领悟心理测评的严谨之美、科学之美，从理论学习和实践中体会到心理测评之美。

第一节　什么是心理测评?

1. 测量理论之美

2. 科学精确之美

第二节　中西方心理测评简史

1. 发展之美

2. 交融之美

第三节　心理测评的种类与功能

1. 多维度之美

2. 识辨人才之美

3. 助人自助之美

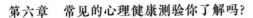

第六章　常见的心理健康测验你了解吗？

本章主要以SCL-90量表、焦虑和抑郁量表为主，讲解其结构、应用范围与施测方法，同时介绍几种常见的心理健康测验。从几类常见的心理问题和障碍出发，讲述一些测验诞生的背景与过程，详细阐释了这些测验的编制与实操方法及用途，通过具体操作领悟强化各量表的应用意义，并以几个有代表性的测验为例详细介绍，从理论学习和实际体验中感受心理学的测量之美，心理学先驱和工作者们不畏艰难、奋力编译、构思精巧认真、精益求精的工匠精神和将心理测量本土化和专业化的爱国精神。

第一节　症状自评量表（SCL-90）

1. 知己之美

2. 多彩倾向之美

第二节　焦虑自评量表

1. 自助自评之美

2. 正视焦虑理想与现实之美

第三节　抑郁自评量表

1. 光明之美

2. 接纳自我不完美之美

第四节　其他心理健康测验

第五节　匹兹堡睡眠质量指数

1. 梦境奇幻之美

2. 夜眠之美

第六节　自闭症量表

1. 星星的孩子之美

2. 世界之美

第七章　走进审美心理学

本章理论方面要求学生对审美心理学的概念、对艺术活动中具有普遍意义的心理现象及其活动机制有所了解，从实践方面对艺术家的创作心理、艺术作品的心理蕴含、艺术接受的心理本质和规律有所认识与把握，发展学生对美的感受和欣赏能力，提供学生艺术创作、欣赏所需的美感训练，为将来从事相关工作打下必要的审美心理基础。

第一节　审美的心理机制

1. 人对心理的认识过程

2. 审美与西方心理学派

第二节　审美的心理学要素

1. 审美感知

2.审美表象与审美经验

3.审美想象

4.审美意象与审美意志

5.审美理解与审美情感

第八章　初探设计之美

本章运用经典案例及前沿研究，介绍设计创造过程的心理活动规律，即将人们审美过程中产生的心理反应反作用于设计，使设计更能够反映和满足用户的需求和心理。通过设计心理学的研究可有效探索沟通生产者、设计师与消费者关系的方法，了解消费者的消费心理，研究消费者的行为规律。从理论到实践，认识"美"，理解"美"，创造"美"。

第一节　设计情感

1.情绪与情感的界定，情绪的表达以及情感的特殊性和层次性

2.情感肌肤、情感的设计策略以及设计情感的表达

第二节　设计思维与设计师心理

1.产品的"使用"与"情感"之间的关系

2.设计思维的分类，设计师个体的心理

经济数据融合之美

一、课程简介

本课程为经济统计学专业开设的专业美育必修通识课程。数据中的数字不过是1、2、3、4、5、6、7、8、9和0，但却非常美，是自然美的客观反映，是科学美的核心。通过本课程的学习，能够让经济统计学专业学生深刻认识我国宏观经济分析的主要数据，通过对这些内容的学习，促进学生建立统计思维方式，感受量化分析经济数据融合之美，领略以统计方法探究经济数量规律之美。在我国经济发展数据和基建规模数据中发现中国经济发展的速度之美、经济数据可视化的动态之美、经济数据搜集的严谨之美、经济数据集中趋势分析的规律之美、经济变量关系的因果之美、量化投资的收获之美、为国家需要而奋斗的奉献之美，从而培养学生对中国特色社会主义市场经济体制的信心，树立以量化武器武装自己，为国家经济建设贡献力量的信仰。

二、课程目标

1. 知识目标：学生能够阐述经济数据研究的工作内容，从经济数据搜集、整理、显示、分析四个方面建立量化研究经济问题的统计思想，能够掌握每个工作内容中经典的统计方法，能够理解这些统计方法的理论基础。

2. 能力目标：学生关心中国和国际经济发展趋势，对发生的经济现象能够给出合理独到的见解，能够用统计工具对经济热点问题进行理性研究。能够建立经济学和统计学兼备的思维方式，以经济学的眼光去发现问题，以统计学的技术去研究问题，解决问题。

3. 美育目标：学生能够热爱经济学，以学经济学、分析经济问题、探索我国经济发展模式为骄傲；热爱统计学，以统计工具增强自身研究经济问题的能力；热爱经济统计学专业，认识到学习经济统计学所能得到的收获，更加认同专业之美的理念，成就自己的人生，为国家经济发展做出贡献。

4. 思政目标：学生能够感悟到我国经济建设所取得成就的来之不易，更加坚定走中国特色社会主义道路的信仰，树立以专业知识建设国家的理念，为成为一名经济统计专业人员而自豪。

三、课程美育目录

第一章　基建狂魔的崛起之路——数说中国速度之美

本章主要介绍我国经济的重要历史进程，以基建为例，展示我国建国70多年所取得的重要成就，包括前30年的准备，后40年的复兴，能够理解中国发展速度的重要原因，能够了解我国经济的未来发展趋势，体会到我们在经济发展过程中的重要历史使命。让学生感受到中国经济发展速度之美，感悟中国特色社会主义制度的优良性，体会中国基建战略的伟大性，欣赏数据可视化工具在展示中国经济速度之美中的重要作用。

第一节　中国速度之美

1. GDP之美

2. GDP的组成之美

3. 中国GDP快速增长之美

4. 新基建规划之美

第二节　经济数据的可视化工具

1. 统计表之美

2. 统计图之美

3. 直方图之美

4. 折线图之美

5. 茎叶图之美

6. 雷达图之美

第三节　经济数据统计调查之美

1. 调查方案之美

2. 组织形式之美

第四节　经济数据调查方法之美

1. 访问调查

2. 邮寄调查

3. 电话调查

4. 电脑辅助调查

5. 座谈会

6. 个别深度访问

7. 观察法

8. 实验法

第二章　涪陵榨菜之谜——以数据来揭示贫穷的本质

本章主要介绍造成贫穷的原因，以及所谓的穷人思维，通过科学的方法和工具对现实问题进行真相探究，更加了解我国经济在世界范围内面临的情况，并掌握吉芬商品、股票价格影响因素等内容。理解诺贝尔经济学奖获得者在贫穷问题中的贡献以及统计方法在其中发挥的作用，感悟到统计分析方法在消除贫困中所具有的能力以及具体措施，感受统计的工具之美、力量之美。

第一节　涪陵榨菜案例辨析之美

1.案例事件解析

2.吉芬商品之美

第二节　股票价格影响因素之美

1.股票之美

2.影响因素之美

3.预测工具之美

第三节　《贫穷的本质》——经济论著之美

第四节　中美经济数据对比之美

第五节　数值平均数之美

1.算术平均数

2.简单算术平均数

3.加权算术平均数

4.调和平均数

5.几何平均数

第六节　位置平均数之美

1.中位数

2.众数

3.分位数

第三章　5G时代之罪——探秘特朗普贸易战

本章主要介绍科技进步对于世界经济发展的重要作用，理解中美贸易摩擦的根本原因，了解中美科技差距、新兴技术的成熟度规律、研究成熟度曲线的计量方法：（1）中美贸易摩擦与华为事件；（2）麦肯锡中美科技差距雷达图；（3）Gartner新兴技术的成熟度规律；（4）计量经济学的方法研究步骤。了解经济数据可视化工具在展示中美科技差距中的作用，统计方法在研究科技与经济发展关系中的重要作用，计量经济学统计方法的独特性与实践性，使得学生感受到经济数据的揭示因果规律之美。

第一节　5G之美

1.华为5G案例辨析

2.中美科技发展差距

3.Gartner新兴技术成熟度曲线

第二节　技术曲线的数据分析之美

1.模型设定

2.估计参数

3.模型检验

4.模型应用

第三节 计量经济模型的建立之美

1.计量经济模型中的变量之美

2.计量经济学中应用的数据之美

3.计量经济学中的检验方法之美

第四章 理财小白的第一桶金——感受数据理财之美

本章主要介绍我国金融市场中的基本理财工具和产品，使学生掌握投资理财的基本理论知识，掌握债券、股票、基金、期货、期权等投资理财工具的基本内容，能够对自己的理财做出合理的规划：（1）科学理财的重要性和必要性；（2）金融理财工具；（3）股票价格指数基金的计算；（4）股指基金定投的理财策略。学习经济统计学专业学生所应具备的理财避险意识，债券、股票、基金、期货、期权等理财工具对我们生活的影响，了解合适的理财策略，从而感悟经济数据的安全之美。

第一节 理财之美

1.大学生理财现状

2.理财工具之美

3.股指基金

第二节 国外著名股价指数

1.道·琼斯股票价格平均数

2.标准·普尔股票价格指数

3.《金融时报》股票价格指数

4.日经道式平均股票价格指数

5.恒生指数

第三节 我国股价指数

1.上海证券交易所

2.深圳证券交易所

第四节 指数体系与因素分析

1.指数体系

2.因素分析

第五节 因素分析的种类

1.现象总量变动的因素分析

2.现象总量变动的多因素分析

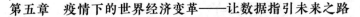

第五章 疫情下的世界经济变革——让数据指引未来之路

本章主要介绍新冠疫情对世界经济的影响，能够理解在疫情背景下哪些产业凸显出来，我国以及世界经济发展的趋势，从而明确经济统计学专业在疫情后的重要作用和可能的发展方向：（1）新冠疫情对世界经济的影响；（2）疫情后将成为经济新的增长点的产业类型；（3）经济统计学专业在疫情后经济发展中的作用。了解新冠疫情对世界经济的重要影响，中国特色社会主义市场经济制度的独特性和优良性，经济统计学专业的发展趋势，体会我国特色社会主义市场经济制度之美。

第一节 疫情后会茁壮发展的行业

1. 医疗服务行业

2. 服务上门

3. 网上办公

4. 家庭装办公室家具

5. 微商代理

6. 线上教育

7. 智能机器人/智能化服务项目

8. 数据分析、人工智能技术

9. 心理辅导行业

第二节 利用经济统计数据分析疫情对我国经济的影响

第三节 经济统计学的发展方向

1. 专业解读

2. 学习内容

3. 就业去向

4. 专业特色

5. 统计学简史

6. 经济统计学今后的研究课题

安居之美

一、课程简介

本课程为公共事业管理专业土地资源管理方向开设的专业美育必修通识课程。通过本课程的学习，能够让公共事业管理专业学生欣赏和体验到安居的形式之美与实质之美。通过学习中国房地产的行业特性和制度背景，掌握房地产调控制度优势之美，更好地理解房地产市场运行规律，更科学地评价房地产宏观政策，提升其理论思维水平。注重理解房价运行规律和发展趋势，提升住有所居的基本能力，增加财富增长的核心能力，享受住有所居之美。

二、课程目标

1. 知识目标：通过对房地产价格、房地产周期、宏观调控的分析，理解房地产市场分析及预测的技能和相关理论知识，能够综合房地产投资、开发、流通到消费的运行过程感受住有所居的实现之美。

2. 能力目标：能够认识房地产市场，提高对房地产市场分析及预测的能力，在多学科、跨项目合作中实现组织沟通、团队协作、项目管理、经营决策，创造性地完成管理目标。具备从业者所需的管理伦理，在实践中能够综合考虑法律政策、人文环境和发展观念。具有创新精神和自主、终身学习的意识，适应社会发展对管理型人才的需求，具有持续的职场竞争力。

3. 美育目标：学生能够感受房地产市场，理解房地产价格的形成之美、房地产市场周期波动之美、宏观调控的制度之美、住有所居给公民带来的生活之美，唤起学生对专业的学习兴趣与社会责任，激发学生的审美能力和创造力。

4. 思政目标：立足于国家与地区经济和产业发展需要，形成住有所居、关注民生的价值观念，培养诚信、刻苦、善于沟通和合作的品质，树立全面、协作和团结意识，具有人文社会科学素养和社会责任感，为发展职业能力奠定良好的基础。

三、课程美育目录

第一章 政府调控效果之力——有为政府

本章主要介绍房地产宏观调控主体，房地产宏观调控方法和手段，房地产宏观调控的原因和目的。引导学生感受房地产市场，理解房地产调控的制度之美，唤起学生对专业的学习兴趣与社会责任，激发学生的审美能力。使学生在观察、思考、互动、讨论、角色扮演中感觉到发挥楼市宏观调控效能，打造有为政府的必要性。感悟在有效市场与有为政府

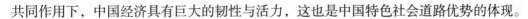

共同作用下，中国经济具有巨大的韧性与活力，这也是中国特色社会道路优势的体现。

第一节　房地产宏观调控主体

1. 房地产宏观调控的主体

2. 各主体之间利益的协调——和谐之美

第二节　房地产宏观调控的方法和手段

1. 多种调控方法结合——融合之美

2. 多重政策措施并举——多样之美

3. 尊重楼市经济规律——规律之美

4. 政策措施灵活多变——灵活之美

第三节　房地产宏观调控的原因和目标

1. 维持住房供需总量均衡——均衡之美

2. 保持楼市健康稳定发展——持续之美

3. 打击不良炒房投机行为——理性之美

4. 保障百姓切身住房权益——民生之美

第二章　探求市场均衡之点——运用规律

本章主要介绍房地产供求关系、住房过滤以及房地产供求均衡有关知识，通过案例研讨等让学生探寻均衡规律，感受美之所在，引导学生逐步了解市场均衡的重要意义，让学生在观察、讨论、学习过程中感受到房地产行业的发展以及市场与政府的双重作用，唤起学生对专业学习的兴趣之美。

第一节　房地产供求关系

1. 房地产之谜——一反常态的供求关系

2. 房地产之美——"有形""无形"手拉手

3. 房地产过滤之奇

4. 房地产供求之美中不足

第二节　房地产供求均衡分析

1. 均衡多维美

2. 非均衡态调节美

3. 均衡利器融合美

4. 均衡调控意义美

第三章　房价周期波动之妙——体天格物

本章主要介绍房地产的周期规律、形成的周期机制、周期规律曲线、宏观经济周期、房地产周期与宏观经济周期协调等核心内容。运用案例分析、小组研讨、视频赏析等形式，引导学生掌握房地产周期波动之妙，通过房地产业在经济运行过程中交替出现复苏——

繁荣—衰退—萧条循环往复的环节，探寻周期规律、体天格物，从而讲好中国住房故事，在团队协作中理解在历史长河中房地产周期波澜变化之美，从而树立起齐家治国的坚定信仰。

第一节　无往不复的周期浮动

1. 房地产周期基本概念探究

2. 国内房地产市场周期汇总

3. 中西方房地产之经典鉴赏

第二节　周期影响因素剖析

1. 特性之辩——别具一格

2. 波动之美——灵活机敏

3. 因素之论——复杂多样

第三节　日臻完善的周期机制

1. 多方理论流派——百家争鸣之美

2. 两种经济周期——协调碰撞之美

3. 论房地产周期——双重角度之美

4. 形成机制特征——内在探寻之美

第四章　大小周期协调之效——协调共生

本章主要从房地产周期规律曲线、宏观经济周期、房地产周期与宏观经济周期协调等方面去展示房地产周期的波动及其规律运行机制。了解房地产周期规律的概念及特点，明确影响房地产周期规律的因素，判断房地产的不同阶段，从而去体验房地产周期的规律美。通过案例讲解、视频鉴赏等方式感受国民经济支柱产业之一的房地产，理解房地产周期规律变化的美感，从而树立起"既能扫一屋，又能扫天下"的坚定信念。

第一节　房地产周期规律曲线分析

1. 曲线波动的周期奥秘

2. 不断上下阶梯的过程

3. 周期波动"牵一发而动全身"

第二节　宏观经济周期分析

1. 一个概念的研究

2. 十种思想的碰撞

3. 五大周期的发现

4. 五类因素的探索

第三节　房地产周期与宏观经济周期协调之美

1. 从五个角度为两种周期找异同

第五章　市场需求变化之快——有效需求

本章从"消费者"的角度看房地产需求，从房地产需求及其不均衡现象导入，对比分析典型国家的房地产价格。在本章的学习中，注重培养学生观察、比较、分析、综合、抽象、概括、判断、推理的能力，形成较强的逻辑思维、图表剖析能力以及对数据分析走势图的敏感度。"安土重迁，黎民之性；骨肉相附，人情所愿也"，希望通过本章学习，引导学生在时间和空间上与古人产生共鸣，博古通今，培养胸怀国之大者的优秀人才。

第一节　房地产市场需求——"消费者"

1.房地产需求及其影响因素

2.房地产需求不均衡之挑战美

第二节　房地产价格分析

1.房地产价格影响因素之美

2.房地产价格形成机制——供求规律之美

3.典型城市房地产价格分析——有效市场之法

第六章　供给结构均衡之难——供给错位

本章主要介绍房地产市场供给及其影响因素，房地产市场供给不均衡的现象及其原因，以及促进房地产业健康发展的展望与建议，同时通过美国和日本两个典型国家的房地产价格分析体现房价变化的规律美。通过体会感悟房价市场变化之快，让学生能够感受房地产市场变化规律，理解房地产价格的形成之美，唤起学生对专业的学习兴趣与社会责任，培养学生发现规律和运用规律的创新能力。通过图表观察、数据分析、案例研讨提高综合运用市场分析能力，培养学生自主学习意识，打造努力奋斗精神，树立民生责任。

第一节　房地产市场供给——"生产者"

1.房地产市场供给及其影响因素

2.房地产市场供给不均衡之挑战美

第二节　典型国家房地产价格变化规律——他山之石

1.美国房价分析

2.日本房价分析

第七章　购房分析决策之乐——人民至上

本章主要介绍购房影响因素分析，购房决策方法分析，多属性决策方法，层次分析法。通过本单元的学习，让学生能够感受房地产市场，理解"住有所居"到"住有所安"再到"住有宜居"给百姓带来的生活之美，引导学生做到心中有家、胸中有国，努力实现房住不炒、住有所居。

第一节　购房决策影响因素分析

1.购房决策七因素——齐家之匙

2.典型调查四步骤——齐家之道

3.居民购房细调查——居民至上

第二节　购房决策方法分析

1.两种不容忽视的决策方法

第八章　百姓住有所居之美——齐家治国

国家要安康繁荣，人们要乐业安居，只有住有所居、住有所依，社会才能够更加安定繁盛，可见正确的住房决策有多么重要。本章主要介绍正确购房决策所带来的住有所居，房产的保值增值对人们生活与健康心理之美的影响。住有所居能够带来对社会与个人的正面效应与发展，而对于要让房产有保值增值之效用，我们应当怎么做、如何做出选择，这就是房产保值增值之美。做好恰当的选择与正确的理解正是住有所居中的美的部分。

第一节　住有所居影响效应之美

1.微观之美——对个人港湾的思考

2.宏观之美——对集体港湾的探索

第二节　房产保值增值之美

1.内部之美——什么是房产保值增值

2.应用之美——房产如何保值增值

会计之美

一、课程简介

本课程为会计学专业开设的专业美育必修通识课程。通过本课程的学习，能够让会计学专业学生欣赏和体验到会计活动对象在运动过程中所呈现出的内在美以及会计活动作为一种管理艺术所表现出的外在美。使学生从科学的视角认识到，会计是一门应用性学科，它广泛渗透在社会生活的各个层面，为促进社会进步、提高人民福祉提供着丰富的经济信息，发挥着越来越重要的作用；从审美的视角认识到，会计是用标准化的商业语言解释五彩缤纷的经济世界，透过会计工作者艺术般的劳动创造和会计信息使用者有目的的鉴赏判断，使人们在复杂的会计事务和繁杂的经济数据中领略会计的艺术之美。

二、课程目标

1. 知识目标：学生能够构建对会计的整体印象，明确会计的本质，了解会计恒等式、复式记账法、试算平衡、资产负债表、利润表、量本利分析（盈亏临界点）、平衡计分卡等多项知识点，并能对会计专业知识进行整合说明。

. 能力目标：学生能够增强对企业会计业务的加工处理能力、对会计信息的分析判断能力、对会计数据的综合运用能力。强化逻辑思维，提升思辨能力，增强对会计问题的理解、判断、分析、运用、整合的能力。

3. 美育目标：学生能够从"美感"的角度分析判断会计，了解会计是用标准化的商业语言解释五彩缤纷的经济世界的一种艺术活动。

4. 思政目标：学生能够深切体验到会计职业道德是一种内心的思想状态，并通过潜移默化或者震撼教育形成学生内心的原则或信念。

三、课程美育目录

第一章　会计工作竟是美的享受

本章主要介绍了在会计实务工作当中，会计信息对会计职业判断的影响及重要性，原始凭证的填制，外来原始凭证的处理方法，会计政策和会计估计的处理原则。本章以"会计工作人员的一天"，描述了日常会计人员需要进行的工作，详细讲解会计工作人员的实务工作，使学生感受会计工作并不单调，而是充满"情调"，在提供真实可靠而且内容完整的会计信息的过程中产生美的体验。引导学生树立"诚信为本，操守为重，坚持准则，不做假账"的职业道德观念，领会会计信息的真实之美。

第一节　带你走进会计实务工作

1. 会计信息的真实之美

2. 会计语言的沟通之美

第二节　会计工作人员的一天

1. 会计工作简练之美

2. 会计工作秩序之美

第二章　会计数据的严谨之美

本章主要介绍会计工作中的秩序关系所表现出来的美感，如会计对象六要素的分类，会计科目的分类，以及会计凭证、会计账簿和会计报表的分类等会计对象的具体内容尽管千差万别、错综复杂，但在会计管理中通过各种会计方法的加工处理，呈现出有规律而条理分明的类别，进而形成会计理论与会计实务的秩序性。通过对会计科目的分类以及会计凭证、会计账簿和会计报表的分类，使得烦琐的交易和事项得以全面、系统、综合地反映出来，也使得会计核算实现了科学化和系统化，感受到井然有序的会计工作中体现出的有条不紊的秩序之美。

第一节　会计数据分类

1. 会计科目分类的艺术之美

2. 会计凭证、会计账簿和会计报表分类之美

第二节　会计数据整理

1. 会计数据的采集之美

2. 会计数据的加工之美

第三章　会计账目的平衡之美

本章主要介绍会计记账工作中所存在的数量或质量上的相等或相抵关系所体现出来的美感。通过追溯中国古代的"龙门账"、西方复式记账的基本平衡公式、会计要素的平衡关系，展示了会计平衡公式"有借必有贷、借贷必相等"的记账规则、"资产=负债+所有者权益"的会计等式、资产负债表结构、总账与明细账的平行登记、账簿记录与报表数字的钩稽关系、报表中主表与所属附表的依存关系、会计分录中的账户对应关系、记账凭证与所附原始凭证的核对关系、记账凭证与账簿记录的核对关系、银行存款与银行对账单的核对关系等，即账卡相符、账证相符、账账相符、账实相符、账表相符等，通过静态平衡和动态平衡不断变化发展所呈现出的会计对象在数量上螺旋式上升的稳定状态，领会稳定、沉静、端庄、整齐的会计平衡之美。

第一节　会计人的智慧

1. 中国古代会计人的智慧

2. 西方古代会计人的智慧

第二节　一起来记账

1. 会计记账中的平衡之美

2. 会计静态动态平衡之美

第四章　记账方法的对称之美

本章主要介绍了会计工作中的对称关系所表现出来的美感。这一美感在会计科目的设置上表现得非常普遍，如：会计科目中的"应收账款"与"应付账款""应收票据"与"应付票据""预收账款"与"预付账款""其他应收款"与"其他应付款""待摊费用"与"预提费用""短期借款"与"长期借款"等。通过会计中的这些对称关系，学生能够了解会计进行的确认、计量、记录和报告，主要是通过一些固定的符号，如"T"账户和财务报表专门的编制方法反映经济活动的收入支出、增加减少、入库出库、盈利亏损等等，了解中国乃至全世界采用统一的借贷记账法，并通过这些固定的符号和专门的方法体验会计的对称之美。

第一节　"T"型账户对称美

1. T型账户登记有技巧

2. T型账户正确性校验

第二节　资产负债表格式的结构美

1. 有"规""矩"

2. "包罗万象"

第五章　财务报告的整合之美

本章主要介绍企业财务报告的相关内容，了解财务报告的作用、种类和意义，通过帮助学生梳理财务数据在企业实务中的处理流程，来讲述资产负债表的静态资本结构、利润表的动态收支比例、现金流量表的收付盈亏净额，使学生感受财务报表数据的整合之美，并通过分析财务报表之间的数据勾稽关系，使学生了解如何利用相对固定的方法和程序，加以规范而简约的语言来说明烦琐的经济现象。

第一节　如何解读企业财报

1. 资产负债表的平衡之美

2. 利润表的财富之美

3. 现金流量表的盈余之美

第二节　财报数据的勾稽之美

第六章　财务分析的战略之美

本章主要介绍会计上反映会计对象质量的财务分析指标，从认识财务比率、了解财报数据的合理结构来进一步感受财务分析的战略之美。阐释了财务比率的意义，详细讲述流动比率、速动比率及资产负债率的合理结构，了解销售净利率、存货周转率、应收账款周转率、净资产收益率等财务指标的战略意义，通过分析与讨论，领悟财务比率在合理结构之内的重要性，从而引导学生感受会计形式的结构魅力，应用财务分析指标来评价企业的偿债能力、盈利能力、营运能力及企业综合财务状况，从战略的角度来预测企业的发展趋势。

第一节　偿债能力分析

1. 短期偿债的速动之美

2. 杠杆的黄金比例之美

第二节　盈利能力分析

1. 销售净利的富贵之美

2. 杜邦分析的结构之美

第三节　营运能力分析

1. 资产周转的速度之美

2. 企业发展的战略之美

第七章　财务会计的秩序之美

本章主要介绍会计准则、财务法律法规及财务管理秩序的统一，从财务会计工作秩序和财务秩序思维两个层面感受会计秩序之美。解读了统一的会计法律、统一的会计制度、统一的会计准则等内容，详细讲述了会计秩序思维和财务的思维秩序，介绍了统一的会计管理机构、建设统一的会计队伍管理、进行统一的会计业务管理、遵循统一的准则和规章等内容。通过多次讨论领悟会计内容统一的意义：能够依据不同行业、不同规模、不同所有制形式会计主体对会计工作组织进行统一的管理，从多行业多角度的会计工作案例中感受会计秩序之美、会计工作者的思维秩序之美及管理艺术之美。

第一节　磅礴有序的准则家族

1.低调的财务法宝

2.高亢的红线守则

第二节　财务工作的秩序之美

1.有序的自我管理

2.可贵的秩序思维

第八章　大数据下的业财融合之美

本章紧密承接上一章节中会计制度规则及财务思维体现出来的会计高度秩序性，从后危机时代企业面临的种种挑战及大数据时代财务转型后的业财融合普适性探讨发掘会计之美。通过对大数据新环境、财务流程整合再造及业务流程整合的讲解，解读了业财融合的意义，其中详细讲述业财融合的机理，通过业务与财务的交互融合，明确大数据时代下业财融合的实际操作意义。以小案例的形式进行串联，让学生能够将多个零碎的要素信息按照一定的逻辑关系组合在一起，将业财融合中的各要素有效地结合在一起，能够通过对资产负债表、损益表、现金流量表、财务状况变动表进行会计数据整合，并结合业务类型和需要对企业的经济活动状况做出合理的判断和评价，结合前几章的内容统筹领悟财务工作之美，领悟大国工匠严谨认真的工作态度及新时代发奋图强的创新精神。

第一节　协调统筹的业务财务

1.业务财务的交融之美

2.业财信息的整合之美

第二节　数据共享的财务平台

1.财务共享的高效之美

2.创新融合的前沿之美

发掘美的数科之旅

一、课程简介

本课程为应用统计学专业开设的专业美育必修通识课程。通过本课程的学习，能够让应用统计学专业学生欣赏和体验到应用统计学的数据之美、规律之美、洞察之美与应用之美。学生通过学习具体的实际案例、数据处理方法，能够感受和理解应用统计学的随机、概率、数理统计统计图像所展现的魅力，从而能够将应用统计学真正应用于解决实际问题中。

二、课程目标

1. 知识目标：学生能够掌握随机、概率、数理统计及统计图形中的基本概念和基础方法。比如：古典概型、条件概率、贝叶斯定理、参数估计、假设检验、方差分析及回归分析等基本概念。

2. 能力目标：学生能够从实际问题中提炼出所需要的应用统计学知识，并运用所学到的方法解决实际问题。强化逻辑思维，提升思辨能力，增强运用应用统计学方法解决实际问题的理解、判断、分析、推理、综合、论证的能力。

3. 美育目标：学生通过学习具体的实际案例、数据处理方法，能够欣赏和体验到应用统计学的数据之美、规律之美、洞察之美与应用之美。

4. 思政目标：学生能够深切体验到社会主义制度的优越性，踏实学习，不轻言放弃，对学术造假零容忍。

三、课程美育目录

第一章 随机——数据之美

本章主要介绍随机性定义、随机试验和随机分布的定义，并为学生展示随机在现实生活中的具体实例，使得学生在实践中感受到随机的数据之美。本章将通过"上帝掷骰子吗？"这一物理学史上的经典讨论为学生展示随机性定义，通过"扔硬币的数学家们"向学生详细讲解什么是随机试验，最后通过"连环杀手的归案"为学生们展示随机分布。从现实案例中使学生体会到数据之美，体会到科学家们勇于追求真理的精神，激励学生踏实求学，不惧怕失败，坚持到底。

第一节 随机性定义之美

1.随机性定义之来源之美

2.随机性定义之严谨之美

第二节 随机试验之美

1.随机试验之思想之美

2. 随机试验之实践之美

第三节 随机分布之美

1. 随机分布之定义之美

2. 随机分布之应用之美

第二章 概率——规律之美

本章主要介绍概率论的基本定义和古典概型的计算公式、条件概率的定义及计算公式、贝叶斯定理和贝叶斯公式，并为学生展示古典概型、条件概率如何应用以解决实际问题，使得学生在实践中感受到概率的规律之美。本章将通过"游戏奖金的分配"这一实际案例为学生展示概率论的基本定义，通过"连号和14连号"这一具体问题向学生详细讲解什么是古典概型和古典概型的计算公式，最后展示古典概型如何应用以解决实际问题；通过"主持人背后的山羊"这一实际案例为学生展示条件概率的定义及计算公式，通过"寻找失踪的核潜艇"这一具体问题向学生详细讲解什么是贝叶斯定理和贝叶斯公式，从现实案例中使学生体会到规律之美，激励学生爱惜祖国安定富足的大好时光，认真学习，为祖国的富强民主文明发展作出贡献。

第一节 带你走进古典概率

1. 古典概型的起源之美

2. 古典概型的定义之美

3. 古典概型的应用之美

第二节 带你走进条件概率

1. 条件概率的思考之美

2. 条件概率的定义之美

3. 条件概率的应用之美

第三章 统计——洞察之美

本章主要介绍假设检验基本原理和假设检验的基本方法，参数估计的基本思想和极大似然估计、矩估计的计算方法和替换思想，方差分析基本思想和计算过程，回归基本概念和线性回归计算，并为学生展示上述思想和方法如何应用以解决实际问题，使得学生在实践中感受到统计的洞察之美。本章将通过"女士品茶"这一实际案例为学生展示假设检验基本原理，通过"包装机是否正常运作"这一具体问题向学生详细讲解什么是假设检验的基本方法；通过"渣男去死"这一实际案例为学生展示参数估计的基本思想和极大似然估计，通过"汽车每5L汽油的行驶里程估计"这一具体问题向学生详细讲解什么是矩估计的计算方法和替换思想；通过"里贝克诉麦当劳餐厅案"这一真实案例为学生展示方差分析基本原理，通过"温度对某种咖啡的香浓程度的影响"这一具体问题向学生详细讲解方差分析的具体计算过程；通过"穿杨与射雕"这一实际案例为学生介绍回归基本概念，通

过"广告花费与销售额的关系"这一具体问题向学生详细讲解什么是线性回归及其计算方法，最后展示上述统计学思想和方法如何应用以解决实际问题。从现实案例中使学生体会到洞察之美，激励学生从小事入手，善于发现问题，通过实践解决问题。

第一节　带你走进假设检验

1. 假设检验之思想之美

2. 假设检验之实践之美

第二节　带你走进参数估计

1. 参数估计之思想之美

2. 参数估计之实践之美

第三节　带你走进方差分析

1. 方差分析之思想之美

2. 方差分析之实践之美

第四节　带你走进回归

1. 回归之思想之美

2. 回归之实践之美

第四章　统计图形——应用之美

本章主要介绍散点图、条形图、饼图和箱线图的画法，并为学生展示相应的图形如何解决实际问题，使得学生在实践中感受到图形的应用之美。本章将通过"河图洛书"和"伦敦霍乱的防治"向学生详细讲解散点图、条形图、饼图和箱线图的画法，为学生展示相应的图形如何解决实际问题。从现实案例中使学生体会到应用之美，体会到社会主义制度的优越性，激发学生对中华民族传统文化的热爱、对伟大祖国的热爱。

第一节　散点图——全局之美

1. 散点图之绘制之美

2. 散点图之全局图似之美

第二节　条形图——对比之美

1. 条形图之绘制之美

2. 条形图之全局对比之美

第三节　饼图——结构之美

1. 饼图之绘制之美

2. 饼图之结构比较之美

第四节　箱线图——集中之美

1. 箱线图之绘制之美

2. 箱线图之集中离散之美

物流的魅力

一、课程简介

本课程属于通识教育平台必修课程，为物流工程专业的美育课程。本课程从多角度呈现物流的魅力，介绍现代物流行业的从业者之美、变化之美、企业之美、电商之美、科技之美等，展示现代物流给国家和人民带来的方便和快捷，使学生了解从事物流行业需要具备的职业精神和职业素养，激发学生对物流工程专业学习的兴趣。

本课程通过多个案例的描述，列举物流行业的各种"美"，引导学生对物流的魅力的讨论，使学生发现物流行业之美，激发学生对物流行业的热爱。

二、课程目标

1. 知识目标：了解物流的相关流程和知识，认知物流行业的载体——公路网，了解国内及本地知名物流企业及其企业文化。

2. 能力目标：学生能够对物流行业案例进行分析，并能够对生活中常见的物流问题进行专业性解决。

3. 美育目标：带领学生理解体验电商对人们的生活方式和企业运作模式的改变之美、物流科技之美、包装之美、公路网之美，发现物流行业企业的魅力。

4. 思政目标：使学生发现物流行业广阔的发展前景，激发学生对物流行业的热爱之情，培养学生吃苦耐劳、勇于奉献、爱岗敬业、团结协作的从业态度。

三、课程美育目录

第一章　从业者之美

通过介绍实际案例，使学生了解物流行业从业者的工作状态、工作精神，培养学生对物流行业的热爱之情，体会到物流的从业者之美。让学生理解甘于奉献、勤奋敬业、虚心谨慎、团队精神，在物流的事业中实现自身的价值，体会到成功的喜悦，体会到物流之美。

第一节　物流业之美

1. 物流业之美

2. 物流流程之美

第二节　物流企业之美

1. 业务员

2. 调度员

3. 运作员

4. 营运人员

5. 车管人员

6. 仓库管理人员

7. 高级网络规划工程师

8. 物流总监

第三节　物流从业者应具备的精神

1. 接受环境挑战的意识

2. 作业风险防范意识

3. 吃苦耐劳的精神

4. 自我保护意识

5. 扎扎实实打基础

6. 学会一专多能

第四节　物流从业者之美

1. 基层从业者之美

2. 管理者之美

第二章　物流行业的变化之美

通过宏观数据的展示和微观运作方式的变化来展示近年来物流行业的变化之美，使学生感受到科技带来的变化之美；结合上述的介绍和讨论，让学生大胆想象今后的物流及行业会出现的变化之美。

第一节　宏观变化之美

1. 全国社会物流总额变化趋势

2. 2018年各种交通运输方式货物运输量分担情况

3. 2018年各种交通运输方式货物周转量分担情况

4. 各种运输方式基础设施建设（截至2018年底）

第二节　微观变化之美

1. 供应链的优化

2. 货物的流动方向在供应链中发生了改变

3. 采购环节

4. 配送环节

5. 物流网络的变化

6. 运输的变化

7. 信息的变化

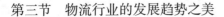

第三节　物流行业的发展趋势之美

1. 网络信息化之美

2. 电子自动化之美

第三章　电商之美

使学生了解什么是电商，现代电商的主要形式。通过农村电商之美、跨境电商之美和自媒体电商之美向学生展示现代电商对国家经济、对人民生活的重要性，展示现代电商之美。

第一节　电子商务之美

第二节　农村电子商务之美

1. 县、村末端网络服务之美

2. 直供直销新模式之美

3. "盒马生鲜"等农产品电商平台之美

第三节　跨境电商之美

1. "电商东盟"的含义

2. "电商东盟"发展的基础

3. "电商东盟"平台建设日趋完善

第四节　自媒体电商之美——抖音带货直播之美

第五节　如何让电子商务变得"更美"

1. 优化电子商务发展环境

2. 推动电子商务区域协调发展

3. 促进电子商务与自媒体营销协同发展

第四章　科技之美

本章主要介绍了物流活动中用到的现代化的科技设备，使学生对物流活动的整个过程进行深入了解，领悟现代化的科技设备在物流活动中的重要作用，使学生体会到物流科技之美。

第一节　起重设备——传动机构之美

第二节　轻小型起重设备——灵活、快捷、多样之美

第三节　桥式起重机

1. 龙门起重机之美——通用化设备之美

2. 装卸桥（桥吊）——高效的多式联运之美

3. 轮胎起重机之美——专业化设备之美

第四节　叉车之美

1. 平衡重叉车——高效搬运之美

2. 叉腿式叉车——灵活、简便搬运之美

3. 侧叉式叉车——专业搬运之美

4. 三节门架叉车——高层搬运之美

第五节 自动设备

1. 自动引导小车（AGV）——循迹技术之美

2. 自动分拣设备——自动识别技术之美

第五章 包装之美

通过本章学习，让学生总结和归纳物流活动中所使用的各种包装材料和包装设备，了解合理的标准化的包装给物流环节带来的便利，了解过度包装对环境带来的危害，感受包装之美

第一节 包装材料及制品之美

1. 纸质物流包装之美

2. 塑料物流包装之美

3. 金属包装之美

4. 玻璃、陶瓷包装之美

5. 木质包装之美

第二节 包装设备

1. 充填设备之美

2. 灌装设备之美

3. 裹包设备之美

4. 贴标设备之美

第六章 企业之美

本章介绍了国内知名物流企业\唐山市本地知名物流企业以及一家生产企业的物流过程。通过课程讲解，使学生了解物流企业和企业内部的物流过程是如何运行的，了解现代化的物流企业高效的运作流程和管理方式，体现出物流企业之美。

第一节 物流企业之美

1. 无锡菜鸟仓——搬运机器人之美

2. 京东物流——冷链物流之美

3. 唐山双赢物流——钢铁物流之美

4. 唐山成联电商——电商物流之美

第二节 企业物流之美

1. 唐山某机电企业内部物流——企业物流运作之美

2. 唐山燕东建设公司企业内部物流——装配式建筑构件物流之美

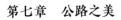

第七章 公路之美

公路运输在众多交通运输方式中以其独特的特点对物流行业的运行和发展发挥着独特的作用，无论是客运还是货运，公路运输都发挥着其他运输方式所无法替代的作用。而我国的公路建设正发展得如火如荼，高速公路的发展也备受关注，公路的发展将大大促进我国物流行业的发展，降低成本、提升效益和速率。通过本章学习，使学生了解公路的基本知识，了解公路对物流活动的影响，展示公路之美。

第一节 中国道路发展之美

1. 建国初期路网设施的一穷二白

2. "文化大革命"对路网设施的影响

3. 改革开放初期的艰苦奋斗

4. 跨入新世纪后路网设施取得的巨大成就

第二节 十纵十横体系公路网建设之美

第三节 道路之美

1. 公路之美

2. 城市道路之美

3. 道路交叉之美

第四节 公路的发展对物流行业的影响

第五节 公路的发展对物流行业的支持之美

1. 道路设施发展数据之美

2. 道路与物流协调发展之美

经贸互联之美

一、课程简介

《经贸互联之美》课程是国际经济与贸易专业本科一年级开设的必修课程，在培养方案中，既是专门的美育安排，又具有一定的专业导论性质。通过本课程的学习，能够让国际经济与贸易专业学生理解和欣赏国际经济与贸易在理论上和实践上具有的美学要素，这些要素包括国际贸易理论之美、规则之美、国际贸易的历史与空间之美以及国际贸易背景下跨文化沟通的和谐之美。通过本课程的学习，使学生能够全面了解国际经济与贸易系统在人类社会中的重要意义，激发学生投身到该事业之中的热情。

二、课程目标

1. 知识目标：掌握国际经济与贸易的基本概念和基本原理，理解国际经济与贸易的一般规则。

2. 能力目标：学生对国际贸易的发展历程和动态保持学术敏感，不断关注时代热点，不断思考探索前沿问题，培养全球化视野和全球化思维，能够通过跨文化沟通实现既定的商业目标。

3. 美育目标：理解和欣赏国际经济与贸易在理论上和实践上具有的美学要素，理解和体会国际贸易理论之美、规则之美，国际贸易的历史与空间之美，以及国际贸易背景下跨文化沟通的和谐之美。

4. 思政目标：培养学生的诚实信用与契约精神，使学生能够理解国际经济与贸易系统在人类社会中的重要意义，激发投身到该事业之中的专业热情。

三、课程美育目录

第一章　贸易历史之美

本章主要介绍世界范围内的国际贸易发展史和大国经济格局的变迁，从世界贸易中心区的迁移变换中感受历史之美。首先追溯了世界贸易中心区的形成过程，解读了国际贸易活动的经济意义，讲述世界贸易中心区的三个阶段及变换动因。然后主要关注了以中美为代表的大国经济贸易发展对比，从中感受中华民族伟大复兴的力量以及新型大国关系之美。

第一节　世界贸易中心区的迁移

1. 地中海之美

2. 大西洋之美

3. 太平洋之美

第二节　中美经济贸易发展对比

1. 大国崛起复兴之美

2. 新型大国关系之美

第二章　贸易地理之美

本章主要介绍国际经济贸易活动的空间分布情景，从中感受国际贸易地理之美。首先从经济体的视角展示了整体发展情况，对比了与中国省级单位经济体量相当的国家，展示了国界线之美和特色城市之美。然后以全球夜间灯光数据为载体，介绍世界各大洲的经济地理分布情况，领略地图之美，特别是空间布局的平衡与不平衡关系。

第一节　奇妙的经济体

1. 对比之美

2. 国界之美

3. 城市之美

第二节　全球夜间灯光数据

1. 地图之美

2. 平衡之美

第三章　贸易规则之美

第一节　合同法

1. 合同法引论

2. 合同的概念

3. 合同的订立

4. 合同的效力

5. 合同的内容和履行

6. 违约及其救济措施

第二节　《联合国国际货物销售合同公约》

1.《联合国国际货物销售合同公约》的适用范围

2. 国际货物买卖合同的成立

3. 卖方和买方的义务

4. 违反买卖合同时的救济措施

5. 货物所有权与风险的转移

第四章　贸易思想与人物之美

第一节　贸易思想之美

1. 国际贸易思想发展的哲学脉络

2.国际贸易思想发展的历史脉络

第二节　贸易人物之美

1.自由贸易思想典型代表人物

2.保护贸易思想典型代表人物

3.新贸易理论典型代表人物

第三节　不同贸易思想对中国对外贸易的指导意义

1.理论分析

2.案例分析

第五章　跨文化沟通之美

第一节　跨文化沟通的本质

1.文化，跨文化沟通

2.文化因素在沟通中的影响

3.跨文化沟通的驱动因素

第二节　文化价值观对比

1.个人主义与集体主义

2.平等与等级制度

3.实干与背景

第三节　国际商务中的跨文化风险

1.语言

2.习俗

3.礼仪

第四节　发展跨文化沟通能力

1.提高跨文化意识

2.学习跨文化知识

3.发展跨文化能力

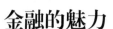

金融的魅力

一、课程简介

本课程为金融学专业开设的专业美育必修通识课程。通过本课程的学习，能够让金融学专业学生欣赏和体验到经济维度、社会维度及国家监管维度之美。学生通过学习精妙的制度设计和古今的经典案例，能够感受和理解金融文化的博大精深之美、金融制度推进经济与社会进步的"力量"之美、金融相关法律的"法治"之美、数据及算法推动的"创新"之美、普惠金融的"和谐"之美，从而认识金融在国民经济中的重要地位，培养学生从关注时事新闻的习惯，逐步形成经济学的逻辑思维，提升当众讲话、团队合作等能力。

二、课程目标

1. 知识目标：使学生基本了解金融与经济的关系，金融的发展历史及未来的发展方向，掌握金融的基本规律和金融的本质。能够对基本的金融现象、金融活动产生兴趣。

2. 能力目标：学生能够在观察、分析金融现象和问题时运用经济学及金融学逻辑思维，提升思辨能力，增强对金融现象和经济问题的理解、判断、分析、推理、综合、论证的能力。能够养成关注时事并进行有效展示的当众讲话能力、团队合作能力，认识自身当众讲话和社交能力的优劣。研究流程的计划与执行，组织与控制；信息处理能力和反馈应用；图表、PPT制作等计算机运用能力。

3. 美育目标：学生能够了解金融在宏观和微观层面的价值意义，理解金融对国家、企业及个体的影响，感受金融的形式之美与实质之美，并将所体验和感知到的金融之美进行有效和被他人认同的传达。

4. 思政目标：让学生体会到经济与金融之美。让学生了解并体会金融在我国经济发展、社会安定等方面的重要作用，培养学生的专业自豪感。通过案例等让学生对金融产生敬畏之情，培养学生敬业、诚信、公正、法治等社会主义核心价值观的树立。

三、课程美育目录

第一章 "力量"之美

本章介绍金融的产生和发展、我国古代的金融思想和金融制度、新中国金融制度的变革和西方金融学说的发展，重点介绍新中国金融制度的变革，让学生能够了解金融的历史及演进的重要阶段及其特征，中国古代有代表性的金融思想和重要金融制度，新中国金融制度的实践，西方金融学说的发展及其意义。领会中国特有的金融思想和制度之美，博大的金融文化之美，丰富的金融思想之美，精妙的金融理论之美，勇于探索的金融实践之

美，西方金融学说的系统之美。能够了解、认识和评析中西方历史上的金融思想和金融实践探索。

第一节　西方金融学的发展历程

第二节　我国古代金融思想是什么

《管仲》一书中，全书原有86篇，现存76篇，其中三分之二以上涉及经济问题，而其中又以论述商品货币关系为主，轻重价格论又是其核心。"轻重"理论是根据市场上商品货币情况的相对变化而提出的一种货币价格理论，是我国古代所持有的一种经济学说。《管仲》里描述了货币职能论、货币流通数量论、物价贵贱论等在内的金融思想。

第三节　我国古代金融制度是什么

第四节　新中国金融制度的变革历程

中国"大一统"金融体制形成阶段（改革开放以前）

1948年，合并解放区多家银行，建立中国人民银行，它标志着新中国金融机构体系的开始。1953年，我国在经济体制与管理方式上实行了高度集中统一的计划经济体制及计划管理方式，与之相应，金融机构体系也实行了高度集中的"大一统"模式。

建立符合市场经济需要的金融机构和金融市场基本框架（20世纪90年代上半期和中期）

这个时期金融体制改革以中共十四大和十四届三中全会为主要根据，开始建立与社会主义市场经济基本框架相平行，符合市场经济的金融市场和组织结构。

整顿与应对冲击（亚洲金融风暴期间）

亚洲金融风暴对中国造成的影响持续了4～5年的时间，这期间中国金融领域的一项重要任务是进行金融整顿。国内宏观经济也出现了新变化，由传统的短缺经济发展到总量相对过剩、需求不足的经济，对金融体制改革也提出了新要求。

我国金融业发展迈向健康化、规范化和专业化（2002～2008年）

2002年下半年开始，我国逐渐走出亚洲金融风暴的影响。2002年第二次全国金融工作会议首次明确提出"必须把银行办成现代金融企业"，中国金融改革和发展进入了一个新的阶段。

探索建立健全宏观审慎管理框架（应对全球金融危机时期）

我国金融改革与发展并未完全走完健康化、规范化和专业化的阶段，但随着全球金融危机的爆发，金融领域的主要工作是配合国家积极应对全球金融危机的冲击。针对全球金融危机给宏观调控和金融体系提出的重大挑战，在金融领域作出大量纠正和显著改进，例如对导致金融危机发生的问题加以纠正、对相关市场进行改造（特别是加强了对金融体系中交易部门杠杆率的监管）等。

第二章　"法治"之美

本章介绍我国金融法治的发展历程。重点介绍《证券法》《保险法》《反洗钱法》《人民币管理条例》探索和实践历程，让学生了解中国金融法治的实践历史及中国金融法治取得的辉煌成就，领会中国金融法治建设探索历程艰辛的奋斗之美，金融法治在世界上取得成就的辉煌之美，中国立场和中国特色的金融法治建设路径的东方之美，全面推进法治中国的追求之美。能够对金融法治建设的成就进行正确分析和评价，并能够对我国金融法治的实现提出自己的合理建议和设想。

第一节　中国金融法治的实践历史

1.《中华人民共和国证券法》是为了规范证券发行和交易行为，保护投资者的合法权益，维护社会经济秩序和社会公共利益，促进社会主义市场经济的发展而制定的法律，由第九届全国人民代表大会常务委员会第六次会议于1998年12月29日修订通过，自1999年7月1日起施行。

2.《中华人民共和国保险法》是指调整保险关系的一切法律规范的总称，其内容主要包括保险合同法、保险业组织法、保险监管法等。凡有关保险的组织、保险对象以及当事人的权利义务等法律规范等均属保险法。《中华人民共和国保险法》于1995年6月30日由第八届全国人民代表大会常务委员会第十四次会议修订通过。

3.《中华人民共和国反洗钱法》是为了预防洗钱活动，维护金融秩序，遏制洗钱犯罪及相关犯罪而制定。2006年10月31日，中华人民共和国第十届全国人民代表大会常务委员会第二十四次会议通过了《中华人民共和国反洗钱法》，自2007年1月1日起施行。

4.《中华人民共和国人民币管理条例》的施行是为了维护人民币的信誉，本条例对制作、仿制、买卖人民币图样（含放大或缩小），未经中国人民银行批准在宣传品、出版物或者其他商品上使用人民币图样等损害人民币的行为作出了相互处罚。《中华人民共和国人民币管理条例》于1999年12月28日国务院第24次常务会议通过，自2000年5月1日起施行。

第二节　中国金融法治所取得的辉煌成就

第三节　对金融法治建设的成就进行正确的分析和评价

新中国成立70年来，基本建立了有效维护金融稳定的金融监管体系。我国坚持以改革的方式化解金融风险，持续提升金融体系健康性，坚决对大型商业银行实施市场化改革重组，有效处置农村信用社风险，促进各类金融业态规范发展。为适应金融业快速发展，我国不断健全金融法律体系和风险处置制度建设，优化金融监管体系，提升金融监管的专业性和有效性，金融法治建设不断完善。党的十八大以来，特别是2018年以来，打好防范化解金融风险攻坚战取得了积极成效，依法依规稳妥处置重点领域的金融风险，金融风险整体呈现收敛可控的局面，市场预期发生了积极变化。

第四节 对我国金融法治的实现提出自己合理的建议

第三章 "创新"之美

本章介绍金融创新的提出及内涵、金融创新的现状、金融创新的风险及应对，重点介绍金融创新的风险及应对。让学生能够认识到金融创新是金融发展的必然结果，了解当下金融创新的成果，客观评价金融创新及认清创新带来的风险并进行风险管理。

第一节 金融创新的内涵

金融创新是指在金融领域内各种金融要素的重新组合。具体来讲是指金融机构和金融管理当局出于自身的微观和宏观利益考虑而进行的新的金融产品创造，新金融工具的开发以及新金融市场出现乃至金融制度的重新安排等活动。

第二节 金融创新的现状是什么

第三节 当下金融创新的理论

1. 监管规避和监管套利理论。该理论认为金融创新的目的是金融机构为了获取超额利润、规避监管和降低被监管成本，而被动进行的创新。

2. 交易成本理论。该理论认为由于交易成本的高低直接决定了金融产品和金融服务的市场竞争力，故金融机构为了降低金融体系内的交易成本，实现企业利润的最大化，主动实施金融创新。

3. 科技推动理论。该理论认为随着以互联网技术、通信技术等现代科学技术的不断进步和发展，以及非银行金融机构将科技深入应用于金融领域的竞争压力，金融机构认识到必须进行金融创新才能确保自身的竞争力。

第四节 对于金融创新的风险如何应对及措施

第五章 "和谐"之美

本章介绍普惠金融的产生、发展及深远影响，普惠金融的发展现状及面临的挑战及对策，重点介绍普惠金融面临的挑战及对策。让学生能够了解普惠金融的产生及发展状况，感受普惠金融为缓解贫富差距，促进社会的和谐发展的重要意义，同时认识普惠金融发展面临的挑战。

第一节 普惠金融的产生与发展

第一阶段：公益性小额信贷。20世纪90年代，最早出现的普惠金融模式为小额信贷，主要目的是扶贫，这样做能帮助减缓农民的贫困，是普惠金融的本质的表现，也是扶贫的一种新的尝试。

第二阶段：发展性微型金融。2000～2005年，此阶段的普惠金融形成了有规模的金融体系，正规的金融机构也参与其中，其主要手段为介入小额信贷，自此，我国的普惠金融又迈上了新台阶。

第三阶段：综合性普惠金融。2006～2010年，此阶段银行业也参与到其中，提供支付

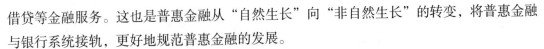

借贷等金融服务。这也是普惠金融从"自然生长"向"非自然生长"的转变，将普惠金融与银行系统接轨，更好地规范普惠金融的发展。

第四阶段：创新性互联网金融。2011～2015年，在此阶段由于互联网的发展并推动金融业，形成了更便捷的新型金融业务。

第二节 普惠金融的重要性

第三节 普惠金融的发展现状

第四节 普惠金融面临的挑战及对策

随着技术的不断推进，普惠金融也在迅速发展和成熟，并产生了诸多问题。事实上，普惠金融是否真的普惠，在众多研究中有诸多质疑的声音。普惠金融的一大目的就是消除金融排斥，而在发展过程中的许多问题限制了其作用的发挥。

1. 区域普惠金融发展不平衡

城乡金融机构服务网点分布差异显著、区域发展不平衡。农村银行，ATM机等覆盖率明显低于城镇。中西部地区由于经济条件的不同，其普惠金融发展水平差异显著，这种发展的不平衡大大侵蚀了普惠金融的效力。

2. 普惠金融发展缺乏健全的制度规范

我国针对普惠金融发展的规章制度虽然已经提出，但还未提升到法律层面。许多针对小微企业贷款的文件不够明确，导致企业无法切实地享受到政策带来的优惠，那么普惠金融的效力也无从体现。在信用评估方面，难度也很大，搜集信息难，信用评估没有基础。

3. 金融排斥带来的中小企业融资难、成本高

实践中经常会由于中小企业稳定性差，承受风险能力低等问题出现金融排斥，即商业银行会变相提高中小企业融资成本，使普惠金融作用力受限。

4. 普惠金融要求的数据分析能力高，部分商业银行难以达到

众所周知，普惠金融面向的是广大社会群体，受众广，人员庞杂，数据难以收集和处理，需要借助大数据分析手段进行分析和处理。但是部分商业银行的数据处理能力并不能达到期待水准，各个企业的发展情况参差不齐，缺乏符合企业实情的数理模型以解读数据，使普惠金融的分析难上加难。

解决建议：

1. 普惠金融区域协同发展

政府应高度重视经济欠发达的地区及群体，因为在任何经济震荡的阶段，受损失的往往是这些社会底层阶级。首先，政府应积极引导商业银行对小微企业予以平等对待，并积极主动地研发具有针对性的金融产品供广大社会群体选择，让金融工具不再是社会上层资本社会的专属产品。其次，应普及金融知识，恰恰是因为对金融行业的不了解才让广大低收入群体对金融产品避之不及。

2. 加强普惠金融基础建设，完善体制

制度是基础，只有完善法律才能让中小企业享受到税收优惠，且有法可依。其次，要提高对中小企业的包容度，降低中小企业融资成本才是普惠金融的最终落脚点。

3. 提高商业银行服务效率，鼓励金融创新

商业银行应该为不同的企业量身定做金融产品，谋求共赢。在科技不断创新的浪潮中，银行业务被大大地挤占了，商业银行应该积极主动地另谋发展，进行金融创新，以探寻新的出路。

4. 建立中小企业数据库

要想切实地为其谋福利，必要的数据分析不可缺。我国目前还没有形成面向此群体的数据库，中小企业的数据获取困难，这给信用评级带来了阻碍，也提高了银行的业务成本和中小企业的贷款成本。

附 件

美育点类别	美育点细分	美育点个数	专业之美课程融入美育点个数
心灵美	爱国敬业、精益求精、民族精神、相亲相爱、尊老爱幼、正直善良、自强不息	38	生物美（1）、石油之美（2）、机械工匠之美（2）、地球椭球测量之美（3）、漫步深度学习，领略智能前沿（2）、思维与工程之美（2）、魅力芯片（1）、华夏艺筑（2）、企业安全之美（2）、工程全过程咨询之美（1）、健康之美（1）、"天使"之美（1）、合璧之美（1）、走近肿瘤·探寻生命之美（2）、口腔医学美学探索（1）、医保助人之美（1）、感悟医学之美·守护生命之花（2）、守医者初心，寻健康之美（1）、隽美岐黄（1）、心灵护航（1）、探寻病毒奥秘，守护健康之花（1）、汽车文化鉴赏（1）、健康心理之美（6）
文化美	传统文化、革命文化、社会主义先进文化、审美素养	48	格物致理之美（1）、发现化学之美（2）、发现化学之美（2）、与水共居和谐之美（5）、多基耦合仿生材料的魅力（2）、机械工匠之美（4）、地球椭球测量之美（1）、GIS专业之美（3）、电能变换之美（2）、华夏艺筑（2）、数据之美（3）、美妙的建筑环境与能源系统（1）、工程全过程咨询之美（1）、工程之美－以冶金工程为例（1）、健康之美（1）、"天使之美"（1）、合璧之美（1）、健康之美（1）、医保助人之美（1）、发现医学之美·守护生命之花（1）、人体的微观之美（1）、隽美岐黄（1）、春晖本草（1）、赏俄语魅力，探俄语之趣（1）、汽车文化鉴赏（1）、中国古今"造物之美"（1）、方言之魅（1）、日语语言之趣（1）、图形设计之美（1）、中国古代图案之美（1）、解析油画艺术之美（1）、中国古代陶瓷器物之美（1）
语言美	和气、温雅、谦逊、有礼貌、语言优美	12	力学之美（1）、安居之美（2）、"天使"之美（1）、感悟医学之美·守护生命之花（2）、隽美岐黄（1）、心灵护航（1）、春晖本草（1）、方言之魅（1）、安居之美（2）
行为美	助人为乐、爱护公德、承担责任	20	地球椭球测量之美（2）、智慧能源之美（3）、医工双新，智行合医（2）、企业安全之美（2）、工程全过程咨询之美（3）、多彩交通（2）、"天使之美"（1）、健康之美（1）、良法善治的智慧（4）

续表

美育点类别	美育点细分	美育点个数	专业之美课程融入美育点个数
科学美	科学思维、科学伦理、探索未知、追求真理、勇攀高峰、自主创新、使命担当、环境保护、生态文明	90	生物美（2）、光电之美（2）、石油之美（3）、分子之美（1）、力学与结构之美（1）、聚合之美（1）、格物致理之美（2）、发现化学之美（2）、计算未来之旅（5）、多基耦合仿生材料的魅力（2）、生物交叉演绎美（2）、地球科学之美（3）、机械工匠之美（2）、地球椭球测量之美（4）、GIS专业之美（3）、电能变换之美（2）、魅力芯片（2）、机械之"美"与"魅"（2）、华夏艺筑（3）、数据之美（2）、智慧能源之美（2）、显微镜成像科学之美（2）、医工双新，智行合医（3）、过程工业之"美"（1）、智算未来（3）、工程全过程咨询之美（1）、刚毅柔情永久砼筑（3）、多彩交通（3）、"天使"之美（1）、合璧之美（2）、走近肿瘤·探寻生命之美（2）、健康之美（1）、感悟医学之美·守护生命之花（2）、守医者初心，寻健康之美（1）、隽美岐黄（1）、大美针灸（2）、药研妙道·药学之美（1）、心灵护航（1）、春晖本草（1）、探寻病毒奥秘，守护健康之花（1）、科技创新下的设计之美（1）、经济数据融合之美（3）、交通运输之美（4）、经贸互联之美（2）
技术美	功能美、形式美、舒适美、材质美	53	光电之美（1）、石油之美（2）、力学与结构之美（1）计算未来之旅（2）材料世界之魅（3）、矿物分选之美（3）、GIS专业之美（4）、思维与工程之美（5）、魅力芯片（1）、机械之"美"与"魅"（3）、智慧能源之美（2）、显微镜成像科学之美（4）、过程工业之"美"（4）、智识智视（2）、生态和谐之美（2）、健康之美（1）、走近肿瘤·探寻生命之美（1）、口腔医学美学探索（1）、感悟医学之美·守护生命之花（1）、大美针灸（2）、药研妙道·药学之美（1）、春晖本草（1）、探寻病毒奥秘，守护健康之花（1）、汽车文化鉴赏（1）、中国古今"造物之美"（1）、日语语言之趣（1）、科技创新下的设计之美（1）、中国古代陶瓷器物之美（1）、
秩序美	逻辑美、思维美、数学严谨之美、安全、遵纪守法、规则意识	49	分子之美（1）、力学与结构之美（1）、格物致理之美（2）、生物交叉演绎美（3）、地球椭球测量之美（2）、漫步深度学习，领略智能前沿（2）、过程工业之"美"（2）、企业安全之美（3）、智算未来（4）、美妙的建筑环境与能源系统（2）、建筑结构之美（2）、工程全过程咨询之美（1）、智识智视（3）、健康之美（2）、合璧之美（1）、健康之美（1）、医保助人之美（1）、感悟医学之美·守护生命之花（1）、守医者初心，寻健康之美（1）、隽美岐黄（1）、大美针灸（1）、心灵护航（1）、汽车文化鉴赏（1）、图形设计之美（1）、中国古代图案之美（1）、会计之美（6）、发掘美的数科之旅（3）、物流的魅力（4）
健康美	心理健康、生命安全、医学伦理、救死扶伤、尊重患者、德能兼修、仁爱之心、健康中国、生命之美	22	计算未来之旅（3）、健康之美（1）、"天使"之美（1）、合璧之美（1）、走近肿瘤·探寻生命之美（1）、健康之美（2）、口腔医学美学探索（1）、医保助人之美（1）、感悟医学之美·守护生命之花（2）、守医者初心，寻健康之美（1）、隽美岐黄（1）、大美针灸（1）、药研妙道·药学之美（1）、心灵护航（1）、春晖本草（1）、探寻病毒奥秘，守护健康之花（1）、健康心理之美（2）

续表

美育点类别	美育点细分	美育点个数	专业之美课程融入美育点个数
勤劳美	奋斗精神、振兴家乡、实践之美	16	石油之美（1）、安居之美（1）、金融的魅力（2）、地球椭球测量之美（2）、矿物分选之美（2）、思维与工程之美（2）、魅力芯片（2）、汽车文化鉴赏（1）、安居之美（1）、金融的魅力（2）
艺术美	色彩缤纷之美、设计奥妙之美、传统文化之美、现代创意之美	41	生物美（1）、力学与结构之美（1）、GIS专业之美（2）、华夏艺筑（3）、数据之美（2）、电信之"数行天下"（3）、智慧能源之美（4）、多彩交通（2）、走近肿瘤·探寻生命之美（1）、健康之美（1）、口腔医学美学探索（2）、感悟医学之美·守护生命之花（1）、感悟医学之美·守护生命之花（1）、隽美岐黄（1）、春晖本草（1）、赏俄语魅力，探俄语之趣（1）、汽车文化鉴赏（1）、中国古今"造物之美"（1）、方言之魅（1）、日语语言之趣（1）、图形设计之美（1）、科技创新下的设计之美（1）、中国古代图案之美（1）、解析油画艺术之美（1）、中国古代陶瓷器物之美（1）
结构美	微观探索之美、力学平衡之美、结构设计之美	61	生物美（2）、石油之美（1）、分子之美（3）、力学与结构之美（3）、聚合之美（3）、格物致理之美（4）、发现化学之美（4）、与水共居 和谐之美（1）、材料世界之魅（4）、生物交叉演绎美（2）、地球科学之美（2）、能源与化工之工程美学（4）、漫步深度学习，领略智能前沿（3）、华夏艺筑（2）、数据之美（2）、智慧能源之美（2）、过程工业之"美"（2）、化工工程之美（2）、金属材料之美（2）、多彩交通（2）、口腔医学美学探索（2）、守医者初心，寻健康之美（1）、药研妙道·药学之美（1）、探寻病毒奥秘，守护健康之花（1）、赏俄语魅力，探俄语之趣（1）、汽车文化鉴赏（1）、中国古今"造物之美"（1）、日语语言之趣（1）、图形设计之美（1）、经济数据融合之美（1）
应用美	各类工程的应用	95	石油之美（1）发现化学之美（2）格物致理之美（4）计算未来之旅（2）与水共居 和谐之美（5）、材料世界之魅（4）、金属材料之美（2）、多基耦合仿生材料的魅力（2）、生物交叉演绎美（3）、地球科学之美（3）、机械工匠之美（2）、能源与化工之工程美学（4）、地球椭球测量之美（2）、漫步深度学习，领略智能前沿（3）、矿物分选之美（3）、GIS专业之美（4）、思维与工程之美（3）、电能变换之美（4）、自动控制之美（2）、机械之"美"与"魅"（3）、数据之美（3）、电信之"数行天下"（4）、智慧能源之美（2）、显微镜成像科学之美（2）、过程工业之"美"（2）、企业安全之美（3）、美妙的建筑环境与能源系统（4）、建筑结构之美（3）、化工工程之美（3）、智识智视（3）、刚毅柔情永久砼筑（4）、生态和谐之美（2）、金属材料之美（2）